Kohlhammer
Urban Akademie

D1994938

Martin Greschat

Der Erste Weltkrieg und die Christenheit

Ein globaler Überblick

Verlag W. Kohlhammer

Umschlagabbildung: Messe für die Kriegsopfer 1915
(französisches Archivbild)

1. Auflage 2014

Reproduktionsvorlage: Andrea Siebert, Neuendettelsau
Umschlag: Gestaltungskonzept Peter Horlacher
Gesamtherstellung:
W. Kohlhammer Druckerei GmbH + Co. KG, Stuttgart
Printed in Germany

978-3-17-022653-1

Inhalt

Vorwort

In ihrem ebenso spannenden wie vielschichtigen Kriminalroman „Das Urteil von Port-Nicolas" lässt die als „Königin des französischen Kriminalromans" gefeierte Autorin Fred Vargas einen jungen arbeitslosen Historiker seine Leidenschaft für die Erforschung des Ersten Weltkriegs wie folgt begründen: „Der erste Weltkrieg ist ein Abgrund, ein schwarzes Loch der Menschheit, eine seismische Erschütterung, in der der Schlüssel zu allen Katastrophen ruht."[1] Dieses Urteil erschien mir umso wahrer und lebendiger, je länger ich mich mit dieser Thematik befasste.

Bei der Ausarbeitung des Textes habe ich vielfältige Unterstützung erfahren, nicht zuletzt im Blick auf die Beschaffung schwer zugänglicher Literatur. Allen Helferinnen und Helfern gilt mein Dank. Er gebührt in besonderer Weise der Fernleihe der Universitäts- und Landesbibliothek der Westfälischen Wilhelms-Universität in Münster, ohne deren ebenso geduldige wie effiziente Unterstützung ich dieses Buch nicht hätte schreiben können. Selbstverständlich bin ich allein für alle Ungenauigkeiten, Einseitigkeiten und Fehler verantwortlich.

Der Kohlhammer-Verlag zeigte früh Interesse an dieser Darstellung. Zu hoffen bleibt, dass diese Arbeit anlässlich der Erinnerung an die globale Katastrophe gerade auch des Christentums vor hundert Jahren zum Nachdenken und zur kritischen Besinnung anregt.

Münster/Westfalen im Juni 2013 *Martin Greschat*

---

1 F. Vargas, Orakel, 2011, 15. Die vollständigen bibliographischen Angaben bietet das Literaturverzeichnis.

1 Einleitung

Man hat den Ersten Weltkrieg zu Recht als die „Urkatastrophe Europas" bezeichnet.[1] Doch er griff weit über diesen Kontinent hinaus. Nicht nur die europäischen Mächte bekämpften sich, sondern – um Eric Hobsbawm zu zitieren – es wurden – „und das häufig zum erstenmal – Truppen aus der Welt jenseits der Ozeane in den Kampf und zur Arbeit außerhalb ihrer eigenen Region geschickt".[2] Kanadier kämpften in Frankreich, Australier und Neuseeländer in der Ägäis. „Inder wurden nach Europa und in den Nahen Osten geschickt, chinesische Arbeitsbataillone fanden sich im Westen wieder, Afrikaner kämpften in der französischen Armee."

Diese Vorgänge haben naturgemäß eine noch andauernde umfassende und intensive Forschung in Gang gesetzt. Dabei lässt sich eine schrittweise Verlagerung des Interesses und der wissenschaftlichen Fragestellungen beobachten: von der Diplomatie- und Militärgeschichte hin zur Sozialgeschichte und Kulturgeschichte mitsamt der Berücksichtigung des Alltags und der Mentalitäten.[3] Dabei handelt es sich natürlich um ausgesprochen fließende Übergänge; lediglich von einer stärkeren Konzentration der Forschung auf den einen oder anderen Aspekt kann die Rede sein. Allerdings dominiert nach wie vor die nationale Ausrichtung. Das begrenzt prinzipiell den wissenschaftlichen Erkenntniswert vieler Arbeiten. „Nicht nur eine Aufsplitterung der Geschichtsschreibung über den Weltkrieg ist kontraproduktiv, sondern – mehr noch – die wissenschaftlich überhaupt nicht zu rechtfertigende, national-kulturelle Beschränktheit der Forschung."[4] Es sei dahingestellt, ob sich der internationale Erfolg des historischen Romans „Sturz der Tyrannen" von Ken Follett auch dem Anspruch verdankt, ein Gesamtpanorama des Weltkriegs im Westen und Osten Europas zu entwerfen. Eingebunden in die Geschichte von drei Familien und gewürzt mit deftigen Sexszenen greift dieses Buch fraglos über viele Darstellungen hinaus durch die Veranschaulichung des internationalen Charakters jener epochalen Katastrophe.[5]

Die Hinwendung zur Kulturgeschichte in einem weit gespannten Sinn kann selbstverständlich nicht auf die Ergebnisse anderer historischer Ansätze verzichten. Es geht vielmehr darum, individuelle und kollektive Stellungnahmen aus der Welt und Wirklichkeit zu eruieren, die man erlebt und erleidet. Natürlich gehören dazu mentale Voraussetzungen vielfältiger Art, sowohl in sozialer, wirtschaftlicher, geistiger und nicht zuletzt religiöser Hinsicht. Unübersehbar vollzieht sich hier sodann ein Prozess der Orientierung an gesellschaftlich vorausgesetzten Werten und Ordnungen wie auch der Kritik, der Reibung daran. Dieser Gesichtspunkt erscheint mir im Blick auf die im Krieg propagierten Leitbilder einerseits und andererseits die Frage nach ihrer anhaltenden oder auch abnehmenden Überzeugungskraft besonders wichtig. Bei alledem handelt es sich also um die Würdigung „der subjektiven Erfahrungen, der Wahrnehmungs- und Deutungsmuster, der verhaltensleitenden Formen symbolischer Verständigung und der Formen, in denen sich das Bedürfnis nach Wissen um Sinn und Ordnung der Wirklichkeit artikuliert“.[6] Ob man angesichts der Tatsache, dass sämtliche Traditionen, Ideale und Werte dann im Weltkrieg in einen totalen Krieg eingeschmolzen wurden, von einer eigenen „Kriegskultur“ reden sollte, sei dahingestellt.[7] Unstrittig bilden Fragen der Kulturgeschichte allerdings ein internationales Forschungsdesign.

Dazu gehört wesentlich der Bereich der Religionen. „Die Schlüsselkategorien der Kulturgeschichte heißen ‚Sinn‘ und ‚Bedeutung‘, und Religionen sind Prototypen der Ausprägung und Vermittlung von Sinn und Bedeutung.“[8] Zu Recht ist hier von Religio*nen* die Rede. Denn obwohl den kirchlich-konfessionellen Deutungen und Weisungen in sämtlichen kriegführenden Staaten ein zentrales öffentliches Gewicht zukam, genügten diese Antworten offenkundig nicht. Trotzdem blieben die staatlich und kirchlich propagierten Leitbilder während des gesamten Krieges erstaunlich stabil. Es genügt nicht, dafür allein auf die Wirkung der in der Tat massiven Propaganda im Lager der Mittelmächte wie auch der Entente zu verweisen. Diese erzielte ihre Erfolge nur, weil sie tiefer liegende Empfindungen und Überzeugungen anzusprechen vermochte. In diesen Kontext gehört auch die erstaunliche, über Nationen und Konfessionen hinausreichende Ähnlichkeit der von den Kirchen vorgetragenen Deutungsmuster. Von alledem wird ausführlich zu berichten sein.

Religion begegnet niemals „pur“, also losgelöst von den Werten, Erfahrungen und Zielsetzungen ihres gesellschaftspolitischen Umfelds. Das gilt unverkennbar auch für das Christentum und seine großen Konfessionen. Diese wurden somit von Menschen entsprechend ihrer sozialen Schichtung, ihrer geistigen und geistlichen Voraussetzungen erfasst und integriert. Der Soldat trug mithin, wie angedeutet, außer seiner Ausrüstung zusätzlich

„weitere, unsichtbare Ressourcen mit sich, die er sich bereits lange vor dem Krieg angeeignet hatte: das gesellschaftliche Wissen seiner Zeit. Es besteht zum größten Teil aus Routinewissen, welches hilft, das alltägliche Leben zu meistern; hinzu kommen Vorurteile, Urteile und Wertmaßstäbe, die auch für die ‚großen' Fragen des Lebens Orientierung bieten und selbst einschneidenden Erlebnissen ihre Stelle im Erfahrungshaushalt zuweisen sollen".[9] Grosse Schwierigkeiten hatten diese Menschen allerdings durchweg, das, was sie erlebten und erlitten, in Worte zu kleiden. Immer wieder lässt sich beobachten, dass in ihren Berichten und Briefen von der Front patriotische oder nationalistische Stereotypen begegnen, oft auch christliche, kirchliche und konfessionelle. Solche Worte und Wendungen lagen bereit, standen legitimierend für unterschiedliche Situationen zur Verfügung. Das ist nicht zuletzt der Grund, weshalb wir insgesamt so wenig über die genauen Reaktionen der großen Mehrheit der Soldaten auch auf die kirchlichen Aktivitäten und die christliche Verkündigung wissen.

Im Weltkrieg dominierte nicht nur die Verbindung und Verschmelzung von Christentum und Nationalismus, sie feierte regelrechte Triumphe. Diese Feststellung gilt für sämtliche kriegführende Staaten und in gewisser Weise sogar für die Neutralen. Dabei erscheint die Beobachtung wesentlich, dass dieser bald alles beherrschende Nationalismus sich mit sehr unterschiedlichen Voraussetzungen und Zielsetzungen vereinen ließ, genauer: sie sich einzuverleiben vermochte. So konnte er nicht zuletzt aufgrund der Verbindung mit religiösen, christlichen und speziell konfessionellen Elementen emotional anziehen und motivieren, weithin ausstrahlen und vielfältige Erwartungen, Sehnsüchte sowie Initiativen miteinander koordinieren. Diese Fähigkeit trug sicherlich erheblich zur Anziehungskraft und Breitenwirkung des Nationalismus im Weltkrieg bei. Wieder genügt der Hinweis auf die massive Propaganda nicht, um dieses Phänomen zu erklären. Viel wesentlicher erscheint die Beobachtung, in welchem Ausmaß es gelang, diesen Nationalismus mit anderen Werten und Idealen aufzuladen. Anschaulich demonstriert der Brief eines deutschen Soldaten von der Front diesen Zusammenhang. Zu Weihnachten 1915 schrieb er: „Gestern Christfeier in der Kirche mit Kerzenschein und trauten deutschen Weihnachtsliedern. Text: Seid männlich, seid stark [1. Kor. 16,13] – Es war eine ergreifende, unvergessliche Feier. Nachher Weihnachtsfeier im Zuge, kurze Ansprache: Heimat, Haus, Vater, Mutter, Weib und Kind, Ernst der Zeit, Feind. Aber keine weichliche Stimmung. Klar das Auge, fest das Herz. Wenn Weihnacht einkehrt, wenn der Sternenhimmel über Dir leuchtet, Du deutscher Mann,

Hand am Eisenschwert und den Finger am Abzugbügel! Alle Augen waren feucht geworden, so standen wir im ärmlichen Raum um den Baum und sangen doch mit feuchtem Blick und fester Stimme: Stille Nacht, heilige Nacht – wer könnte das je vergessen."[10] Christentum und Frömmigkeit, Vaterland und Nation, Soldatentum und Männlichkeit, Frau und Familie: Hier griff vieles ineinander. Es lässt sich denken, dass strukturell ähnliche Zeugnisse sich von Soldaten aus vielen anderen Ländern beibringen ließen.

Es lässt sich insgesamt schwer feststellen, in welchem Ausmaß die offiziellen kirchlichen Verlautbarungen, Deutungen und Weisungen die Menschen an der Front, aber ebenso auch in der Heimat erreichten. Was die Kirchen verkündeten, wurde in der Regel nicht zurückgewiesen, galt jedoch als ergänzungsbedürftig.[11] Faktisch traten andere religiöse Formen in den Vordergrund, die man als „Volksglaube", kirchlich als „Aberglaube" zu bezeichnen pflegt.

International lässt sich belegen, dass „weit besser als kirchlich sanktionierte Glaubensformen [...] der Glaube an die Kraft von Amuletten und Ritualen die psychischen Grundbedürfnisse der Kriegsteilnehmer" erfüllte.[12] Weder das bekannte naturwissenschaftliche Weltbild noch die Sinngebung des Nationalismus und der Kirchen sowie deren Verurteilung des Aberglaubens vermochten die Fülle und Vielfalt ursprünglichen religiösen Verlangens abzuwehren. Solche Praktiken reichten von Stoßgebeten und religiösen Riten über die Verwendung von Bibelversen bis zur Verwendung der Bibel insgesamt als Amuletten, zu allerlei Zauberformeln, magischen Handlungen – wie etwa dem Salben der Waffen – bis zum Glauben an Träume und Wunder und schließlich speziellen privaten religiösen Verrichtungen mystischen Charakters.[13] Hier ereignete sich das Gegenteil der „Entzauberung" der Welt, vielmehr deren Resakralisierung, mit unverkennbaren Anzeichen einer Modernisierung von Magie und „Aberglauben".[14] Insofern ist es zutreffend, von einem „unerhörten religiösen Aufschwung" z. B. in Frankreich zu sprechen. Doch diese Aussage stimmt nur, wenn man auf einen Glauben „gleichgültig woran" blickt – um durchzuhalten und das unsägliche tägliche Leid zu ertragen – und diese Beobachtung nicht ausdehnt auf einen angeblich christlich-kirchlichen Aufschwung.[15] Generell gilt wohl: Wer sich vor dem Krieg als bewusster Christ wusste, blieb es in der Regel auch während des Krieges. Und wer es nicht war, kam durch das Erlebnis des Krieges zumeist nicht zum christlichen Glauben.

Die Erforschung solcher Zusammenhänge zeigt insgesamt ein wenig befriedigendes Bild. In den auf Deutschland konzentrierten Darstellungen des Ersten Weltkriegs finden sich lediglich einige Anmerkungen und Andeutungen zum Thema.[16] Nicht wesentlich anders sieht es in den internationalen, meist auf Europa begrenzten Arbeiten aus.[17] Die anregende Studie von Peter Englund, in der anhand von 19 Schicksalen das Erleben von Menschen verschiedener Nationen auf den unterschiedlichen Kriegsschauplätzen des Weltkriegs entfaltet wird, kommt lediglich an drei Stellen auf den christlichen Glauben zu sprechen: im Blick auf einen italienischen Infanteristen, der sich als Prophet weiß und in einer Nervenheilanstalt landet; einen deutschen Matrosen, der über einen evangelischen Feldgottesdienst berichtet; und eine englische Krankenschwester, die erklärt: „Man muss an die Gnade Gottes glauben und auf sie vertrauen, sonst würden einen solche grässlichen Anblicke [der Leichenfelder, MG] den Verstand rauben; und die Hoffnungslosigkeit würde einem das Herz brechen."[18]

Insgesamt fehlt es an Arbeiten, in denen staatenübergreifend die Rolle des Christentums behandelt wird.[19] Ein völlig unzureichendes Bild bietet die Erforschung des Verhaltens der Christentümer und Kirchen im globalen Kontext. Von ihren Aktionen und Reaktionen soll im Folgenden die Rede sein. Natürlich kann es nicht darum gehen, jetzt eine umfassende Darstellung der Geschichte des Christentums in den Jahren des Ersten Weltkriegs vorzulegen. Lediglich um eine Skizze der globalen Herausforderungen, vor die sich die Kirchen und christlichen Glaubensgemeinschaften dadurch gestellt sahen, kann es gehen, mitsamt den Antworten, die sie offerierten. Eindeutig ist allerdings: Weder das gemeinsame Erbe der europäischen Kultur noch der internationale Sozialismus der Arbeiterbewegung und auch nicht die Kirchen zeigten sich in der Lage, den Krieg zu verhindern. Mehr noch: „Die Geistlichen aller großen Konfessionen des Westens unterstützten materiell und erst recht moralisch die Kriegsanstrengungen ihres jeweiligen Landes, während katholische, protestantische und jüdische Nichttheologen ihre Glaubensbrüder mit ebenso wenig Schuldgefühlen erschlugen wie die Atheisten ihre ungläubigen Kollegen umbrachten."[20] Mit Inbrunst begriffen sich die Kirchen und die große Mehrheit der Christen in sämtlichen kriegführenden Staaten nicht nur als Verteidiger ihres Vaterlandes, sondern der Kultur und des Christentums insgesamt. Und mit enormer Selbstverständlichkeit sahen sie dabei Gott als Kombattanten, als den Mitstreiter im eigenen Lager. Aus der Friedensbotschaft des Evangeliums und der universalen göttlichen Liebe wurde die Verkündigung eines brutalen nationalen Götzen.

1 G. F. Kennan, Bismarck, 1981, 12.
2 E. Hobsbawm, Zeitalter, 2000, 30f.
3 Ausführlich dazu J. Winter / A. Prost, Great War, 2005.
4 G. Hirschfeld / G. Krumeich / I. Renz (Hg.), Enzyklopädie, 2004, 9.
5 K. Follett, Sturz, 2010.
6 W. Hardtwig / H.-U. Wehler (Hg.), Kulturgeschichte, 1996, 12. Vgl. auch U. Daniel, Kompendium, 2001.
7 Vgl. dazu J.-J. Becker u. a. (Hg.), Guerre, 1994.
8 H. G. Hockerts, Brennpunkte, 2004, 233.
9 K. Latzel, Soldaten, 1998, 135.
10 H.-G. Haupt / Ch. Tacke, Kultur, 1996, 278.
11 „Die fehlende Identifikation mit den von den Kanzeln und Kathedern aus entworfenen symbolischen Sinnwelten ist jedoch nicht als opponierende Haltung zu verstehen“: N. Buschmann, Krieg, 1997, 220.
12 R. Winkle, Connaître, 2006, 351.
13 Vgl. dazu etwa B. Ulrich, Augenzeugen, 1997, sowie A. Reimann, Heile Welt, 1997.
14 Vgl. dazu H. Knoblauch, Mythos, 2006.
15 Diesen Unterschied scheint mir A. Becker (Religion, 2004) zu verwischen.
16 Ohne Anspruch auf Vollständigkeit seien genannt: R. Chickering, Deutsches Reich, 2002; S. Neitzel, Blut, 2003; M. Salewski, Erster Weltkrieg, 2004; E. Woditsch, Erster Weltkrieg, 2007.
17 Vgl. etwa D. Stevenson, 1914, 2006; St. Burgdorff / K. Wiegrebe (Hg.), Erster Weltkrieg, 2010; J. Keegan, Erster Weltkrieg, 2010; D. M. Segesser, Erster Weltkrieg, 2010; M. S. Neiberg, Dance, 2011; L. Raphael, Imperiale Gewalt, 2011.
18 P. Englund, Schönheit, 2011, 238.246–248.109.330.
19 Einige Hinweise finden sich bei J. M. Winter, Experience, 1988. M. Snape (Great War, 2000) hat Europa im Blick, übergeht jedoch nahezu völlig die bedeutende Rolle des Protestantismus.
20 A. Marrin, Last Crusade, 1974, VII.

2 Der Krieg im Westen, in Russland und Italien

Als der Weltkrieg im August 1914 ausbrach, sahen sich sämtliche Staaten, die dann an dem blutigen Gemetzel mitwirkten, als die Bedrohten, Angegriffenen und Überfallenen. Vereinfacht formuliert: Weil serbische Terroristen den österreichischen Thronfolger Franz Ferdinand und seine Frau am 28. Juni in Sarajewo ermodert hatten, erklärte Österreich-Ungarn am 28. Juli Serbien den Krieg. Um die sich abzeichnende Vorrangstellung Habsburgs auf dem Balkan zu verhindern, ordnete Russland die Generalmobilmachung an. Dadurch sah sich das Deutsche Reich bedroht und erklärte Russland am 1. August 1914 den Krieg. Um gleichzeitig die Initiative für den drohenden Zweifrontenkrieg nicht aus der Hand zu geben, erklärte Deutschland am 3. August auch Frankreich den Krieg, der Logik des Schlieffen-Plans entsprechend, der die Niederwerfung dieses Landes durch einen Flankenangriff über Belgien vorsah. Diesem Staat war 1831 im Londoner Protokoll von den Großmächten Selbständigkeit und ewige Neutralität zugesichert worden. Deutschland plante, sich nach dem erwarteten schnellen Sieg über Frankreich militärisch gegen das Zarenreich zu wenden. Am 3. August marschierten deutsche Truppen in Belgien ein. Daraufhin erklärte Großbritannien am 4. August 1914 dem Deutschen Reich den Krieg. Eine Reihe weiterer europäischer Kriegserklärungen folgte.

In sämtlichen kriegführenden Staaten begegnete eine weitgehend identische Struktur des Empfindens, Denkens und Argumentierens. Sie lässt sich exemplarisch an den allgemeinen sowie den spezifisch christlichen Reaktionen im **Deutschen Reich** aufweisen.[1] Zunächst musste ein Bewusstsein der nationalen Einheit und vaterländischer Geschlossenheit geschaffen werden. Dieses wurde zwar ersehnt, existierte jedoch nicht. Doch nun, in der Situation der Gefahr, des Bewusstseins der wachsenden Bedrohung aufgrund der politischen und militärischen Einkreisung durch die europäischen Nachbarn, bewirkte der Kriegsausbruch ein großes, national zusammenschweißendes Befreiungserlebnis. Die tiefen innenpolitischen sozialen und mentalen Gegensätze wurden schlagartig zugedeckt durch die häufig leidenschaftliche Bereitschaft zur Verteidigung des Vaterlands. Darin äußerte sich viel echte Begeisterung, aber auch die Sehnsucht nach etwas Anderem als dem

„schalen Friedensleben".[2] Doch diese vornehmlich vom Bürgertum getragene und von dort auf weitere Kreise der Gesellschaft ausstrahlende nationale Euphorie stand fraglos im Vordergrund, beherrschte auch die Propaganda, erfasste jedoch keineswegs alle Schichten der Bevölkerung. Insbesondere auf dem Land registrierten Beobachter eine ernste Stimmung und Niedergeschlagenheit. In der liberalen „Christlichen Welt" Martin Rades hieß es zum Kriegsbeginn: „Ein Würgen geht durch unsere Kehlen. Hängenden Kopfes, trauernden Auges, ganz müde auf einmal schreiten die Menschen hinaus ins Dorf." Mehrfach berichteten Pfarrer von weinenden Frauen, von gedrückter Stimmung, vom Bewusstsein des „tödlichen Ernstes der Lage".[3] Trotzdem dominierte die Überzeugung, jetzt zusammenstehen zu müssen wie ein Mann. Ein Burgfriede sollte herrschen, zumindest während des Krieges. Dieses Bestreben fand seinen Ausdruck in der von dem liberalen Theologen Adolf von Harnack entworfenen Erklärung Kaiser Wilhelms II., er kenne jetzt keine Parteien mehr, sondern nur noch Deutsche.

Ein solcher Verteidigungskrieg war nach allgemeiner, auch christlicher Überzeugung ein gerechter Krieg. Diese Gewissheit verband Protestanten und Katholiken und sogar Juden über die weiterhin bestehenden konfessionellen Grenzen und Gegensätze hinweg. Überall strömten die Menschen in die Kirchen, ebenso in zusätzliche religiöse Versammlungen, in Abendgottesdienste und Gebetsstunden. Viele Pfarrer sahen sich wieder gebraucht, erlebten die Volkskirche als Realität. Hoch gestimmt konstatierten protestantische Pastoren, zusammen mit ihren Kirchenleitungen sowie Theologieprofessoren, dass die mühsamen Anstrengungen in den zurückliegenden Jahren und Jahrzehnten, das Volk um Thron und Altar zu sammeln, nun sichtbar vom Erfolg gekrönt waren. Die Menschen, hieß es, kehrten zum Glauben zurück und gewannen daraus Kraft, für Kaiser, Volk und Vaterland höchste Opfer zu bringen. Auch Katholiken predigten so. Auf einer Konferenz von Feldgeistlichen etwa wurde die große Bedeutung des gläubigen katholischen Soldaten gefeiert: „Ihr Selbstvertrauen wurzelt in ihrem Gottesvertrauen und ist unerschütterlich, weil es auf einem Felsengrund ruht. Um ihretwillen heftet die Vorsehung den Sieg an die deutschen Waffen und Fahnen."[4] Und im Einklang damit fanden die Vertreter der Kirchen ihre stets beanspruchte Deutungshoheit bestätigt. Nur langsam trat ins Bewusstsein, dass es sich bei diesem religiösen Aufschwung im Wesentlichen um ein Strohfeuer handelte.

Die Katholiken leitete bei aller nationalen Begeisterung noch ein besonderes Interesse: Man sah sich im Deutschen Kaiserreich vielfältig gegenüber der protestantischen Mehrheit und Führungsschicht zurückgesetzt und benachteiligt. Doch wenn man sich jetzt, so lautete die Überzeugung, in der Stunde der Gefahr von niemandem an nationaler Gesinnung übertreffen ließe, müssten Zweifel und Vorurteile im Blick auf ihre nationale Zuverlässigkeit verstummen. Diesen Gesichtspunkt hoben katholische Feldgeistliche ebenso wie Bischöfe immer wieder hervor, direkt oder indirekt. Der katholische Soldat musste mindestens so tapfer und treu sein wie die andern! Denn wenn man sich „an nationaler Militanz von niemandem übertreffen lassen würde", wären die Katholiken umfassend rehabilitiert und könnten insbesondere in der Zeit nach dem Krieg nicht länger „von der Teilhabe an der Macht" ausgeschlossen werden".[5]

In einer vergleichbaren Situation befanden sich die Juden. Sie dachten und argumentierten daher ganz ähnlich. Faktisch entsprach die Zahl ihrer Soldaten an der Front sowie der Gefallenen prozentual ihrem Anteil an der Gesamtbevölkerung. Trotzdem ließ das preußische Kriegsministerium am 1. November 1916 eine „Judenzählung" durchführen, um zu ermitteln, wie viele Juden sich im Feldheer, bei den Besatzungstruppen, in der Etappe sowie unter den Ausgemusterten befänden. Unverkennbar stand dahinter ein zumindest latenter Antisemitismus in Teilen der Bevölkerung und ein manifester im höheren Offizierskorps. Erhebliche Beunruhigung und Empörung waren die Folge dieser Zählung. Der Vorgang belegt auf seine Weise, wie brüchig der viel beschworene Burgfriede inzwischen geworden war. „Die Zählung der Juden ist nichts als eine Kränkung für Tausende, die ihre Pflicht redlich getan haben, und die genau so begeistert wie die Tausende von Nichtjuden sich dem Vaterland zur Verfügung gestellt haben", urteilte die „Frankfurter Zeitung".[6] Die Zählung wurde ohne Nennung von Zahlen abgebrochen. Dadurch konnten Vermutungen und Verdächtigungen ungehemmt weiter wuchern.

Zunächst hatten viele Zeitgenossen den Zusammenklang von nationaler Einheit und christlichem Glauben als ein Wunder erlebt, gewirkt durch Gottes direktes Eingreifen. Das wurde als ein besonderes „Gotteserleben" gedeutet, als Erfahrung einer neuen Offenbarung, als „deutsches Pfingsten".[7] Gleichzeitig minderte ein solches emotionales Erleben mögliche Hemmungen im Blick auf die Missachtung des internationalen Rechts. Zur Verletzung der belgischen Neutralität erklärte der Reichskanzler von Bethmann Hollweg, dabei handele es sich doch nur um einen „Fetzen Papier".[8] Der Berliner Oberhofprediger Ernst Dryander urteilte ebenso: Man beklagt nicht die Beschädigung der Gartentür des Nachbarn, wenn man um sein Leben kämpft! In die gleiche Richtung zielten die Idealisierung des Krieges und die generelle Tolerierung von Gewalt. Die massiven Ausschreitungen gegen die belgische Bevölkerung beim deutschen Einmarsch und die Massaker an Zivilisten dienten nicht zuletzt dem Ziel, Härte zu demonstrieren und unbedingte Kampfbereitschaft zu fördern.[9] Davon wird noch ausführlich zu berichten sein.

Zu den Demonstrationen der Einmütigkeit und Entschlossenheit gehörte auch der Aufruf von 93 deutschen Gelehrten „An die Kulturwelt". Er wurde am 4. Oktober 1914 veröffentlicht, in zehn Kultursprachen übersetzt und in Tausenden von Privatbriefen an Kollegen in den neutralen Ländern verschickt.[10] Zu den Unterzeichnern gehörten vier liberale Theologieprofessoren, nämlich Adolf Deißmann, Adolf von Harnack, Wilhelm Herrmann und Friedrich Naumann. Der Text bestritt Deutschlands Schuld am Krieg sowie die Verübung von Gräueltaten und gezielten Verwüstungen in Belgien, attackierte die Verbrechen der Russen in Ostpreußen, den Einsatz von Asiaten und Afrikanern gegen Deutschland mitsamt der Verwendung von Dum-Dum-Geschossen und gipfelte in der Verteidigung des deutschen Militarismus: „Deutsches Heer und deutsches Volk sind eins. Dieses Bewusstsein verbrüdert heute 70 Millionen Deutsche ohne Unterschied der Bildung, des Standes und der Partei." Kein anderes Dokument nützte der Propaganda der Entente so sehr wie dieser Aufruf.

Wenn Deutschland auf der Seite des Rechts stand, lag der Gedanke nahe, deshalb auch auf Gottes besonderen Beistand bauen zu dürfen. Der damalige Berliner Pfarrer Otto Dibelius sprach in diesem Zusammenhang vom Scheitern der rationalen Kalkulationen der Gegner, denen zufolge Deutschland schnell hätte zusammenbrechen müssen: „Es gibt eben eine Wirklichkeit, die sich nüchterner Berechnung entzieht. Und der stärkste Teil dieser Wirklichkeit ist die Macht des Glaubens."[11] Mit dieser religiösen Überhöhung des deutschen Rechtsanspruchs vollzog sich aber eine folgenschwere Verlagerung im theologischen Denken und Reden. Der gerechte Krieg forderte natürlich den vollen Einsatz des einzelnen für sein Volk und Vaterland. Doch traditionell galt, dass ein Krieg Gottes Strafe für die Sünden und Verfehlungen der Nation sei.

Darauf wurde insbesondere in katholischen Predigten und Aufrufen immer wieder großer Nachdruck gelegt. Demut, Buße und Umkehr zu Gott waren also geboten, wenn Deutschland siegen sollte. Dazu gehörte die willige Hinnahme von Leid, die Läuterung bewirke, die Bereitschaft zum Opfer, das den Menschen mit Christus verband. Doch diese von Katholiken, aber auch von konservativen Protestanten vertretene Verkündigung wucherte nun weiter: Um jenes religiöse Ziel zu erreichen, wollte Gott den Krieg, erklärten Katholiken. Mehr noch: Er offenbare sich in den Schlachten, die als „zweite Taufe“ gepriesen wurden und ausdrücklich als „Sakrament“.[12] Hier vollzog sich die Abkehr von der Hinnahme des Leidens in der Nachfolge Christi zum Einstimmen in die Hingabe an Kampf und Krieg nicht nur für das Vaterland, „sondern auch für die Kirche Christi“. Deutlicher artikulierten evangelische Prediger diesen Sachverhalt: Die Betonung von Sünde und Schuld und geduldigem Leiden überzeuge nicht mehr, hieß es.[13] Nun komme es darauf an, dass sich die Pfarrer „dienend in die große Bewegung hineinstellten, die unsere Zeit durchflutet“, damit sie mit dem „starken vaterländischen Empfinden“ Schritt hielten, anstatt beiseite gedrängt zu werden. Jetzt zählte allein der unbedingte Einsatz für Deutschland und sein Recht.

Ein solcher Standpunkt musste zur steilen Erhöhung der eigenen Position führen. In den nun unentwegt ins Feld geführten „Ideen von 1914“ verdichtete sich das hochgradig emotional besetzte Konzept eines Deutschlands, das sich sittlich, kulturell und religiös allen anderen europäischen Nationen eindeutig überlegen sah. Hier ging es um eine bessere, höhere Form des Zusammenlebens aufgrund der Entfaltung einer Kultur, die sich von den westlichen Werten und Zielsetzungen der Aufklärung abhob, vom Liberalismus und der parlamentarischen Demokratie – die als unterschiedslose Gleichmacherei, kalter Rationalismus und krasser Materialismus denunziert wurden. Dem entsprach umgekehrt die Herabsetzung des Gegners bis zu dessen Kriminalisierung oder sogar Verteufelung. Auch Katholiken identifizierten Deutschlands Kampf mit der Sache Gottes. Es gehe um einen Krieg der Hölle gegen Christi Reich, war zu hören. „Der Sieg des Gottesreiches über die Finsternis“ solle die Losung sein, verkündete der Bischof von Rottenburg.[14]

Der besondere Hass galt allgemein England, dessen Kriegseintritt man in Deutschland nicht erwartet hatte. „Gott strafe England“, hieß ein permanent wiederholter Spruch. „Es ist überhaupt nicht hilfreich, Frankreich zu erniedrigen, und es hilft nichts, Russland zu zerschmettern. Der böse Geist Europas ist diese kalte Machtpolitik Englands, dem jedes wahre Gefühl abgeht“, schrieb ein Pfarrer.[15] Und der Theologieprofessor Paul Althaus urteilte: „Wir kämpfen für das edlere England gegen das verdorbene, entartete, für den Sieg des Wahren und Guten bei unseren Feinden gegen das Niedrige,

Hässliche, Verlogene. Das adelt unseren Zorn und heiligt unser Zerstören."[16] Ebenso selbstbewusst verkündete der Berliner Oberhofprediger Ernst Dryander: „Wir ziehen in den Kampf für unsere Kultur gegen die Unkultur, für deutsche Gesittung wider die Barbarei, für die freie, deutsche, an Gott gebundene Persönlichkeit wider die Instinkte der ungeordneten Masse."[17]

Im umfassenden Sinn sahen sich also der deutsche Protestantismus ebenso wie der Katholizismus in einem „heiligen Krieg", einem „Kreuzzug" gegen das Böse, das Niedrige und Gemeine beim Feind. Dabei scheute man auch nicht vor der Gleichsetzung des eigenen Volkes mit dem biblischen Volk Israel zurück. „Gott ist der Gott der Deutschen", proklamierte der Königsberger Theologieprofessor Uckeley. „Unsere Lage ist derjenigen Israels gleich. Wir sind die Auserwählten Gottes unter den Völkern. Dass unsere Gebete zum Sieg erhört werden, ist nach der religiös-sittlichen Weltordnung eigentlich ganz selbstverständlich."[18] Auch nach der Überzeugung des bayerischen Oberkonsistorialpräsidenten Hermann von Bezzel kämpfte Deutschland im Auftrag Gottes. „Es war wie ein Wetterrauschen", schrieb er, „als ob die streitbaren Helden und Engel Gottes in heiligem Wetterzorn sich aufgemacht und das Ungute, Unwahre und Unedle, das Unkeusche und Unfromme vor sich her in den Abgrund gestoßen hätten. […] Ein *heiliger* Krieg nach Anlass und Anfang fürwahr!" Nach dem Urteil des Greifswalder Professors Dunkmann reinigte der Krieg das deutsche Volk, damit es in der Lage wäre, der ihm von Gott zugewiesenen Sendung angemessen nachzukommen. „Aber nun – welche Barmherzigkeit unseres Gottes, dass er diesen Krieg uns gesandt, der uns wachruft, der uns zurückruft!" Der Heidelberger Theologe Ludwig Lemme schließlich kam nach einem weit gespannten historisch-philosophischen Überblick zu dem Ergebnis: „Was uns einen Platz steigender Wichtigkeit im Weltganzen sichert, das ist die Stufe der Humanität, die im Abstand von anderen Völkern als religiös-sittlicher Besitz des deutschen Volkes in diesem Krieg heraustritt. […] Das gibt der gegenwärtigen Zeit dieses Hochgefühl des Erlebens einer Flutwelle des Menschheitsfortschritts, dass wir das Bewusstsein haben, im Dienst der göttlichen Gerechtigkeit zu stehen und einen Dienst der göttlichen Gerechtigkeit zu vollziehen darin, dass wir Barbarei zu Boden schlagen, Menschheitsknechtung zerbrechen und unverbesserlicher Friedensstörung das Maßhalten als Nötigung von außen auferlegen, das man von innen heraus nicht finden kann, ja noch mehr, dass wir freche Unkultur ihrer Machtstellung entkleiden, gleißende Überkultur in ihrem Scheinwert bloßstellen, über den Mammonsdienst des Krämersinns den Idealismus geistigen Strebens erheben.“ Ebenso äußerten sich Katholiken. Die deutschen Soldaten galten als „Werkzeuge des Grimmes Gottes“, und die Sendung Deutschlands bestehe im Eintreten für die christliche Kultur, für die heiligsten Güter der Menschheit. Sie ziele auf die „Aufrechterhaltung der christlichen Weltordnung, um die Grundsätze der christlichen Moral und die Bergpredigt im Leben der Völker“ zu verteidigen.[19]

Unverkennbar handelte es sich bei der Charakterisierung des Gegners um Stereotypen. Diese Feststellung gilt nicht nur für die deutsche Wahrnehmung, sondern für die Urteile sämtlicher kriegführenden Mächte in Europa. Seit dem späten Mittelalter hatten die einzelnen Völker Bilder entwickelt, in denen sie die psychologischen und physischen Eigenarten ihrer jeweiligen Nachbarn zu erfassen suchten – also der Franzosen, der Engländer, der Russen und der Italiener.[20] Solche Klischees waren natürlich nie wertfrei. Aber sie erhielten doch jetzt durch die nationale und nationalistische Aufladung ein anderes Gesicht: Nun trat die Erhöhung der eigenen Nation mittels der negativen Charakterisierung der anderen in den Vordergrund. Festgefügte und insofern leicht abrufbare Vorurteile dienten der Durchsetzung und Verbreitung solcher Stereotypen. Die Integration konkreter Ereignisse – wie etwa das Vorgehen deutscher Soldaten in Belgien oder die Solidarisierung der Hochschullehrer mit dem deutschen Militarismus, die russischen Ausschreitungen in Ostpreußen oder auch die britische Hungerblockade Deutschlands – aktualisierten jene Klischees und beförderten ihre Glaubwürdigkeit. Auch diese Geisteshaltung trug dazu bei, dass der Krieg eine „bis dahin weder quantitativ noch qualitativ erreichte Biologisierung, Kriminalisierung und Pathologisierung des Gegners“ erzeugte.[21]

Es liegt auf der Hand, dass angesichts solcher Überzeugungen nur ein vollständiger deutscher Sieg über die Feinde denkbar war, ein Siegfrieden ohne Kompromisse. Alles Andere musste als Absage an die Gültigkeit des Rechts und Ungehorsam gegenüber dem klaren Willen Gottes gelten. Doch diese scheinbar so logischen religiösen Überlegungen und Behauptungen wurden von den brutalen Realitäten der Materialschlachten und des Massensterbens hinweggefegt. Mit immer radikaleren, schrilleren Tönen hielten führende Protestanten trotzdem an ihrer Deutung der Ereignisse fest. Die katholischen Bischöfe appellierten, „je mehr die Gefahr eines Zusammenbrechens der Heimat und der Fronten drohte“, immer eindringlicher für das Durchhalten, für Einigkeit und Geschlossenheit „als Vorbedingung für ein siegreiches Beenden des Krieges“.[22]

Generell gilt, dass die Artikel und Broschüren, die Proklamationen und

Predigten, mit denen die geistige Elite der Professoren ebenso wie der Kirchenführer und Prediger beider Konfessionen den Krieg begleiteten und Einfluss auf die Bevölkerung zu nehmen versuchten, recht wenig bewirkten. Sie selbst überschätzten ihren Einfluss maßlos. Im Heer und in der Heimat schwanden mit der Dauer des Krieges die Zweifel an den kirchlichen Deutungen des Geschehens. Als exemplarisch dafür darf die Aufzeichnung eines jungen Soldaten aus dem Jahr 1917 gelten: „Des Mittags fand ein Feldgottesdienst statt, in welchem wohl die wenigsten Trost und Stärke gefunden hatten."[23] Was die Kirchen boten, war eine religiöse „Stimmung", die angesichts der brutalen Realität immer weniger half. Vor einem Sturmangriff „hilft wahrhaftig eine Zigarette mehr als die Bibel, Kant und Fichte!"[24] Gewiss, auch Männer, die keineswegs religiös waren, äußerten Stoßgebete. Folgen ergaben sich daraus allerdings nicht. So wird man sie wohl auf dieselbe Stufe rücken müssen wie allerlei religiöse Praktiken, wie Magie, Spiritismus und die gesamte Palette des Aberglaubens.[25] Der Krieg machte in aller Regel nicht zum Christen. „Das Rüstzeug sittlicher und religiöser Überzeugungen wird zur Kraft nur dem Soldaten, der es mitgebracht, der schon je von ihm gelebt hat. Dem dient sie als Stütze – unbewusst!"[26]

Die Mehrzahl der Prediger in beiden Konfessionen sah schließlich ihre Aufgabe vor allem nur noch darin, Trost zu spenden und bei der Bewältigung des unermesslichen Leidens zu helfen. Und die Masse der Soldaten wollte nur noch Frieden, Frieden um jeden Preis. „Religiöse Gedanken, Gefühle und Strebungen hatten keinen Platz mehr" im Leben der Menschen, schrieb im Herbst 1918 ein evangelischer Divisionspfarrer. „Zum Besuch der angesetzten und vereinbarten Gottesdienste war häufig keine Lust mehr vorhanden".[27]

Bei einigen wenigen evangelischen Theologen lässt sich vor dem Zusammenbruch Deutschlands ein Umdenken erkennen. Rudolf Otto, Professor in Marburg, thematisierte in seinem Buch „Das Heilige" ein völlig anderes, befremdliches Gottesbild, das die Rätselhaftigkeit seines Handelns hervorhob.[28] Martin Rade, sein Kollege in Marburg, unterstrich in derselben Zeit anlässlich des Reformationsjubiläums, dass Luther alles das nicht war, was man gegenwärtig aus ihm machen wollte, sondern Theologe – „weiter nichts, aber dieses ganz und vollkommen". Es gehe deshalb jetzt darum, die Botschaft von der Rechtfertigung des sündigen Menschen durch den Glauben an die Gnade Gottes neu in die gegenwärtige Situation hinein auszulegen.[29] Otto Baumgarten schließlich – um von anderen zu schweigen – vollzog im selben Jahr 1917 in seiner Vorlesung „Christentum und Weltkrieg" eine radikale Selbstkritik. Angesichts der offenkundigen Vernichtung der Humanität im Krieg mitsamt der Illusion eines geschichtlich erkennbaren gerechten und gütigen Gottes begann er erneut über die Bedeutung des Kreuzestodes Jesu nachzudenken.[30] Doch diese Theologen bildeten, wie gesagt, eine schmale Minderheit.

Die strukturellen Parallelen in den Reaktionen von Christen in Deutschland und **Frankreich** sind, wie angedeutet, bemerkenswert.[31] Auch die Franzosen zogen keineswegs begeistert in den Krieg. Vor allem auf dem Land begegneten hier ebenfalls ernste Stimmungen bis hin zur Niedergeschlagenheit, sah man Trauer und Tränen.[32] Die Proklamation der „heiligen Einheit" (Union sacrée) am 4. August durch Raymond Poincaré, den Präsidenten der Republik, bildete wie der Burgfriede in Deutschland auch in Frankreich einen Mythos, der die bis dahin zutiefst gespaltene Nation einte. Die für das öffentliche französische Selbstverständnis während des gesamten Krieges entscheidenden Sätze lauteten: „Im nunmehr beginnenden Krieg wird Frankreich das Recht auf seiner Seite haben, dessen ewige Macht Völker und Individuen nicht ungestraft missachten können. Frankreich wird von allen seinen Söhnen heldenhaft verteidigt werden, deren heilige Einheit angesichts des Feindes nichts zu brechen vermag, sie alle sind heute brüderlich geeint in der Entrüstung vor dem Aggressor und in patriotischem Glauben."[33] Auch in Frankreich füllten sich die Kirchen. Und ebenso gilt: ihre offiziellen und offiziösen Vertreter „übertrumpften sich gegenseitig in patriotischem Eifer". Die Lehrer, Repräsentanten der nationalen und betont antiklerikalen Erziehungspolitik in der Dritten Republik, und die katholischen Priester, deren dezidierten weltanschaulichen Gegner, zeigten sich nun entschlossen, „die moralischen Kräfte der Kirche und die laïkale Erziehung für die gemeinsame Sache zu verbinden".[34] Doch die ideologischen Gegensätze brachen immer wieder auf. Fortlaufend mussten sie mühsam relativiert und bagatellisiert werden.

Besonders laut und kompromisslos äußerte sich die kleine protestantische Minderheit. Sie war eifrig bemüht, nur ja keinen Zweifel an irgendeiner Hinneigung zu den deutschen Glaubensbrüdern aufkommen zu lassen. Das erschien nicht zuletzt deshalb zwingend, weil die katholische Presse verkündete, dass man diesen Krieg gegen das „protestantische Kaiserreich" und die „Söhne Luthers" führe.[35] Dagegen setzten die Calvinisten: „Wir Protestanten haben mit einhelliger Begeisterung dem Programm der ‚Union Sacrée' zugestimmt. […] Denn wir meinen mit vollem Recht, dass in tragischen Stunden, in denen das Vaterland in Gefahr ist, wir uns nicht fragen sollten, ob wir Protestanten, Katholiken, Israeliten oder Freidenker sind: Wir sind und wollen nur Franzosen sein, die Hand in Hand der gemeinsamen Mutter zu Hilfe eilen, die auf verabscheuungswürdige Weise angegriffen wurde."[36]

Frankreich wurde angegriffen, führte also einen Verteidigungskrieg, mithin einen gerechten Krieg. Dazu bedurfte es keines Beweises, stand der Feind doch für jedermann sichtbar im Land. Weil es um einen gerechten Krieg ging, musste man kämpfen. In den Begründungen dafür rückten Vaterland und Christentum und Gott ganz eng zusammen. Einig zeigten sich die katholischen Bischöfe auch darin, dass es sich sogar um einen heiligen Krieg handelte. Deshalb konnten sie auch Kanonen und andere Waffen segnen.[37] Immer wieder war ebenso von einem neuen Kreuzzug die Rede, den man nun führen müsse. Der Bischof von Arras predigte 1914 den Soldaten: „Ihr seid die Kämpfer für die Sache Gottes und der Menschheit. Ihr seid die modernen Kreuzfahrer in einem Kreuzzug, der ebenfalls die Befreiung eines Grabes zum Ziel hat, auch er ist insofern göttlich, als eine neue Barbarei die edlen Ideen der Gerechtigkeit und der universalen Liebe unterdrücken will, die einst zusammen mit Jesus Christus auferweckt wurden.[…] Ihr kämpft mit Gott." Kleriker der verschiedensten Ränge und Positionen variierten unentwegt diese Überzeugung. 1917 erklärte ein Domherr: „Wenn Gott Frankreich vor allen anderen Nationen begünstigt hat, so deshalb, um es für seine Berufung auszurüsten, nicht nur allgemein das Recht zu verteidigen, sondern Gottes Recht und insbesondere das Recht der Religion."

Man durfte deshalb trotz zahlreicher militärischer Rückschläge nicht daran zweifeln, dass Frankreich siegen werde. Denn – so die allgemeine Überzeugung – man kämpfe ja für die Wahrheit, für das Gute, die Zivilisation mit ihren humanen und christlichen Werten, schließlich auch für eine Welt ohne Krieg. Stets lautete die Weisung: Man führte Krieg für die Sache Gottes und mithin im Wissen um seinen Beistand. Folgerichtig schwangen in dieser „Vaterlandstheologie" stets religiöse Begriffe und Beschwörungen mit. Wer sich für die Geltung des Rechts einsetzte, führte gleichzeitig „Krieg gegen die Unterdrückung, die Tyrannei, die Raubgier, die Eifersucht, die Begehrlichkeit, den Hass, den Krieg gegen den Krieg", schrieb der reformierte Pfarrer Henri Bois 1914.[38]

Analog zum deutschen Verhalten resultierte auch in Frankreich aus dem Wissen um das eigene Recht die Herabwürdigung, Ächtung und Verdammung des Gegners einerseits und andererseits die steile religiöse, moralische und kulturelle Erhöhung der eigenen, der französischen Nation. Es existierten durchaus reale Gründe für die Angst und den Hass gegenüber den Deutschen. Beim Vormarsch dieser Truppen war es im August 1914 in Belgien, Lothringen und Nordfrankreich zu brutalen Ausschreitungen und Verbrechen gegen die Zivilbevölkerung gekommen, denen mindestens fünftausend Menschen zum Opfer gefallen waren.[39] Massaker und Brandschatzungen begleiteten die deutschen Siege. Die weltbekannte Bibliothek in Löwen verbrannte ebenso wie Teile der Stadt. Die berühmte gotische Kathedrale von Reims, die Krönungsstätte der französischen Könige, wurde von deutscher Artillerie beschossen. Weniger renommiert, aber darum keineswegs weniger schlimm, waren die Ausschreitungen in vielen Kleinstädten und Dörfern. Nüchtern und knapp meldete einer von vielen ähnlich lautenden Berichten: Der „Pfarrer wurde am 23. August in Villers-la Montagne von den Deutschen erschossen. Die Kirche wurde ebenso wie mehr als die Hälfte des Dorfes niedergebrannt".

Was bewegte die Deutschen zu diesem Vorgehen? Vor allem war es die Vorstellung eines massiven zivilen Widerstands, der sich in verdeckten, heimtückischen Angriffen hinter der Front äußerte. Ähnliches hatte man, wenn auch in begrenztem Ausmaß, im Krieg 1870/71 erlebt. Da Offiziere und Mannschaften jetzt von dieser Phantasievorstellung regelrecht besessen waren, fanden sie auch Belege dafür. Oder sie meinten, dagegen vorsorglich Maßnahmen ergreifen zu müssen. Hinzu kam eine hektische Nervosität bei der Truppe und ihrer Führung angesichts der Forderung, möglichst schnell durch Belgien und Nordfrankreich vorzustoßen, um die Voraussetzungen für das Gelingen des Schlieffen-Plans zu erfüllen. Rücksichtsloses Vorgehen mit dem Ziel, jeden Widerstand radikal und rücksichtslos zu brechen, erschien dann geboten. Nicht zu leugnen ist schließlich ein bewusster deutscher Zerstörungswille, die Entschlossenheit, den Gegner umfassend zu vernichten.

Die deutschen Ausschreitungen beschränkten sich auf die ersten Wochen des Krieges. Doch sie genügten, um der Propaganda der Entente jahrein – jahraus als Belege für die deutschen Gräueltaten zu dienen, sowohl wiederholt, als auch weiter ausgeschmückt. Dazu gehörten die Fabeln von gekreuzigten französischen Soldaten und abgehackten Kinderhänden.[40] Belege für solche Schauergeschichten wurden nie gefunden. Doch französische und belgische Flüchtlinge aus dem Kriegsgebiet erzählten immer wieder davon und die Propaganda wiederholte unentwegt solche Vorwürfe.

Die Deutschen entlarvten sich somit als Barbaren ohne Kultur, als Vandalen, die nur zerstören konnten und wollten. Führende katholische Intellektuelle wie Jacques Maritain oder Paul Claudel verwiesen dafür auf Luther und hoben Calvin sowie die Hugenotten und Puritaner ausdrücklich davon ab.[41] Kennzeichnend für die Deutschen war offenkundig eine „moralische Inferiorität" bis hin zur Bereitschaft für den „klaren Teufelsdienst". Verlogenheit, Mordlust und die Lust an allerlei Grausamkeiten charakterisierten offenkundig die Deutschen, angefangen bei Kaiser Wilhelm II. Sie bildeten eine fragwürdige negative Rasse.[42] Die Überzeugung wuchs, dass man die problematische Eigenart der Deutschen wissenschaftlich exakt an ihren Gesichtszügen ablesen könne. Katholiken sprachen im gleichen Zusammenhang nicht von einer anderen Rasse, sondern von einem „fundamentalen geistlichen Gegensatz". Über die „französische Seele" war im Gegensatz dazu in der katholischen Zeitschrift „Das Kreuz" im Oktober 1914 zu lesen: „Kommen wir gnädig auf das geistliche Prinzip zurück, das allein dem Leben ein Ziel setzt und Bedeutung hat für unser Handeln auf der Erde: Es ist exakt dies der Gesichtspunkt, unter dem die Deutschen sich radikal von den Franzosen unterscheiden." Und in einem umgedichteten „Vaterunser" hieß es: „Ich glaube an die Macht des Rechts, an den Kreuzzug der Zivilisierten und an das ewige Frankreich."

Aus alledem resultierte ein enormer Hass auf die Deutschen und alles Deutsche. Er wurde während des gesamten Krieges gepflegt, wiederholt, aufgepeitscht und intensiv verbreitet. Systematisch impfte man ihn den Kindern ein, konzentrierte den gesamten Unterricht in den staatlichen Schulen darauf und verpflichtete die Lehrer dazu.[43] Die Katholiken proklamierten 1915 einen „Kinderkreuzzug" mit der Organisation einer „Armee des Gebets": Kindern wurden bestimmte Frontabschnitte zugewiesen, die sie mit ihren Gebeten schützen und verteidigen sollten. So wurde auch auf der religiösen Ebene ein totaler Krieg geführt. Die französischen Protestanten stimmten dem, wie gesagt, voll und ganz zu. Sie sprachen den Deutschen schlichtweg das Christsein ab, den Katholiken ebenso wie den Protestanten.[44] Die Deutschen hätten sich einen eigenen, germanischen Gott nach ihrem Bilde gemacht. Zusammen mit ihrem Regime suchten die Deutschen die Menschlichkeit zu vernichten. „Ihr Gott ist nicht der unsere", verkündeten französische Protestanten. „Wir verabscheuen ihn. Ja, er macht uns Angst. Deshalb wollen wir uns mit niemandem verbrüdern, der etwas mit ihm zu tun hat. [...] Die Zeit ist gekommen, das zu sagen, es der Welt entgegenzuschreien zur Ehre des wahren Gottes und seines Evangeliums."

Dieser Negation wurde dann ebenso durchgängig die Wahrheit des guten, überlegenen und alles überragenden Frankreichs entgegengestellt. Zunächst hatten auch die französischen Pfarrer und Priester den Krieg, der traditionellen christlichen Deutung entsprechend, als Strafe Gottes für die Sünden des Volkes verkündet. Die union sacrée behinderte jedoch direkte Angriffe der Kirchen auf den Antiklerikalismus und die praktizierte Gottlosigkeit in der Dritten Republik. Gewichtiger war der Vorwurf, dass die Rede von Sünde und Schuld der Franzosen mitsamt dem Verständnis des Krieges als Strafe Gottes dann bedeuten müsse, dass Frankreich den Krieg verlieren sollte?![45] Pfarrer, die in der hergebrachten Weise predigten, wurden sogleich anonym, aber auch öffentlich als Freunde Deutschlands angegriffen. Nicht zuletzt um diesem Odium zu entgehen, wiederholten und unterstrichen die Vertreter aller Kirchen pausenlos und unermüdlich, dass die Verteidigung des Vaterlandes nicht nur richtig und gut sei, sondern eine unbedingt wahrzunehmende christliche Pflicht darstelle. So konnte Charles Ruch, katholischer Militärseelsorger und seit 1918 Bischof von Nancy, in seinem Priesterbulletin das Gebot der Feindesliebe als Liebe für „die französischen Brüder" interpretieren und deren Todesbereitschaft als Hingabe des Lebens in der Nachfolge Christi deuten.[46] Das Schlachtfeld war, wie ein Domherr verkündete, „ein riesiger Altar, auf dem [die Soldaten] sich opfern, einer nach dem andern, und noch jeden Tag fallen, heilige Opfer ihres Patriotismus".[47] Eine solche Aussage war kein Einzelfall. Die Bischöfe publizierten unentwegt Stellungnahmen und Erklärungen, in denen christlicher Glaube und das französische Vaterland untrennbar ineinander übergingen. Das nationale Territorium wurde sakralisiert. „Für katholische Soldaten, d. h. für die überwältigende Mehrheit, verschmolz die Verpflichtung gegenüber der Nation schlichtweg mit der Pflicht gegenüber Gott."[48] Gott zu dienen, hieß Frankreich dienen – und umgekehrt. Ein Priester verkündete: „Gott ist aus seinem Schweigen herausgetreten. Er hat gesprochen. Einmal mehr hat er gezeigt, dass das Geschick der Völker ebenso wie das der Familie und des einzelnen in seinen Händen liegt."[49] Und pointiert formulierte ein protestantischer Theologe die allgemeine Überzeugung: „Der Krieg, der für diejenigen verbrecherisch ist, die uns angreifen, wird für uns ein heiliger Krieg für das Vaterland, das die Gerechtigkeit verteidigt, indem es sein Recht auf Leben und Freiheit verteidigt."[50]

Ein solches Denken implizierte, wie gesagt, die Überzeugung, dass Gott in diesem Krieg auf der Seite Frankreichs stand und somit als sein Alliierter agierte. Diese Vorstellung wurde im Blick auf verschiedene Vorgänge konkretisiert: Das Scheitern des deutschen Vorstoßes an der Marne galt als

Einwirkung Marias, die den „Hunnen“ entgegentrat. Sie werde auch weiterhin an der Seite Frankreichs stehen. Erscheinungen und Visionen belegten, dass die Heiligen, insbesondere Johanna von Orléans, aber auch die Gottesmutter, als „unsere Verbündeten im Himmel“ handelten.[51] Hierbei verschmolz dann nicht selten die Madeleine der Revolution mit der katholischen Jungfrau Maria.

Die besondere Zuwendung der himmlischen Heerscharen zum französischen Heer bedeutete zugleich, dass diesem Volk eine herausgehobene Bedeutung für die Errichtung von Gottes Königreich zukam. „Unser Frankreich lieben und ihm dienen ist das beste Mittel, das Königreich Gottes zu lieben und ihm zu dienen.“[52] Insofern führte Frankreich, wie erwähnt, einen heiligen Krieg, „einen heiligen Kreuzzug“. „Gottes Werk wird erfüllt durch Frankreich – das ist nicht nur ein Motto, sondern steht noch jeden Tag als wunderbare Prophetie auf den schlichten Holzkreuzen der Gräber, in denen eure Söhne und Gatten ruhen.“ Französische Protestanten gingen sogar so weit, das Martyrium Frankreichs in eine Linie mit der Versöhnungstat Christi zu rücken: „Wer könnte daran zweifeln, dass Frankreich sich im Krieg für die Welt abschlachten lässt, um sie durch ihr Opfer zu retten?“

Die unabdingbare Konsequenz dieser mit Leidenschaft vorgetragenen Überzeugung lautete: Es konnte, es durfte nur einen totalen Sieg über das Deutsche Kaiserreich geben. Bis dahin galt es durchzuhalten, auszuhalten „bis zum Ende, zum Sieg, zum heiligen Sieg“.[53] Der totale Krieg musste durchgekämpft werden – für einen „Frieden der gerechten Herrschaft, der den Frieden der Gewalt und des Militärs zertrümmert“.[54] Das Böse musste endgültig vernichtet und Deutschland hat gestraft werden, weil es mit seinem Angriffskrieg „das größte Verbrechen gegen die Menschlichkeit und die Freiheit der Völker“ beging.[55] Frankreichs Friedensvorstellung basierte mithin auf der „Realität des Hasses“, die in „der Vorstellung von Schuld und Unschuld“ wurzelte.

Die Wirklichkeit dessen, was man in den Schützengräben erlebte, sah allerdings erheblich anders aus, als es diese offizielle Propaganda und ihre kirchlichen Vertreter verkündeten. Blickt man auf die von Soldaten an der Front verfassten Zeitungen, begegnen durchaus auch Elemente der Propaganda.[56] Doch sie sind durchsetzt und getragen von persönlichen Zeugnissen, die die Realität des Alltags spiegeln. Gemessen daran erschien die permanente Feier des Heroismus der französischen Truppen, ihres unbeugsamen Siegeswillens und ihrer unerschütterlichen Moral als verständnisloses Schwadronieren, das die Soldaten als „die öffentliche Religion“ attackierten und verhöhnten. Die Notwendigkeit, trotz Kälte, Regen und Schlamm, Ungeziefer, Entbehrungen, Schmerzen und ständiger Todesgefahr durchzuhalten, ließ keine großen Gedanken und Überlegungen zu. Als exemplarisch darf eine Notiz von 1916 gelten: „Was Recht ist, Zivilisation und Humanität, darüber denkt der Frontsoldat (poilu) nicht groß nach.“ Wichtig war allein das Hier und Jetzt. Darüber hinaus reichte allein – zunehmend – die Sehnsucht nach dem Ende des Krieges, nach der Rückkehr zu Frau und Familie, also nach Frieden. Politische Erwägungen waren damit in aller Regel nicht verbunden.

Nach dem Aufflammen religiöser Empfindungen zu Beginn des Krieges mussten auch in Frankreich Kleriker bereits 1915 konstatieren, dass sich die Soldaten weder für politische noch religiöse Fragen interessierten.[57] Erstaunt und irritiert stellten Priester fest, dass die Männer tapfer kämpften, ohne gläubige Katholiken zu sein. Sie lehnten das Christentum darum nicht ab. Doch sie standen ihm gleichgültig und häufig einfach verständnislos gegenüber. Neben allerlei abergläubischen Praktiken wurde vielfach vor einem Sturmangriff gebetet. Ob es sich dabei jedoch um ein tieferes christliches Denken und Empfinden handelte, mag man bezweifeln. „Die Tatsache, dass religiöse Gefühle in Momenten der Gefahr entstehen, ist zutiefst ambivalent: Wenn Glaube angesichts der Konfrontation mit dem Tod geweckt wird, kann er eine tiefe Überzeugung offenbaren; aber wenn er wegzufallen scheint, sobald die Gefahr vorüber ist, zeigt das doch wohl, dass er von ziemlich oberflächlicher Natur war.“[58]

Auch unter französischen Christen, Laien wie Klerikern, wuchsen im Verlauf des Krieges Fragen und Zweifel, wie man das schreckliche Geschehen der Materialschlachten mit dem Willen Gottes in Einklang bringen könnte. „Dieser Krieg ist der Bankrott unseres Christentums“, erklärte bereits 1914 der reformierte Pfarrer Henri Barbier.[59] Seine Kollegen erläuterten ihm sogleich, dass nicht das Christentum gescheitert sei, sondern dessen falsche, nationalistische Auffassung beim Gegner. Viele Menschen stellten ebenfalls betroffen und verunsichert die Lehre der Kirche von der alles umfassenden guten Ordnung Gottes in Frage. Nicht wenige beruhigten sich dann freilich angesichts der Niederlage Deutschlands. „Mit Kriegsende wurde die Welt wieder gerade gerückt: Gott hatte auf der Seite des siegreichen Frankreich gestanden, die Opfer wurden belohnt, die Priester hatten ihren Beitrag in der nationalen Anstrengung geleistet. Das Welt- und Geschichtsbild war wieder geschlossen und die Rolle Gottes als transzendenter Alliierter Frankreichs wieder klar.“[60] Doch das ist lediglich die eine Seite.

Weit verbreitet blieb „die Vereinbarkeit von politischer Liturgie, religiösem Empfinden sowie persönlicher Trauer".[61] Das „säkulare Amen" dazu hieß: „Gestorben für Frankreich" (Morts pour la France). Und es blieben, lange über das Kriegsende hinaus, die Feindschaft und der Hass gegenüber Deutschland.

Belgien bildete im Weltkrieg in hohem Maß das Objekt der Auseinandersetzungen: zunächst als Operationsgebiet und Front – jenseits des Flusses Yser kämpften die Truppen der Entente gegen die Deutschen. Die Industrie und Landwirtschaft im besetzten Teil des Landes wurden intensiv für die deutschen Kriegsziele genutzt. Versuche, die traditionellen Spannungen zwischen den frankophonen Wallonen und den niederländisch sprechenden Flamen auszunutzen, führten nur begrenzt zum Erfolg.[62] Das bisher ermittelte Muster der Argumentation lässt sich auch hier erkennen: Nach anfänglicher Unsicherheit einte das brutale Vorgehen der deutschen Truppen die politische Führung mitsamt der Bevölkerung. Nicht nur die Flüchtlinge begriffen sich als Opfer, als Märtyrer angesichts der rücksichtlosen Verletzung des Völkerrechts, der zerstörten Dörfer und Städte und vielfältiger Gewaltmaßnahmen des Militärs. Missliebige Personen wurden nach Deutschland deportiert, seit 1916 auch rund 120 000 Zivilisten als Arbeitskräfte. Diese Aktion wurde jedoch 1917 gestoppt, u. a. durch die Proteste von Kardinal Mercier. Insgesamt förderte die vier Jahre andauernde Besetzung Belgiens nicht nur Elend und Not, sondern auch wachsende Wut, Empörung und Hass auf die Deutschen. Es war Désiré-Joseph Mercier, Kardinal und Primas von Belgien, der in dieser Zeit den Menschen Selbstbewusstsein, geistigen Halt und Orientierung bot. König Albert I. und die politische Führung waren geflohen, Mercier und die katholische Hierarchie dagegen waren präsent. Katholiken spielten auch in der geheimen Presse des Landes eine Rolle. Mercier proklamierte in seinen Predigten und Hirtenbriefen eine Art „union sacrée", in der sich Katholiken und Atheisten zusammenfinden konnten. Danach gehörten wahres Christentum und die Liebe zum Vaterland zusammen! Belgien werde politisch, aber auch geistig fraglos als Sieger aus dem Krieg hervorgehen, wenn es nur gelänge, entsprechend der von Mercier formulierten Devise „Patriotismus und Ausdauer" zu leben und dementsprechend zu handeln.

In **Großbritannien** bildete der deutsche Einmarsch in Belgien die zündende und die Bevölkerung zusammenschließende Veranlassung für die Kriegserklärung des Empires an das Deutsche Kaiserreich.[63] Doch dabei handelte es sich zunächst keineswegs um eine spontane, einheitliche Reaktion. Wie in den anderen kriegführenden Staaten auch standen in Großbritannien am Anfang überaus vielfältige und durchaus einander widersprechende Stimmungen. „Die britische Bevölkerung begrüßte den Ausbruch des Krieges mit vielfältigen Verhaltensweisen, wobei Unsicherheit, Erregung, Furcht, Begeisterung, Panik, Ungewissheit und Kritik zusammentrafen."[64] Nur Schritt um Schritt setzte sich dann bis zu Vertretern der Friedensfreunde die Überzeugung durch, dass Großbritannien sich nun in einem „durch eine verrückt gewordene Nation" aufgezwungenen Krieg befand.[65] Jetzt galt unbedingt und fraglos, dass Großbritannien auf der Seite des Rechts stand. Sein Selbstverständnis, seine Traditionen und seine Ehre ließen dem Empire keine andere Wahl, als für die Verteidigung des „armen kleinen Belgiens" zu kämpfen. Am 31. Juli 1914 hatte sich Premierminister Asquith gegenüber dem Erzbischof von Canterbury noch in einer Mischung aus Gleichgültigkeit und Verachtung über den „wilden kleinen Staat" Serbien geäußert[66]. Doch nach dem deutschen Einmarsch in Belgien dominierte offiziell eine radikal andere Stimmung: „Als wir Belgien vernichtet sahen, wussten wir, dass der Krieg gegen Deutschland die einzige Entscheidung sein konnte, die unseren Traditionen würdig war", schrieb ein Theologe.[67] Andere erklärten, dass es sich bei dieser Entscheidung schlicht um eine Selbstverständlichkeit handele. Bischof Hensley Henson verkündete: „Wir konnten nicht tatenlos daneben stehen, wenn Verträge unter die Füße getreten und namenlose Gräueltaten an unschuldigen Menschen verübt werden. Wir konnten es nicht ertragen, dass unser edles Erbe der Freiheit und des Empires, das wir von unseren Vorvätern empfangen haben, uns von der brutalen Aggression der deutschen Autokratie gestohlen wurde. Unser Weg war klar, unsere Verpflichtungen offenkundig. Vor dieser schrecklichen Krise zurückzuschrecken, verdiente die Verfluchung der Prophetin [Richter 5, 23]: ‚Fluchet der Stadt Meros, sprach der Engel des Herrn, fluchet ihren Bürgern, weil sie dem Herrn nicht zur Hilfe kamen, zur Hilfe dem Herrn gegen die Mächtigen'."[68]

Der Krieg wurde auch in Großbritannien schnell als ein totaler begriffen und geführt. Dazu gehörte die Seeblockade Deutschlands. Diese Maßnahme war in kirchlichen Kreisen zunächst keineswegs unumstritten. Sie wurde jedoch mehrheitlich mit dem Argument bejaht, dass sich dadurch der Krieg abzukürzen ließe. Auch in Großbritannien legte der Klerus sogleich eine enorme Aktivität für die Unterstützung des Krieges an den Tag.[69] Eine Vielzahl von Hilfsorganisationen arbeitete sozial, geistig und geistlich, engagiert und effizient. Geistliche erläuterten in Predigten und Traktaten den Sinn des Krieges und mühten sich, die Stimmung zu heben. Vor allem auf dem Land drängten die Kleriker sowie der CVJM junge Männer, sich freiwillig zur Armee zu melden – die allgemeine Wehrpflicht wurde in Großbritannien erst im September 1916 eingeführt. „Gott braucht dich!“, verkündeten die Pfarrer. „Wer für Gott ist, ist auch für England!“ Oder: „Ich denke, dass es die Pflicht jedes jungen Mannes ist, der auch nur einen Funken von Christentum in sich hat, die Waffen gegen die Deutschen zu erheben.“[70]

Die Uniform, hieß es, sei das „festliche Gewand, das Gott uns heute anbietet und worauf er besteht, dass wir es anlegen“. Mütter wurden schließlich zu der Auffassung genötigt, zu begreifen, dass es besser sei, wenn ihre Söhne in der Schlacht fielen, als wenn sie unehrenhaft zuhause lebten. Insbesondere der Christliche Verein junger Männer (CVJM, englisch Young Men Christian Association, YMCA) trug Wesentliches zur „spirituellen Mobilisierung“ der Front bei, ebenso in der Etappe sowie in der Heimat.[71] Angesichts der schweren italienischen Niederlage von Caporetto urteilte ein britischer Offizier, dass es dahin niemals gekommen wäre, wenn es dort die geistig-geistlichen Aktivitäten des CVJM gegeben hätte![72] Aufgrund der weiten Verbreitung des CVJM in Großbritannien und darüber hinaus sowie seiner vorzüglichen Organisation konnte er Erhebliches an religiös-moralischer Unterstützung und Stabilisierung für Soldaten und Zivilisten leisten.

Zur nicht nur entschlossenen, sondern bedingungslosen Führung des Krieges gehörte, dass im September 1916, wie erwähnt, die allgemeine Wehrpflicht eingeführt wurde, nachdem die kleine Berufsarmee faktisch aufgerieben war. Mit der allgemeinen Wehrpflicht sollte zugleich eine kampfbereite britische Gemeinschaft geschaffen werden: „Alle, die in diesem Krieg Waffen getragen haben, werden dann fest zusammenhalten in einer gemeinsamen Sympathie, die keine andere gemeinsame Sache so bewirken könnte.“[73] Kriegsdienstverweigerer, u. a. bei den Pflingstlern, wurden von der Bevölkerung geschnitten, bisweilen zu Gefängnisstrafen verurteilt oder in Arbeitslager gesteckt.[74] Der Aufstand der irischen Unabhängigkeitsbewegung (Sinn Fein) im April 1916 wurde von Großbritannien unter Einsatz von Militär und schwerer Artillerie brutal niedergeschlagen. Sicherlich empörte sich in diesem Aufstand nur eine Minderheit der Iren. Die Mehrheit war schließlich bereit, London im Krieg zu unterstützen, erwartete dafür jedoch politische Zugeständnisse im Blick auf die irische Autonomie. Bei dieser Entscheidung für den Kriegseintritt spielte ebenso die religiöse Verbundenheit der katholischen Iren mit den katholischen Belgiern eine Rolle – sowie der Abscheu vor den Gräueltaten der Deutschen.

Hand in Hand mit den Bemühungen, sämtliche Kräfte zu mobilisieren, ging das Werben um die geistige und materielle Unterstützung der USA. Um die amerikanischen Juden zu gewinnen, erklärte der britische Außenminister Arthur J. Balfour am 2. November 1917 im Namen seiner Regierung gegenüber Lord Lionel Rothschild, man beabsichtige die „Schaffung einer nationalen Heimstätte für das jüdische Volk in Palästina“. Diese solle im Rahmen eines britischen Protektorats verwirklicht werden. Wie und ob sich diese Zusage mit dem gleichzeitigen Versprechen der „vollständigen und souveränen Unabhängigkeit der Araber“ verbinden ließ, blieb der Zukunft überlassen.

Auch in Großbritannien ging das Bewusstsein des eigenen Rechts mit der Verurteilung des Unrechts Deutschlands Hand in Hand. Eine besondere Rolle spielte ebenfalls dauerhaft der Vorwurf der an der belgischen Bevölkerung begangenen Verbrechen. Die Missachtung des internationalen Rechts war schlimm. Doch das Vorgehen der Deutschen in Belgien setzte allem die Krone auf. In Hunderten von Predigten, Traktaten, Broschüren attackierten auch Geistliche, über sämtliche konfessionellen Grenzen hinweg, die Morde der Deutschen an unschuldigen Zivilisten, die Vergewaltigung von Mädchen und Frauen, Bombardierungen von Ambulanzen und Krankenhäusern, Liquidierung von Verwundeten, Vergiftung von Brunnen, Ausnutzung des Roten Kreuzes für die Installierung von Maschinengewehren.[75] Folglich identifizierte man deutsch mit niedrig und gemein, mit Rücksichtslosigkeit und Bosheit schlechthin. Und deshalb war es geboten, gegen Deutschland und alles Deutsche so entschieden wie kompromisslos zu kämpfen. Dieselbe Einstellung überwog auch in den an der Seite des Mutterlands stehenden Dominions Kanada, Neuseeland und Australien. In Verbindung mit Berichten über die Gräueltaten deutscher Soldaten in Belgien wuchsen z. B. in Australien Feindschaft, Hetze und Ausschreitungen selbst gegen längst naturalisierte Deutschstämmige.[76] Um ihr barbarisches Wesen und ihre Brutalität zu veranschaulichen, bildete man sie z. B. „in einer Reihe mit Kannibalen, Pigmäen, Höhlenbewohnern und Gorillas“ ab.

Die Deutschen, urteilten Briten, kannten nur Macht, Zwang und Gewalt. Als höchste Autorität galt ihnen der amoralische Staat. „Hier gibt es keine Gerechtigkeit außer derjenigen, die Krupp schafft!“[77] Militarismus und Preußentum, Drill und Kadavergehorsam, Barbarei und Inhumanität erwiesen sich als Synonyme. Und als Inbegriff und Inkarnation alles dessen begriff man Kaiser Wilhelm II. Die Deutschen verachteten alle religiösen und sittlichen Werte oder verkehrten sie in das Gegenteil. „Die kostbarsten Tugenden hat Deutschland als Laster verdammt", erklärte ein angesehener Militärgeistlicher: „Liebe ist Unsinn, Loyalität Furcht, Ehrenhaftigkeit Schwäche, Ehrlichkeit Heuchelei. [...] Ihre Denker lachen über Glauben, verabscheuen Ehre und verachten Wahrheit. [...] Sie sind, ich sage es, die Feinde Gottes. [...] Der Gott, dem die deutschen Führer dienen, ist ein Götzenbild der Erde – ein ordinäres und grausames Monster, das von Menschenblut lebt."[78]

Der letzte Grund für die Verderbtheit Deutschlands lag also in seinem Abfall von Gott, vom Christentum. Als Beleg dafür diente u. a. die deutsche wissenschaftliche Bibelkritik mit ihrer Relativierung der Offenbarung, weil dort u. a. die Jungfrauengeburt Jesu bestritten werde und sogar die Auferstehung Jesu.[79] Das dadurch gestärkte Neuheidentum mitsamt der Verherrlichung des Sozialdarwinismus dränge über die deutschen Grenzen hinaus und bilde insofern eine enorme Gefahr für ganz Europa. Dem musste widerstanden werden! Auf den Einwand, dass dadurch Unschuldige zusammen mit Schuldigen bestraft würden, lautete die Antwort: „Wenn der Unschuldige nicht vom Schuldigen getrennt werden kann: sollte der Schuldige deshalb geschont werden und es ihm gestattet sein, weiterhin ungestraft seinen bösen Weg fortzusetzen? Es ist für das Wohl der Menschheit nicht gut, dass der Schuldige verschont wird, selbst wenn der Unschuldige mit ihm leiden müsste."[80] Und wer konnte garantieren, dass ein heute noch Unschuldiger innerhalb jener deutschen Gesellschaft nicht morgen zu einem Schuldigen würde? Die Deutschen kannten doch nur die Sprache der Gewalt!

In dieser Atmosphäre hielt der Bischof von London, A. F. Winnington-Ingram, am 1. Advent 1915 seine berüchtigte Predigt über Jesaja 11, Vers 9: „Man wird weder Schaden tun noch Verderben auf meinem heiligen Berg."[81] Nach der Überzeugung des Bischofs gab es in der gesamten Geschichte des Christentums noch nie so viel Niederträchtigkeit und Frevel, wie sie jetzt von Deutschland verübt wurden – in Belgien und Polen, in Serbien und gegenüber den Armeniern. Um Freiheit, Ehre, Unschuld und Sittlichkeit in Europa zu verteidigen, müsse jetzt ein großer Kreuzzug geführt werden, „um die Deutschen zu töten – nicht um des Tötens willen, sondern um die Welt zu retten. Getötet werden sollen die Guten ebenso wie die Bösen; zu töten sind die jungen Männer ebenso wie die alten; getötet werden sollen diejenigen, die sich gegen unsere Verwundeten freundlich verhielten wie auch jene Unmenschen, die den kanadischen Feldwebel kreuzigten, die armenischen Massaker beaufsichtigten, die Lusitania versenkten und die Maschinengewehre auf die Zivilisten in Aerschott und Löwen richteten: sie sind zu töten, weil andernfalls die Zivilisation der Welt getötet würde." Winnington-Ingram fuhr fort: „Ich rede so nicht, um einen unchristlichen Hass auf die deutsche Rasse zu schüren. [...] Ich tue es, um das Christentum zu verteidigen!"

Es ist richtig, dass der Bischof nicht durchweg so gepredigt hat. Erst recht war diese Rede nicht charakteristisch für die britische Verkündigung im Weltkrieg. Sie stieß durchaus auch auf Kritik. Doch andererseits handelte es sich bei diesen Ausführungen nicht um eine letztlich unmaßgebliche Ausnahme. Immer wieder erklärten vielmehr auch britische Geistliche, dass der Kaiser und die Familie der Hohenzollern wie tolle Hunde zu erschlagen wären; und dass die Deutschen allesamt Besessene, vom Teufel Beherrschte seien, Diener des Antichrist.[82]

Je düsterer einerseits das Bild war, das Theologen und Kleriker in Großbritannien von Deutschland entwarfen, desto heller erstrahlte andererseits der eigene Rang und Ruhm. Ein enormes Gefühl der Überlegenheit charakterisierte ohnehin selbst einfache Briten. Freundlich, aber nichtsdestoweniger eindeutig blickten sie auf alle Fremden herab, überzeugt von ihrer Vormachtstellung über jedes andere Land der Welt. Sie waren eben zur Herrschaft bestimmt![83] Theologisch überhöht brachte Bischof Percival diese Gewissheit zum Ausdruck: Die Alliierten bildeten „das prädestinierte Instrument, um die christliche Zivilisation Europas davor zu retten, dass sie von einem brutalen und skrupellosen Heidentum überwältigt würde".[84] Insofern führte Großbritannien einen heiligen Krieg. Sicherlich fehlte es nicht an Mahnungen vor solchen Redewendungen. Doch die zunehmende Härte des Krieges drängte auch in Großbritannien die geistigen und geistlichen Wortführer zu immer extremeren, radikaleren Formulierungen – „bis hin zur Rede vom heiligen Krieg und schließlich dem Kreuzzug gegen den leibhaftigen Teufel".[85] Vom „heiligen Krieg" sprachen bald die meisten Prediger. „Wir kämpfen nicht so sehr für die Ehre unseres Landes als für die Ehre unseres Gottes. Dies ist nicht nur ein heiliger Krieg, es ist der heiligste Krieg, der jemals geführt worden ist. Der Grund dafür ist das Heiligste, das zu verteidigen von Menschen gefordert wird: Es geht um die Ehre des höchsten Gottes, der Gefahr droht."[86] Aus solchem Denken resultierte alsbald eine Kreuzzugsmentalität mit ausgesprochen manichäischen Zügen:

„Gut und Böse, Gott und Lucifer benutzten Großbritannien und Deutschland als ihre Werkzeuge auf der materiellen Ebene, sie kämpften jetzt personifiziert in diesen Staaten miteinander."

Das bedeutete also: „Großbritannien ist heute die auserwählte Nation der Welt. Wir sagen es verwundert und demütig. Denn nicht wir, sondern Gott hat das getan."[87] Gewiss, daraus dürfe keine Überheblichkeit folgen, betonten auch andere Theologen. Denn diese Berufung besaß einen entschieden funktionalen Charakter. „Wir dürfen sicher sein, dass wir Seine Instrumente für die Ausbreitung des Königreichs sein sollen, für Christus und Christi Erlösung bis an die Enden der Erde." England war insofern Gottes Instrument, als es Sein Schwert bildete, um Recht und Gerechtigkeit gegen Deutschland durchzusetzen. „Wir glauben, dass wir von Gott beauftragt sind, den preußischen Militarismus zu beenden", verkündete ein Geistlicher.[88] Großbritannien opfere seine Männer, um Deutschland zu retten: „Deutschland wird eines Tages England segnen, weil es von ihm besiegt wurde." Großbritannien und das biblische Israel rückten dann ganz eng zusammen: „Die angelsächsische Rasse – Großbritannien und Amerika, das erstere ist Ephraim, das andere Manasse – ist das erlöste Haus Israel und deshalb unbesiegbar."[89] Im August 1914 rief Gott dieses von ihm besonders geliebte Volk: „‚Komm heraus! Komm heraus! Komm heraus aus der Heimat und Behaglichkeit, komm heraus, um das Falsche in Ordnung zu bringen. Komm heraus und teile meine Sorge und hilf, die Welt zu retten!' Gott rief und England antwortete. Gott sei Dank, England antwortete und sagte einfach: ‚Ich komme'."

Im Kontext solcher Überzeugungen lag die Vorstellung nahe, dass die Gefallenen nicht nur stellvertretend starben, sondern auch Märtyrer waren. Dabei mischte sich in einzelnen Äußerungen das Blut der Soldaten mit dem Blut Christi. Ebenso begegnete die Auffassung, dass Christus die Gefallenen sogleich zu sich nehmen werde. Bischof Winnington-Ingram verkündete: „Für jeden, der in diesem Krieg mit dem Gesicht zum Feind stirbt, gelten die Worte, wenn er in Christus stirbt: ‚Dies ist mein geliebter Sohn, dies ist mein geliebter Sohn. Dies ist mein geliebter Sohn, an dem ich Wohlgefallen habe.'"[90]

Alles in allem gilt, dass für britische Theologen über die Konfessionen hinweg der Dienst im Krieg immer wieder als Wirken für das Reich Gottes proklamiert und gepriesen wurde. „Jeder Schlag gegen die Deutschen ist ein Schlag für das Königreich Christi!"[91] Dieses Reich erschien dann faktisch deckungsgleich mit Großbritannien.

Folgerichtig konnte auch hier der Friede nur auf der Grundlage der klaren Niederlage Deutschlands geschlossen werden. Bis dahin galt es auch hier durchzuhalten. „Ein Ende und zwar ein vollständiges Ende muss mit dem deutschen System gemacht werden", erklärte ein Prediger; „und wenn das nicht geschieht, werden unsere Kinder und Kindeskinder Grund haben, unser Andenken in den kommenden Tagen zu verfluchen".[92] Dem sekundierte ein anderer Geistlicher: „Die Welt kann niemals sicher sein, bevor dieser Krebs nicht sauber aus dem Körper der Menschheit herausgeschnitten worden ist." Anders zu handeln, wäre Ungehorsam gegenüber dem Willen Gottes, in dessen Auftrag Großbritannien kämpfte. Und wer wagte es, einer Verständigung mit dem Teufel das Wort zu reden! Zudem mahnten und forderten die Toten die harte und exemplarische Bestrafung des Bösen.[93] Deutschland sollte sich finanziell weiß bluten. Seine Erniedrigung wurde gefordert, die Zerstörung seiner Städte und insbesondere Prozesse gegen die Kriegsverbrecher, allen voran gegen Kaiser Wilhelm II.

Anders lauteten die Berichte in den Frontzeitungen auch der britischen Soldaten.[94] Sie klagten und spotteten über das Unverständnis und Geschwätz der Zivilisten. Kriegerische Predigten erschienen als die Wiederholung von Phrasen und pure Heuchelei. Viele Soldaten zweifelten zunehmend an den religiösen Aussagen ebenso wie an den Berichten über die deutsche Brutalität und Grausamkeit. Sehr schwer war die Stellung der anglikanischen Militärgeistlichen. Sie gehörten zu den Offizieren, die – anders als bei den Kanadiern oder Australiern – eine klar von den Mannschaften getrennte eigene Klasse bildeten. In ihrer Erziehung hatte die Verbundenheit mit der Staatskirche und insgesamt das Amalgam aus Religion, Moral und Patriotismus eine wesentliche Rolle gespielt. Dieser Tradition folgten viele Offiziere ebenso wie auch Militärgeistliche im Krieg. Ganz anders dachten und lebten dagegen große Teile der Mannschaften. Mit einer Religion, die gottgefällige Anständigkeit und Belohnung im Jenseits verkündete, konnten sie in ihrem Alltag wenig anfangen, in dem es um den „Wechsel von Töten im vorderen Schützengraben ging und den ausgleichenden Vergnügungen von Sex, Trinken und Spielen hinter der Front."[95] Hier betete man wohl „zu Gott für einen schnellen Sieg sowie ein hübsch warmes Bett mit einem hübschen Mädchen, um mit ihm zu kuscheln".[96] Christlich gesinnt waren unter den Mannschaften eher Evangelikale.

Auch im britischen Heer begegnete ein sehr breites Spektrum religiöser Äußerungen, das vom Stoßgebet über die Hochschätzung des Abendmahls bis zur Konzentration auf Kirchenlieder und Bibelverse reichte, bisweilen auch das Nachdenken über religiöse Fragen umschloss und Trost in der Lektüre von Erbauungsbüchern fand. Eine besondere Rolle spielte dabei die Lektüre von John Bunyans 1678 erschienener „Pilgerreise“, worin der Autor den Weg des Christen durch Verfolgungen und Versuchungen, Anfechtungen und Leiden zum Himmel schilderte. Dieses Erbauungsbuch war vor allem durch die Sonntagsschulen weit verbreitet und diente nun dazu, den bitteren Erfahrungen des Frontsoldaten Ausdruck zu verleihen und daraus einen Sinn für die eigene Not abzuleiten.[97]

Verständlicherweise spielten alle Arten von Aberglauben wie im französischen und deutschen Heer eine Rolle. Die Geistlichen sämtlicher Konfessionen polemisierten dagegen. Ein Katholik schrieb: „Es ist hohe Zeit, Aufmerksamkeit auf den kindischen Glauben an ‚Maskottchen‘ zu lenken. Es ist absolutes Heidentum und dummer Aberglaube, darauf zu vertrauen, dass der ‚Glücksbringer‘ jemanden vor Gefahren schützt.“[98] Wirkungen zeitigten derartige Proteste vermutlich kaum.

Das Leben an der Front veränderte die Männer. Abstinenzler begannen zu trinken, Fromme fluchten, angehende Theologen redeten vulgär. Darum lehnten sie aber keineswegs auch den christlichen Glauben ab. Die religiösen und moralischen Leistungen des CVJM in den Kantinen hinter der Front wurden immer wieder hoch geschätzt und gelobt.[99] Bisweilen war zu hören, dass man nicht die Deutschen hasse, sondern die Regierenden in sämtlichen Ländern, weil sie den Krieg verlängerten. Mancher erschrak auch, wenn er in der Tasche eines toten Deutschen ein Erbauungsbuch fand, das seinem glich. Neben den politischen Vorwürfen standen die Anklagen gegen einen Gott, der die entsetzlichen äußeren und inneren Zerstörungen zuließ.[100] Gab es ihn überhaupt? Und wenn er existierte: Kümmerten ihn die Schmerzen, die Ängste und das Leiden der Menschen nicht, ihre grenzenlose Verzweiflung angesichts der Wirklichkeit, in der sie existieren mussten? So breit das Spektrum des Glaubens war – als ebenso breit erwies sich das des Zweifels. Auch hier gilt: Wer als entschiedener Christ in den Krieg ging, blieb es in der Regel auch. Ebenso verhielten sich überzeugte Atheisten. Nur sehr wenige änderten tatsächlich ihren Glauben und ihr Leben.

Die Niederlage Deutschlands bot dann – wie in Frankreich – zusammen mit der Möglichkeit, den Deutschen alle Schuld zuzuweisen, eine gewisse Beruhigung für viele aufgebrochene Fragen und Zweifel: Gottes Wahrheit und Recht triumphierten also letztlich doch! Auf der Strecke blieb dabei allerdings die Einsicht, dass „dieser Krieg ein Gericht über eine gesamte Zivilisation bedeutete“.[101]

Einen Teil dieser Zivilisation bildete auch das zaristische **Russland**.[102] Auch hier ging beim Ausbruch des Krieges eine Welle der Begeisterung durch Teile des Landes. Nicht nur die führende aristokratische Gesellschaftsschicht, sondern ebenso Teile des schmalen Mittelstandes wollten nun dem Vaterland zu Hilfe eilen und es gegen den Aggressor verteidigen. Sogar die kleine Schar der Intellektuellen, die dem Zaren und seiner Regierung in aller Regel kritisch, wenn nicht sogar ablehnend gegenüberstand, reihte sich in diese Front ein. Weniger berührt zeigten sich die Menschen auf dem Land sowie die Industriearbeiter in den Städten. Unter Bauern kam es sogar zu Unruhen und regelrechten Aufständen gegen die Rekrutierungen, wobei es zahlreiche Verletzte und sogar Tote gab.[103] Von 225 Opfern ist die Rede, darunter 60 Polizisten. Ob sich die Empörung primär gegen den Krieg richtete oder gegen das Wegführen der jungen Männer aus ihren Dörfern und der Landwirtschaft, sei dahingestellt. Daneben wird von einer Mischung aus Nationalismus und Abenteuerlust berichtet, die sogar bei Frauen und Kindern zur Bereitschaft führte, an die Front zu gehen.[104] Die russische Regierung proklamierte – analog zum Vorgehen der anderen kriegführenden Staaten – den „inneren Frieden" (vnutrennij).[105] Zur Verwirklichung einer solchen nationalen Einheit und Geschlossenheit gehörten ebenfalls die Abgrenzungen. Sie betrafen im zaristischen Vielvölkerreich vor allem die als unzuverlässig geltenden Deutschen und Juden. Reichsdeutsche wurden zuerst in das Innere Russlands deportiert, dann sämtliche Deutschstämmigen und sogar baltische Adelige. Dasselbe Schicksal traf rund 600 000 Juden, die die Regierung aus dem russisch besetzten Polen zwangsweise umsiedelte. Antisemtische Ausschreitungen trafen immer wieder die eineinhalb Millionen Juden im russischen Heer, vor allem nach militärischen Niederlagen machte man ihnen den Vorwurf der Vorwurf der Kollaboration mit dem Gegner. An den Rändern des Riesenreiches im Osten mehrten sich seit 1917 Unruhen und Aufstände nationaler Minderheiten.

In der allgemeinen Wahrnehmung zeigte sich in weiten Teilen Russlands dasselbe Bild wie in Deutschland, Frankreich und Großbritannien, in Österreich-Ungarn und andernorts: Die Menschen sahen ihr Land angegriffen und strömten zu seiner Verteidigung zusammen. Ganz in diesem Sinn votierte und agierte auch die Russisch-Orthodoxe Kirche. Man wusste sich im Recht. Doch im Unterschied zum eher abstrakten Verständnis des Rechts in West- und Mitteleuropa spielten in Russland in diesem Begriff stärker Vorstellungen von Gerechtigkeit und Wahrheit eine Rolle. Der Angriff der Mittelmächte richtete sich im Verständnis der Russischen Orthodoxen

Kirche deshalb gleichzeitig gegen die göttliche Seinsordnung, die diese Kirche zusammen mit dem politischen Oberhaupt, dem Zaren, repräsentierte. Im Vollzug der Liturgie, worin sich die himmlische und irdische Realität miteinander verbanden, fand diese Wahrheit Ausdruck und wurde Gegenwart.

Ein bis in den Alltag erfahrenes und gelebtes religiös-politisches Ganzes wurde also durch den Angriff der Mittelmächte bedroht. Diese Ordnung zu verteidigen, beziehungsweise sie wiederherzustellen, war mithin der tiefere Sinn des russischen Widerstands. Der Krieg war somit nicht nur kirchlich legitimiert, sondern bildete eine heilige Angelegenheit. Das kam auch darin zum Ausdruck, dass z. B. der Fahneneid nicht nur einen politisch-militärischen Charakter besaß, sondern einen ausgesprochen religiösen: das ewige Heil war den Gefallenen gewiss.[106] Hand in Hand damit ging auch in Russland die Herabsetzung, Verdammung und zunehmend die Dämonisierung des Gegners. Als besonders böser und brutaler Feind galt das Deutsche Kaiserreich. Das Gerücht machte die Runde und wurde vielfach geglaubt, dass Kaiser Wilhelm II. menschliches Blut zu trinken pflegte.[107] Auf der Grundlage dieser Fabel wurde ein Propagandafilm gedreht mit dem bezeichnenden Titel „Der Antichrist“. Das Machwerk strotzte von Beschreibungen deutscher Grausamkeiten gegenüber Zivilisten und bot als Höhepunkt die Vergewaltigung einer jungen Frau durch den deutschen Kronprinzen. Die russischen Massen, die diese Bilder sahen, erfuhren, dass es sich um die Ausschreitungen des deutschen Militärs gegen belgische Zivilisten handelte. Doch der Film war bereits unmittelbar nach Ausbruch des Krieges fertiggestellt, also bevor irgendeine Nachricht über die Vorgänge in Belgien in Russland bekannt sein konnte! Der Vorgang beleuchtet treffend die Existenz und das Gewicht nationaler Klischees, die sich bei Bedarf abrufen und aktualisieren ließen. Man wusste längst, wie der Gegner war und was man von ihm zu halten hatte. „Phantastische Technologie, Brutalität gegen Frauen und Angriffe auf die Religion vermittelten ein Gefühl der Wehrlosigkeit, des Ausgeliefertseins an einen skrupellosen Feind – aber auch, auf der Seite des Rechts zu stehen.“

Es galt somit auch hier, jener Bedrohung mit der intensiven Darlegung und Hervorhebung der eigenen Leitbilder und Werte entgegenzutreten. Dazu gehörten insbesondere die Würdigung Marias, der Mutter Gottes, und die Beschwörung ihres seit jeher wunderbaren Wirkens für Russland gegen den Ansturm der Feinde. So sollte sie auch in der Gegenwart handeln. Aufgrund ihrer Menschlichkeit spielte Maria in der russischen Frömmigkeit häufig eine gewichtigere Rolle als der ferne und strenge Christus. Die Gottesmutter dagegen wandte sich liebevoll und barmherzig dem einzelnen zu, insbesondere den Frauen. Sie verbürgte zugleich die religiöse und die nationale Einheit des Vaterlands. Denn Russland galt als ihre Heimat, ihr Fürstentum, mit dem sie einen Bund analog dem Bunde Gottes mit dem biblischen Israel geschlossen hatte.[108] Insofern war Russland eine auserwählte Nation.

Vergegenwärtigt wurde diese Zuwendung Marias zum russischen Volk durch Bilder, Ikonen, in denen – wie gesagt – die himmlische Realität in der irdischen aufleuchtete. „Ikonen waren ein Medium, das Gott wählte, um das Weiterwirken der Gnade seines Geistes anzuzeigen; sie wurden vom Herrn als Mittel hinterlassen, wodurch Menschen in eine engere Gemeinschaft mit ihm treten können." Entsprechend der zentralen religiösen und nationalen Besonderheit Marias für Russland galt folgerichtig auch ihren Ikonen besondereVerehrung. Außerordentliche Hingabe und Vertrauen wurden z. B. dem Bild der „Mutter Gottes von Kazan" entgegengebracht. Diese Ikone gehörte zu den wundertätigen Bildern. Wenn der Heilige Geist sich in ihnen wiederspiegelte, war es folgerichtig, dass die Ikonen nicht nur allerlei individuelle Heilungen bewirken konnten, sondern auch Siege des russischen Heeres. An dieser Fähigkeit zweifelte kaum jemand in Russland, nicht einmal in den gebildeten höheren Schichten. Eine Verletzung der Naturgesetze sah man in solchen Wundern nicht, vielmehr die Wiederherstellung der ursprünglichen, von Gott gesetzten Ordnung, die durch den Sündenfall des Menschen zerstört war.[109] „Die Berichte von vielen Ikonen Marias machten kaum einen Unterschied zwischen Russlands nationaler, politischer Geschichte und der Heilsgeschichte der Erlösung des Menschen und ermutigten so die Gläubigen, beides in ihrem Kopf zu verbinden." In diesen Kontext gehörte die Anweisung von Zar Nikolaus II., die „Vladimir" genannte wundertätige Ikone der Mutter Gottes in das russische Hauptquartier an der Front zu bringen. Wie in der Vergangenheit sollte sie in der Krise das Überleben und Wohlergehen des russischen Reiches fördern.[110]

Das russische Sendungsbewusstsein besaß ebenfalls ein ambivalentes Gesicht. Zum einen bedeutete es die Auserwähltheit der Nation zum Dienst, insbesondere zum Dienst der Mission. Die göttliche Vorsehung ziele darauf, Russlands geographische Lage an der Grenze zwischen Europa und Asien dahingehend zu nutzen, dass die christlichen Slawen den Schatz Christi mitsamt dem wahren orthodoxen Glauben in Asien ausbreiteten, „um die wilden Stämme der Fremden zu erleuchten und sie teilhaben zu lassen am Königreich Gottes und an einem Leben aufgeklärter Menschlichkeit".[111]

Doch diese Missionierung bedeutete zugleich die Unterwerfung und Beherrschung der anderen: Galizien sollte von Österreich-Ungarn befreit werden, ebenso die von den Polen unterdrückten Russischen Orthodoxen und insbesondere Istanbul mitsamt den Kerngebieten der frühen Christenheit im Osmanischen Reich.

Bauernsöhne bildeten die große Mehrheit des russischen Heeres. Sie begriffen in aller Regel kaum, warum sie kämpfen sollten und wofür. Wie viel sie von den hehren religiösen und vaterländischen Worten verstanden, mit denen der Zar und die orthodoxe Kirche sie überschütteten, steht dahin. Fraglos war jedoch, dass sie sich zu unterwerfen und zu gehorchen hatten. So wurden sie wie Schafe zur Schlachtbank geführt. Doch dieses Bild unterstellt eine Einhelligkeit, die es nicht gab. Bemerkenswert sind die Unterschiede: Hier kämpften russische Soldaten hartnäckig und hielten stoisch einem überlegenen Gegner stand – dort überwogen Defätismus, Desertionen und die Bereitschaft, sich kampflos gefangen nehmen zu lassen. Dem neuen Kader der Offiziere fehlte gegenüber dem früheren, das bald mehrheitlich gefallen war, die traditionelle emotionale Bindung an den Zaren. Zunehmend schroffe soziale Spannungen, Inflation und Versorgungskrisen mündeten seit dem Sommer 1915 in offene Friedensbekundungen. Die Revolution im Februar 1917 führte zur Abdankung von Zar Nikolaus II. und gleichzeitig in die Anarchie. „War die stützende Nabe des extrem zentralisierten, autokratischen Systems einmal entfernt, brachen sämtliche abhängigen Strukturen des alten Reichs zusammen – das ist die zentrale politische Tatsache des Jahres 1917.“[112] In dieser Situation kamen die Bolschewiki im Herbst 1917 durch einen Staatsstreich an die Macht. Die von ihnen eingeleitete Agrarrevolution steigerte die Weigerung, weiter zu kämpfen. Die Soldaten wollten schnell zurück in ihre Dörfer, um an der Neuverteilung des Bodens zu partizipieren.

Die religiös-politische Integrationskraft des Reiches sank schnell.[113] Die nationalen Symbole wie etwa die Fahne oder die zaristische Nationalhymne verloren im zunehmenden Chaos an Bedeutung. Das galt ebenso für die nahezu göttliche Autorität des Zaren wie auch für das bis dahin beherrschende Ansehen der Russischen Orthodoxen Kirche. Beide Institutionen brachen im Verlauf des Jahres 1917 zusammen. In der Kirche vermochten selbst wohlwollende Beobachter nur noch eine „fundamentale Zerrissenheit“ zu erkennen.[114] Dem Allrussischen Kirchenkonzil gelang zwar im Verlauf der zweiten Hälfte des Jahres 1917 die Loslösung vom zaristischen Staat und die Wahl des Patriarchen Tichon. Doch diese Trennung kam viel zu spät, um die weit verbreitete Kritik an der faktischen Symbiose der reichen privilegierten Kirche mit dem autoritären zaristischen Unterdrückungssystem zu relativieren. Als Tichon am 21. November feierlich als Patriarch inthronisiert wurde, herrschten bereits die Bolschewiki. Ihre radikalen Anhänger zögerten nicht, dem militanten Atheismus freien Lauf zu lassen und tätlich gegen die Kirche, ihre Anhänger sowie ihre Einrichtungen vorzugehen. Mönche und Nonnen ebenso wie Kleriker aller Ränge, bis hin zu Bischöfen, wurden misshandelt und ermordet, kirchliches Eigentum zerstört oder enteignet. Die Trennung von Staat und Kirche am 23. Januar 1918 nahm der Kirche nicht nur ihren Besitz, sondern ebenso ihr Recht als juristische Person. Der Patriarch verhängte daraufhin am 1. Februar 1918 über die Bolschewiki den Kirchenbann. In den folgenden Jahren des von beiden Seiten so kompromisslos wie brutal geführten Bürgerkriegs zerstörten die „Roten" Kirchen und Klöster, vertrieben oder ermordeten Geistliche, Nonnen und Mönche – während die „Weißen" in den von ihnen beherrschten Gebieten die Verfolgung und Hinrichtung von Bolschewiken segneten.

Zu deren breitenwirksamsten Losungen in der russischen Bevölkerung gehörte die Ankündigung, den Krieg zu beenden. Das war nicht weniger als eine Heilszusage! Der schließlich am 3. März 1918 unter schwerem deutschem Druck geschlossene Friede von Brest-Litowsk erfüllte dieses Versprechen. Höchst verhängnisvoll wirkte sich nun aus, dass der Patriarch ebenso wie die Vertreter des alten Regimes scharf gegen diesen „Schandfrieden" protestierten und eine Fortsetzung des Krieges anstelle der „Kapitulation" forderten.

Ebenso erschrocken wie hilflos klangen die Versuche, die Katastrophe der Kirche zu deuten.

So, wie im Alten Testament der Abfall Israels von Gott und den Bundespflichten militärische Niederlagen und umfassendes Unheil nach sich zog, bildeten auch jetzt fehlender Glaube, das Nachlassen im Gebet, im Fasten sowie insgesamt an Geduld, religiöser und politischer Ergebenheit und Unterwerfung unter die Kirche und den Zaren den Grund für die gegenwärtige Not, hieß es. Deshalb wende sich die Mutter Gottes von Russland ab. Das geschehe auch deshalb, weil das Land seine messianische Mission preisgegeben habe. Der Ausgang des Ersten Weltkriegs lege somit offen, dass „das heilige Russland und die Heiligen der Orthodoxen Kirche nicht länger überzeugend als zuverlässige Quellen der spirituellen Autorität zu wirken vermochten".[115] Religion trug jetzt nur noch marginal zum allgemeinen nationalen Bewusstsein bei."

Italien gehörte zur Triple Allianz, zum Dreibund, den das Königreich 1882 mit Österreich-Ungarn und dem Deutschen Reich geschlossen hatte. Im August 1914 erklärte das Land trotzdem seine Neutralität. Das mochte hingehen, machte freilich Italien im Lager der Mittelmächte keine Freunde. Wut, Empörung und regelrechte Hassausbrüche kochten jedoch hoch, insbesondere in Österreich-Ungarn, als Italien am 23. Mai 1915 der Doppelmonarchie und am 28. August 1916 auch Deutschland den Krieg erklärte. Da Russland das Ausgreifen Italiens auf dem Balkan und in Kleinasien blockierte, richteten sich die territorialen Ziele Roms auf den Norden, das Trentino sowie Triest mit dem dalmatischen Hinterland.[116] Das war von einer Reihe führender italienischer Politiker nur als ein Anfang gedacht, intendiert war die Herrschaft über die Adria. Der deutschen Diplomatie gelang es nicht, Österreich-Ungarn zu größeren Gebietsabtretungen in Norditalien zu bewegen. Sehr viel leichter hatte es in dieser Hinsicht die Entente. Sie versprach im Londoner Vertrag vom 26. April 1915 Italien diese Gebiete. Dass es bei alledem nicht um hohe Ideale ging, sondern um „sacro egoismo", hatte der italienische Ministerpräsident Antonio Salandra bereits im Herbst 1914 gesagt. „Trento und Trieste" lautete dann die Devise bei den Kriegserklärungen an Österreich-Ungarn und an das Deutsche Reich. Um eine möglichst breite Zustimmung für den Krieg zu gewinnen, verkündeten die Regierenden auch hier einen Mythos: Danach ging es um die Vollendung der Einigung Italiens, um die Realisierung der nationalen Geschlossenheit durch das gemeinsame Erleben des Krieges, schließlich um die „Erlösung der Irridenta", d. h. die Rückgewinnung der noch „unerlösten Gebiete" Italiens.

Dabei erfüllte die politische und intellektuelle Führungsschicht des Landes ein enormes Selbstbewusstsein. Seit der Eroberung und Annexion Libyens (1911/12) sah sich Italien als Großmacht. Doch sein kolonialer Appetit war keineswegs gestillt. Man wollte dem Osmanischen Reich vielmehr weitere Gebiete entreißen, in Afrika, auf dem Balkan und sogar in Kleinasien. Doch solchen Plänen standen neben Griechenland insbesondere Österreich-Ungarn sowie die anderen europäischen Großmächte im Weg. Als gleichrangig respektierten sie Italien keineswegs. Bismarck etwa spottete: „Italien hat einen großen Appetit und sehr schlechte Zähne."[117] Das Faktum der militärischen Schwäche Italiens minderte jedoch keineswegs seine chauvinistische Selbstgewissheit. Und der Nationalismus durchdrang zunehmend die herrschenden Kreise. Es war ein prinzipiell antiklerikaler Nationalismus, dem der Hof um König Emanuel III. ebenso beipflichtete wie die meisten führenden Militärs. Doch diese Einstellung blieb auf eine schmale

Schicht in der Bevölkerung begrenzt. Die schlechthin entscheidende und beherrschende Rolle spielte nach wie vor die katholische Kirche. Sie war tief in der Bevölkerung verankert, auch in den Städten, aber insbesondere auf dem Land. Von kaum zu überschätzender Bedeutung war, dass sie das Bildungsmonopol besaß. Hinzu kam, dass die strenge Zentralisierung und klare hierarchische Ordnung, wozu fragloser Gehorsam vom Kaplan bis hinauf zum Bischof, den Kardinälen und letztlich dem Papst gehörte, der katholischen Kirche Effizienz bei der Durchsetzung ihrer Ziele und mithin Macht und Ansehen verliehen. Neben und oft vor dem Bürgermeister verkörperte der Priester die entscheidende Autorität, vor allem auf dem Land.

Bemerkenswert ist der komplexe Prozess der Annäherung und Anpassung dieses Katholizismus an den primär liberal und antiklerikal gestimmten italienischen Nationalismus und im Gefolge davon die Akzeptanz und dann auch Unterstützung des Krieges. Kriegsbegeisterung fand sich im italienischen Katholizismus allerdings kaum. Eher lässt sich eine Distanzierung von derartigen Äußerungen beobachten. Eine gewisse Ausnahme bildeten die Militärpfarrer. Deren Stellen wurden zu Beginn des Kriegs wieder eingerichtet, um die Kampfkraft der Soldaten zu erhöhen. Viele Geistliche identifizierten sich nun mit dieser Aufgabe, nicht zuletzt um dem Vorwurf zu entgehen, überzeugte Katholiken ständen dem Vaterland gleichgültig gegenüber. Ähnliche Stimmen wurden im Norden Italiens laut, wo man Priester verdächtigte, auf der Seite Habsburgs zu stehen.[118] Es leuchtet ein, dass sich nicht wenige der Betroffenen bemühten, nun das genaue Gegenteil zu beweisen. Ebenso agierten katholische Jugendvereine.

Die Hinwendung des politischen Katholizismus zum Nationalismus geschah in der Form der Addition sowie der gegenseitigen Durchdringung beider Wertvorstellungen. Sehr deutlich lässt sich dieses Phänomen am Gefallenenkult bereits während des Krieges ablesen.[119] Gewürdigt wurden hier Vertreter der mittleren und höheren Gesellschaftsschicht, zumeist Offiziere. Nationale Töne fehlten nicht, doch gleichzeitig galten kirchliche Gedenkfeiern als selbstverständlich oder wurden ausdrücklich gewünscht. Die katholische Kirche verfügte eben über die entsprechenden würdigen Rituale, bis hin zur Ehrung der Trauer der Mütter in Gestalt der Mater dolorosa. Doch das nationale Element kam darin zum Ausdruck, dass nun erstmals die italienische Flagge in der Kirche auftauchte. Somit vollzog sich eine Symbiose aus Nationalismus und den Potentialen einer alten, christlich geprägten Kultur. Dabei entwickelte sich der Nationalismus im Verlauf des Krieges „bis tief in kleinbürgerliche Schichten hinein zu einem dominanten

Mentalitätsmuster".[120] Die Nation wurde sakral überhöht und alles in ihrem Umfeld „heilig": der Krieg, das Sterben der Soldaten als Kreuzzug für die befreiten Gebiete und deren Erde, schließlich das Schlachtfeld als Altar des Vaterlands. Und die Geistlichen übernahmen solche Wendungen und benutzten diese Sprache: „Was deutlich zeigt, wie weit die Nationalisierung des katholischen Klerus [bereits] bis zum Ersten Weltkrieg vorangeschritten war, besonders dort, wo dieser den städtischen Bildungsschichten nahestand". Freilich ist sogleich hinzuzufügen: Auf dem Land und auf der lokalen Ebene sah es anders aus. Dort fand eher eine Art partieller Addition des neuen Gedankenguts zur tradierten katholischen Lebensweise statt.

Insgesamt gesehen stand die katholische Kirche also zunächst dem Krieg distanziert gegenüber. Doch diese Einstellung änderte sich, als er ausgebrochen war. „Durch die Mobilisierung konservativer katholischer Ethiken, die um Werte wie Gehorsam, Disziplin und Demut kreisten, einen spezifisch katholischen Patriotismus, der sich bis 1914 auch in Italien herausgebildet hatte, und vor allem die praktische, karitative und seelsorgerliche Arbeit trug der Klerus wesentlich zur Stabilisierung der Stimmung an der Front wie in der Zivilbevölkerung bei."[121]

Dass die Masse der Soldaten gehorchen und kämpfen würde, war den Verantwortlichen klar. Diese Bauern unterstanden seit jeher der Verfügungsgewalt lokaler oder regionaler Herren. Sie kämpften „tapfer, stur und loyal".[122] Ob sie allerdings wussten, wofür sie litten, bluteten und starben, steht dahin. Sie kamen aus unterschiedlichen Gegenden Italiens, sprachen verschiedene Dialekte und waren nicht selten Analphabeten. Der Nationalismus berührte sie wenig. In den elf Isonzoschlachten gegen Österreich-Ungarn im Norden Italiens (1915–1917) starben rund eine Million Soldaten. Das Leiden dieser Männer war teilweise schlimmer als an der Westfront, weil sie der gleichen militärischen Feuerkraft ausgesetzt waren, ohne dass eine hinreichende medizinische Versorgung zur Verfügung stand. Es mangelte an Ernährung, Hygiene und Ausrüstung aller Art. Hinzu kam eine betont brutale Behandlung durch die Offiziere. Aufbegehren und kleine Meutereien wurden sogleich mit dem Tode bestraft. Nicht wenige Offiziere verhielten sich besonders rücksichtslos, um nicht als weichlich zu gelten. Und mit Maschinengewehren hinter der Front wurden die eigenen Leute bedroht, wenn sie nicht nach vorn stürmten.[123]

In der 12. Isonzo-Schlacht im Herbst 1917 erlitt Italien durch das Zusammenwirken deutscher und österreichisch-ungarischer Truppen bei Caporetto eine einschneidende Niederlage. Die Moral brach zusammen, ganze Einheiten ergaben sich. Die Sehnsucht nach Frieden war jetzt grenzenlos. Die Devise lautete: „Wir gehen heim, der Krieg ist vorbei! Hoch lebe der Papst, hoch lebe Russland!“[124] Doch die deutschen Truppen wurden abgezogen, weil die militärische Führung sie dringend an der Westfront benötigte. Umgekehrt half die Entente, die Lage in Italien zu stabilisieren. Zugleich setzten sich Bischöfe und Kleriker mit besonderem Einsatz für eine erneute geistige, geistliche und militärische Mobilisierung der Bevölkerung ein. Denn jetzt ging es tatsächlich um einen Verteidigungskrieg zur Abwehr der Aggressoren.

Doch der Zusammenbruch des habsburgischen Heeres war im Frühsommer 1918 offenkundig. Am 7. November standen italienische Truppen am Brenner. Schon vorher hatte Italien die übrigen ihm im Londoner Vertrag zugesagten Territorien besetzt. Die dort lebende slowenische, kroatische und deutsche Bevölkerung wurde bewusst hart behandelt. Sie galten nicht als Befreite, sondern als Untertanen einer eroberten Provinz.

Die Mehrzahl der einfachen Italiener berührten solche nationalen Erfolge allerdings wenig. Aus Briefen kriegsgefangener Soldaten geht hervor, dass sie nichts sehnlicher wünschten und erhofften als das Ende des Krieges und Frieden.[125] Allerlei Gerüchte und Wunder, die darauf hinzuweisen schienen, wurden begierig aufgenommen und weitergegeben. Mindestens ebenso wesentlich waren materielle Bedürfnisse: Kleidung und Lebensmittel sowie Geld. Nationale oder nationalistische Töne begegneten kaum – was sich wohl auch aus dem Charakter dieser Briefe erklärt. Der Krieg galt als Verhängnis, als eine Plage, die man ertragen musste. Neben Wendungen traditioneller katholischer Frömmigkeit, die wenig über die persönliche Einstellung aussagen, wurde Gott gedankt, dass man durch die Gefangenschaft nicht mehr um sein Leben bangen musste. Ebenso pries man Überläufer und Deserteure. Wie repräsentativ solche Aussagen waren, sei dahingestellt. Einhellig urteilten die Soldaten jedoch, dass ihnen politische Themen gleichgültig wären. „Es wäre hoch an der Zeit, wenn die beiderseitigen Regierungen (nicht minder die aller anderen Länder) sich bewusst würden, dass die Auseinandersetzungen und Fragen, die sie untereinander aufwerfen, die Gefangenen gar nicht berühren, welcher Nation auch immer sie angehören mögen. Uns ist es durchaus gleichgültig, was sie tun. Hass gibt es zwischen uns keinen mehr, seitdem wir uns kennen gelernt und ausgesprochen haben: Wir alle sind Opfer ihres Hasses, ihrer Überhebungen. Wir wären jeder [gern] im eigenen Hause verblieben, ohne das Bedürfnis zu empfinden, im Nachbarhause stehlen zu gehen.“[126]

Sicherlich fehlten also in diesen Jahren in sämtlichen kriegführenden Staaten nicht die anderen Stimmen, die sich gegen den Krieg erklärten. Es mangelte auch nicht an Reden und Predigten, die sich losgelöst vom militanten Geschehen scheinbar zeitlos, rein dogmatisch äußerten. Auch die emotionale Erhitzung der ersten Wochen und Monaten nach dem August 1914 wich vielfach der Ernüchterung, bisweilen sogar der Nachdenklichkeit. Doch sobald die allgemeinen Aussagen sich konkreten Sachverhalten annäherten, zeichnete sich eine Infizierung, wenn nicht sogar Übermächtigung durch einen religiös überhöhten Nationalismus ab. Insbesondere an den Bezugnahmen auf den Dritten Artikel des Apostolischen Glaubensbekenntnisses, d. h. der Rede vom Heiligen Geist, lässt sich diese Verzerrung wieder und wieder beobachten. Somit muss man aufs Ganze gesehen eine erschreckende Preisgabe der christlichen Substanz in den Voten der europäischen Kirchen während des Ersten Weltkriegs konstatieren. Mit der jeweiligen Inanspruchnahme Gottes für die Politik des eigenen Landes haben sie nicht unerheblich zur Radikalisierung des Krieges beigetragen – bis hin zum Wunsch der Vernichtung des Gegners. Dieser Drang zur Zerstörung und Vertilgung entwickelte dann schnell eine eigene Dynamik, die weiter ausgriff, als mancher Redner und Prediger sich vorgestellt haben mochte. Festzuhalten bleibt: Angefangen bei den Exzessen deutscher Soldaten im August 1914 in Belgien und Nordfrankreich bis hin zu den rasant sich steigernden Brutalitäten in den folgenden Kriegsjahren im Westen wie im Osten Europas, den Massakern an den Fronten und dem Massensterben der Zivilisten, belegte jeder Tag, wie wenig das Leben eines Menschen zählte – und wie wenig das Christentum und die Kirchen dagegen ausrichteten. Sie wurden überall und in allen Konfessionen in diesen Strudel hineingerissen: selten gegen ihren Willen, halb freiwillig zumeist, halb gedrängt – doch in aller Regel dann lautstark applaudierend.

---

1 Vgl. dazu neben der oben in Anm. 16 und 17 genannten Literatur noch W. Michalka (Hg.), Erster Weltkrieg, 1994; B. Thoss / H.-E.Volkmann (Hg.), Erster Weltkrieg 2002; M. Greschat, Zwei Weltkriege, 2011, 105–130.

2 M. Jeismann, Vaterland, 1992, 303–317.

3 Vgl. die Belege bei U. Gause, 1997.

4 So Benedict Kreutz, 11.9.1916. In: H.-J. Wollasch (Hg.), Militärseelsorge, 1987, 170.

5 W. Loth, Katholiken, 1984, 287. Vgl. auch H. Missalla, Gott, 1968; J. Klier, Von der Kriegspredigt, 1991; H. Alzheimer, Glaubenssache, 2009.

6 Zit. bei S. O. Müller, Nation, 2002, 144f. Vgl. auch U. Sieg, Judentum, 2004.

7 Vgl. dazu W. Pressel, Kriegspredigt, 1967, bes. 11–18.

8 Zit. bei S. O. Müller, Nation, 2002, 130f.
9 J. Horne / A. Kramer, Deutsche Kriegsgreuel, 2004.
10 B. von Brocke, Wissenschaft, 1985, 649–719.
11 Zit. bei A. J. Hoover, God, 1989, 12f.
12 H. Missalla, Gott, 1968, bes. 56–65. Zitat 63.
13 So Ludwig Ihmels, theologisch konservativer Universitätsprofessor in Leipzig, in: W. Laible (Hg.), Deutsche Theologen, 1915, 26.
14 H. Missalla, Gott, 1968, bes. 88–93.
15 Zit. bei Hoover, God, 1989, 60.
16 Zit. bei Laible, Deutsche Theologen, 1915, 157.
17 Zit. bei Pressel, Kriegspredigt, 1967, 84.
18 Zit. bei Laible, Deutsche Theologen, 1915, 51. Die folgenden Zitate ebd., 67f.94.167–169.
19 Zit. bei H. Missalla, Gott, 1968, 85f.
20 Ausführlich dazu M. Jeismann, Vaterland, 1992, bes. 20–23.
21 S. O. Müller, Nation, 2002, 112.
22 J. Klier, Kriegspredigt, 1991, 190.
23 A. Lempelius, Erster Weltkrieg, 2006, 105.
24 L. Scholz, Seelenleben, 1920. Danach auch das Folgende.
25 Vgl. dazu auch die Beiträge bei H. Alzheimer (Hg.), Glaubenssache, 2009.
26 L. Scholz, Seelenleben, 1920, 132.
27 Zit. bei H.-J. Wollasch (Hg.), Militärseelsorge, 1987, 277.
28 1917.
29 Luthers Rechtfertigungslehre, 1917.
30 Christentum und Weltkrieg, 1918. Zum Ganzen: G. Brakelmann, Krieg, 1991.
31 Vgl. hierzu besonders: P. J. Flood, France, 1990; N.-J. Chaline (Hg.), Chrétiens, 1993; J.-M. Mayeur, Catholiques, 1993, 153–165; A. Becker, War 1998; J.-J. Becker, Frankreich, 2004, 31–43; J.-J. Becker / G. Krumeich, Großer Krieg, 2010; A. Jantzen, Priester, 2010.
32 J.-J. Becker, 1914. 1977.
33 Zit. bei J.-J. Becker / G. Krumeich, Großer Krieg, 2010, 79. Das folgende Zitat: J.-J. Becker, Frankreich, 2004, 39.
34 P. J. Flood, France, 1990, 20f.
35 Zit. bei J.-M. Mayeur, Catholiques, 1983, 155.
36 Zit. bei L. Gambarotto, Foi, 1996. Vgl. hierzu auch D. Robert, Protestants, 1974, 415–430; Ch. E. Bailey, Verdict 1989, 66–82.
37 Zit. bei J. Fontana, Attitudes, 1973, 35f. Die folgenden Zitate ebd., 107.134.
38 Zit. bei L. Gambarotto, Foi, 1996, 173.
39 Ausführlich dazu J. Horne / A. Kramer, Deutsche Kriegsgreuel, 2004; A. Kramer, Dynamic, 2007, bes. 6–30, A. Jantzen, Priester, 2010, bes. 27–68. Das folgende Zitat ebd., 38f.
40 Ausführlich dazu J.-J. Becker / G. Krumeich, Großer Krieg, 2010, 176–184.
41 A. Becker, War, 1998, 11f. Das folgende Zitat ebd., 10.
42 M. Jeismann, Vaterland, 1992, 347–361. Zitate 359f.
43 J.-J. Becker / G. Krumeich, Großer Krieg, 2010, 106f.
44 Dazu und zum Folgenden: L. Gambarotto, Foi, 1996, bes. 220–223. Das Zitat ebd., 223.
45 Ausführlich P. J. Flood, France, 1990, bes. 100–105.

46 Ausführlich A. Jantzen, Priester, 2010, 153–170.
47 J. Fontana, Attitude, 1973, 108.
48 L. V. Smith u. a., France, 2003, 109.
49 J. Fontana, Attitude, 1973, 505.
50 Zit. bei L. Gambarotto, Foi, 1996, 206.
51 Vgl. dazu A. Becker, War, 1998, 60–77.
52 Zit. bei L. Gambarotto, Foi, 1996. Die folgenden Zitate ebd., 232f.267.
53 Ebd., 165.
54 J.-M. Mayeur, Catholiques, 1993, 160.
55 Beide Zitate bei J.-J. Becker / G. Krumeich, Großer Krieg, 2010, 298f.
56 St. Audoin-Rouzeau, Men, 1992. Zitate 94.156.
57 J. Fontana, Attitude, 1973, 554f.
58 St. Audoin-Rouzeau, Men, 1992, 86.
59 L. Gambarotto, Foi, 1996, 305f.
60 A. Jantzen, Priester, 2010, 285.
61 L. V. Smith u. a., France, 2003, 162 und 165.
62 A. Tihon, Belgien, 1992; L. van Ypersele, Belgien, 2004, 44–49; B. Benvindo / B. Majerus, Belgien, 2010.
63 Vgl. dazu besonders A. Marrin, Last Crusade, 1974; A. Wilkinson, Church,1978; A. J. Hoover, God, 1989; M. Snape, God, 2005; C. Pennell, Kingdom, 2012.
64 C. Pennell, Kingdom, 2012, 227.
65 Zit. bei A. Marrin, Last Crusade, 1974, 76.
66 C. Pennell, Kingdom, 2012, 26.
67 Zit. bei A. J. Hoover, God, 1974, 73.
68 Zit. bei A. Marrin, Last Crusade, 1974, 132.
69 Ausführlich ebd., 177–216. Zitat ebd.,182f.
70 C. Pennell, Kingdom 2012, 157.
71 M. Snape, God, 2005, bes. 110–112.208–210.
72 J. G. Fuller, Troop, 1990, 115f.
73 Zit. bei S. O. Müller, Nation, 2002, 103.
74 Vgl. A. Anderson, Spreading, 2007, 227f.
75 Vgl. A. Marrin, Last Crusade, 1974, 22f.82–118.
76 D. M. Segesser, Empire, 2002, bes. 326f.410–412.
77 A. J. Hoover, God, 1989, 21.
78 Zit. ebd., 24.
79 Ausführlich ebd., 35–49.
80 A. Marrin, Last Crusade, 1974, 173f.
81 Zit. bei A. Wilkinson, Church, 1978, 217f. Zur internen Kritik daran: 218–220.
82 Vgl. dazu u. a. A. J. Hoover, God, 1989, 24f.29.
83 Vgl. J. G. Fuller, Troop, 1990, bes. 36f.
84 Zit. bei A. Marrin, Last Crusade, 1974, 77.
85 Ebd., 125.
86 Dieses und die folgenden Zitate ebd., 139–142.
87 Zit. bei A. J. Hoover, God, 1989, 90f. Das folgende Zitat ebd., 91.
88 Zit. bei A. Marrin, Last Crusade, 1974, 134. Das folgende Zitat ebd.
89 Ebd., 133. Das folgende Zitat ebd., 135.
90 Zit. bei A. Wilkinson, Church, 1978, 181.
91 Zit. bei M. Snape, God, 2005, 69.

92 Dieses und das folgende Zitat bei A. J. Hoover, God, 1989, 24.
93 Ausführlich dazu A. Marrin, Last Crusade, 1974, 233–244.
94 Vgl. dazu bes. J. G. Fuller, Troop, 1990.
95 Ebd., 155f.
96 Zit. bei R. Schweitzer, Cross, 2003, 105.
97 P. Fussel, Great War, 2000, 137–144.
98 Zit. bei J. G. Fuller, Troop, 1990, 157. Vgl. auch R. Schweitzer, Cross, 2003, 45–51.
99 Vgl. dazu J. G. Fuller, Troop, 1990, bes. 81–113.
100 Ausführlich dazu R. Schweitzer, Cross, 2003, 195–243.
101 A. Wilkinson, Church, 1978, 261.
102 Wichtig erschienen mir dazu: H. F. Jahn, Patriotic, 1995; V. G. Liulevicius, Kriegsland, 2002; V. Shevzov, Russian, 2004; M. Schulze Wessel, Religion, 2009, 736–751; D. Beyrau / P. P. Shcherbinin, 2010.
103 M. S. Neiberg, Dance, 2011, 132f.
104 D. Beyrau / P. P. Shcherbinin, Front, 2010, 161.
105 M. S. Neiberg, Dance, 2011, 153.
106 M. Schulze Wessel, Religion, 2009, 743.
107 H. F. Jahn, Patriotic, 1995, 166f. Vgl. auch ebd. 89. Das folgende Zitat hier 166.
108 Hierzu und zum Folgenden V. Shevzov, Russian, 2004, bes. 214–257. Das folgende Zitat ebd., 191.
109 Ebd., 192.207. Das folgende Zitat hier 244.
110 Ebd., 179.
111 Zit. ebd., 245. Vgl. auch M. Schulze Wessel, Religion, 2009, 744f.
112 M. Malia, Wahn, 1994, 118.
113 Vgl. zum Folgenden H. F. Jahn, Patriotic, 1995, 146–149.171–177.
114 V. Shevzov, Russian, 2004, 35.
115 H. F. Jahn, Patriotic, 1995, 174.
116 Vgl. dazu: R. Bosworth, Italy, 1983; J.-D. Durand, Italien, 440–498; A. Kramer, bes. 115–132; M. Thompson, White War, 2008; O. Janz, Zwischen Konsens, 2010.
117 Zit. bei M. Thompson, White War, 2008, 15.
118 Ebd., bes. 137–143.
119 Ausführlich O. Janz, Symbolisches, 2009.
120 Ebd. 389. Dort auch das folgende Zitat: 336.
121 O. Janz, Zwischen Konsens, 2010, 204.
122 R. Bosworth, Italy, 1983, 97.
123 Vgl. dazu M. Thompson, White War, 2008, 226–239.266f.
124 Zit. ebd., 312.
125 Ausführlich L. Spitzer, Italienische, 1921.
126 Zit. ebd., 226.

3 Der südöstliche europäische Kriegsschauplatz

Die ersten Schüsse des Weltkriegs fielen auf dem Balkan. Und der Kriegserklärung **Österreich-Ungarns** an Serbien am 28. Juli 1914 antwortete auch in Wien Begeisterung, ebenso in Budapest, in Prag und anderen Städten der Doppelmonarchie.[1] Wie in Deutschland überschlugen sich viele Intellektuelle in der Begeisterung für den Kriegsausbruch, ließen sich mitreißen und rissen mit. „Studenten, Professoren, Künstler, Philosophen, Dichter, Schriftsteller, Priester, Atheisten, Anarchisten, politische Aktivisten, Radikale: Alle wollten dabei sein, wenn die Pax Europas zu Ende ging."[2] Noch einmal erwies sich die traditionelle, religiös überhöhte und dadurch besonders legitimierte Dynastie als das einigende Band der ethnisch, religiös und kulturell so verschieden geprägten Völkerschaften der Donaumonarchie. Weniger wissen wir über die Stimmung in der großen Mehrheit der Bevölkerung auf dem Land, in den Dörfern und Kleinstädten sowie unter der Arbeiterschaft. Hier dominierten offenbar nachdenklicher Ernst, stumme Bereitschaft zur Pflichterfüllung, wohl auch Trauer und Tränen. Doch höchstens eine Minderheit bezweifelte, dass eine Strafexpedition gegen Serbien die unumgängliche Antwort bilden müsse auf den Mord am österreichischen Thronfolger Franz Ferdinand und seiner Gattin am 28. Juni in Sarajewo. Am 30. Juli 1914 erfolgte die russische Generalmobilmachung. Österreich-Ungarn befand sich nun in einem Zweifrontenkrieg. Erst am 12. August begann die habsburgische Offensive gegen Serbien. Sie endete mit einer klaren Niederlage der Angreifer. Am Ende desselben Monats drangen die russischen Truppen in Galizien ein.

Die Verbindungen zwischen dem katholischen Episkopat und dem habsburgischen Herrscherhaus waren seit langem eng und intensiv. Dementsprechend vertraten die Bischöfe sogleich – und dauerhaft – die offizielle Politik. Am 28. Juli 1914 formulierten sie einen Aufruf zum „gerechten Verteidigungskrieg", in dem es hieß: „Wo ist einer unter uns, der von der Gerechtigkeit und Notwendigkeit des unserm Friedenskaiser aufgezwungenen Krieges nicht vollauf überzeugt wäre? Mit vollem Vertrauen auf die gerechte Sache unserer Vaterlandes ziehen unsere Söhne und Brüder in den Kampf."[3] Der Linzer Bischof Hittmair erklärte am gleichen Tag, „jubelnde Begeisterung" erfülle nun ganz Österreich über die Kriegserklärung an Serbien nach dem quälend langen Warten „Und dieses in Kriegsbegeisterung aufjauchzende Österreich: Kaiser! Das ist Dein erster Sieg in diesem Krieg. Alle Völker und Nationen, alle Stände, alle Eins, alle geeint zu flammender Hingebung von Gut und Blut fürs Vaterland: Österreich! Das ist dein Kriegstriumph." Vom Wiener Kardinal Piffl wurde der Ausspruch berichtet: „Geht hin und bekämpft die Feinde Gottes."[4]

Die Deutung des Krieges entsprach auch in Österreich-Ungarn im Wesentlichen dem bisher gezeichneten Bild: Man führte offenkundig einen Verteidigungskrieg, befand sich also voll und ganz im Recht. Der Gegner hatte folglich nicht nur Unrecht, sondern war bösartig, niederträchtig, minderwertig. Auch hier lässt sich eine zunehmende Radikalisierung in der abschätzigen Beurteilung des Feindes und der Hervorhebung der eigenen Wertigkeit beobachten. Zugleich zeigte sich in der k. u. k. Monarchie dieselbe Kurve von nationaler Begeisterung hin zu Resignation, Frustration und schließlich der unbedingten Sehnsucht nach Frieden. Ebenso vertraut mutet die theologische Deutung des Kriegsgeschehens an: Österreich-Ungarn führte einen Verteidigungskrieg, mithin einen gerechten Krieg und durfte daher Gott auf seiner Seite wissen. „Die niemals in Zweifel gezogene bischöfliche Basishermeneutik des *gerechten* österreichischen Kriegs, die auch die allgemeineren Aussagen zum Verhältnis von Krieg und Gott leitet, in Verbindung mit dem unbedingten patriotischen Sinn seines erfolgreichen Ausgangs, zwingt die österreichischen Bischöfe immer nur im Zusammenhang mit dem erwarteten Sieg zu denken."[5] Hinzu kam auch hier die Überzeugung, dass Gott das katholische Österreich besonders liebe und es für Großes auserwählt habe. Die Verhängung von Kriegen besaß einen festen Platz in Gottes Vorsehung. Sie bildeten die Strafe für den religiösen und moralischen Niedergang einzelner wie auch eines ganzen Volkes. Die Schilderung solcher miserablen Zustände nahm während des gesamten Krieges in den Stellungnahmen des Episkopats einen gleichbleibend breiten Raum ein. Diese Beschwörungen sollten die Menschen zu Buße und Umkehr anleiten. Konkret hieß das: „Je schneller die Sühne geleistet wird, desto schneller wird Gott uns den Frieden schenken. Eine größere und Gott wohlgefälligere Sühne für die Sünden der Welt kann es aber nicht geben, als die ist, welche das göttliche Herz Jesu am Kreuze und im heiligsten Altarsakrament und wir mit ihm durch oftmalige Aufopferung der heiligen Messe als

Sühnopfer und durch oftmaligen Empfang der hl. Kommunion als Sühnekommunion darbringen."[6]

Christus kam als Vorbild des Gehorsams, der Nachfolge und des Leidens in den Blick. Die Soldaten waren Helden, Heroen, die Gefallenen Heilige und Märtyrer.[7] Eine wichtige Rolle spielte sodann durchgängig Maria als die Mittlerin zwischen den Menschen und Gott. Die Einheitlichkeit und Gleichförmigkeit der bischöflichen Voten wurzelte in der von ihnen unverändert reproduzierten neuscholastischen Lehre vom gerechten Krieg. Diese theologische Prägung begegnete ebenso im ungarischen Katholizismus. Kennzeichnend sind dafür die Darlegungen von Bischof Prohászka, der führenden Persönlichkeit des ungarischen politischen Katholizismus[8].

Ein analoges Denken begegnet in der populären Verehrung des Heiligen Herzens Jesu.[9] Der Kult war in Tirol in den napoleonischen Kriegen entstanden und wurde nun gezielt erneuert. Anfang Januar 1915 weihten seine Anhänger Österreich dem Herzen Jesu. Um eine breite katholische Mehrheit sicherzustellen, geschah dasselbe wenige Tage später auch für Deutschland. Der Tod in der Schlacht galt als christlicher Opfertod. Diese Gewissheit sollte die Soldaten stärken und sie ebenso wie ihre Angehörigen trösten. Gleichzeitig gehörte zu dieser Verehrung eine nicht anzuzweifelnde Deutung der Geschichte: Nach den Berichten des Alten Testaments hatte Gott das Volk Israel stets gestraft, wenn es sich von ihm abwandte. Sobald Israel jedoch Busse tat und sich wieder Gott zuwandte, schenkte er Erfolge und Siege. Dieses nach dem Grundsatz von Tun und Ergehen konzipierte sog. deuteronomistische Interpretationsmodell übertrugen die Vertreter des Herz-Jesu-Kultes nun direkt auf die Gegenwart. Sie entwarfen eine regelrechte Beweisführung dafür, dass Gott auf Beugung und Busse hin regelmäßig den Waffen der Mittelmächte Siege schenkte. Das Blatt des Kultes verkündete im Januar 1916: „Aufmerksamen Beobachtern ist es immer wieder aufgefallen, dass jedes Mal nach öffentlichen Sühneandachten und Gebeten große Siege der beiden Zentralmächte, Deutschlands und Österreich-Ungarns, zu verzeichnen waren: Am 1. Jänner weihte sich nach dem Vorbilde des edlen, greisen Kaisers Franz Joseph I. ganz Österreich feierlich dem göttlichen Herzen. Am Sonntag den 10. Jänner endigte die Herz-Jesu-Sühnefeier, die Deutschland für seine Sündenschuld Gott darbrachte. Und in der Woche, die diesem Sonntag folgte, kam der schöne Sieg bei Soissons (12. bis 16. Jänner) mit einer Beute von mehr als 5000 Gefangenen und 35 Kanonen. – Am 7. Februar wurden in der ganzen katholischen Kirche Gott Sühne und Gebete zur Erlangung des Friedens aufgeopfert, und in derselben

Nacht (vom 7. zum 8. Februar) begann die Winterschlacht an den Masurischen Seen, die nicht nur mit einem glänzenden Siege und gewaltiger Beute endigte, sondern auch eine gleiche Schlacht mit gleichglänzendem Siege in der Champagne zur Folge hatte." Auf die moralische und religiöse Hinwendung zu Christus kam es also auch hier entscheidend an. Insofern trug jeder einzelne an der Heimatfront eine Mitverantwortung für den Sieg. Und gleichzeitig durfte man darauf bauen, dass Christus an der Seite Österreich-Ungarns stand. Mit der Realität des Weltkriegs in Südosteuropa hatten solche theologischen Erwägungen allerdings wenig zu tun. Im Sommer 1916 führte die russische Offensive Brussilows zum Zusammenbruch der österreichisch-ungarischen Ostfront.

Was als kurzer, harter Vergeltungsschlag gegen Serbien geplant war, führte also zu herben Niederlagen Habsburgs. Daraus entstand ein irrationales Gemisch aus Wut und Angst, Verwirrung und Misstrauen, das schnell in ein mörderisches Vorgehen gegen die Serben mündete. Zu Recht hat man diese Front als den „wohl brutalsten Kriegsschauplatz des Weltkriegs" bezeichnet.[10] Rund 35% der serbischen Bevölkerung fand den Tod. Diese Zahl liegt – bezogen auf die Bevölkerungszahl des Landes – etwa doppelt so hoch wie die Verluste Deutschlands oder Frankreichs. Insgesamt übertraf die Ziffer der Toten auf dem Balkan erheblich die der Opfer an der Westfront. Montenegro, Rumänien, Bulgarien und die Türkei verloren jeweils rund 20% ihrer Bevölkerung.

Ausdruck der Verunsicherung der habsburgischen Truppen war auch ihr geradezu krankhafter Verdacht, von Spionen und heimtückischen Freischärlern umgeben zu sein. Tausende in aller Regel unschuldige Zivilisten wurden aufgrund solcher Unterstellungen in Serbien nach dem Kriegsrecht gehenkt. Oft genug machten sich die Militärs nicht einmal die Mühe, ein halbwegs geregeltes Verfahren durchzuführen. Unverkennbar überlagerte der Drang nach Vergeltung und Abschreckung potentieller Gegner von Anfang an das Interesse an der eigenen Sicherheit. Die österreichisch-ungarischen Truppen errichteten insofern in Serbien, Montenegro und Albanien, aber auch an der russischen Front in Galizien, ein wahres Schreckensregiment. Es gab in der gesamten Region kaum einen größeren Ort ohne Galgen mit den Leichen Erhängter, die aus Gründen der Abschreckung nicht entfernt wurden.

Der Alltag des Krieges auf dem **Balkan** erschöpfte sich jedoch nicht im rücksichtslosen Vorgehen der Kriegsgerichte der k. u. k. Monarchie. Auf Verstümmelungen von Gefangenen und Morde der serbischen Freischärler folgten regelmäßig unverhältnismäßig harte Reaktionen der Österreicher gegen die Zivilbevölkerung. Gezielte Verwüstungen und Plünderungen, das Niederbrennen von Häusern und ganzer Ortschaften und immer wieder Massaker an der Bevölkerung zielten auf die möglichst umfassende Vernichtung der Gegner. Die habsburgischen Militärs verhafteten häufig die örtlichen Amtsträger und nach Möglichkeit die orthodoxen Priester. Diese galten bereits vor 1914 als politische Akteure für Russland, als „uneinnehmbare Bollwerke der orthodoxen Kirche" und mithin des Zarenreichs.[11] Jetzt wurden sie beim leisesten Verdacht einer militanten Tätigkeit umgebracht. Gefangene und Verwundete ermordeten beide Seiten. Bedrohlich wirkende Zivilisten trieb man in Scheunen zusammen und verbrannte sie.[12] Etwa zehn Prozent der Bevölkerung in den besetzten Gebieten deportierten die Habsburger zur Zwangsarbeit. Hunger, Seuchen und Erschöpfung ließen die Todesrate emporschnellen.

Brutale Massaker an Zivilisten machten durchgängig die Besonderheit des Krieges in Südosteuropa aus. Solche Gewalttaten hatten auf dem Balkan seit den Befreiungskämpfen der Griechen, Montenegrer, Serben, Rumänen und Albaner gegen das Osmanische Reich Tradition. Einige Beispiele mögen genügen.[13] Der 1812 begonnene Aufstand der Serben gegen die Osmanen richtete sich von Anfang an gegen sämtliche Muslime. Die Rückeroberung dieser Gebiete durch die Osmanen gestaltete sich nicht weniger blutig. Die Unruhen und Erhebungen in etwa derselben Zeit in Albanien führten zu „Säuberungen" des Gebietes von der muslimischen Bevölkerung, völlig unabhängig davon, ob sie in die Kämpfe verwickelt war oder nicht. Der 1821 einsetzende Unabhängigkeitskrieg Griechenlands zielte in dieselbe Richtung. Doch muslimische Truppen aus Ägypten – das nominell der Oberhoheit des Osmanischen Reiches unterstand – „befriedeten" im Gegenzug brutal weite griechische Gebiete. Besonderes internationales Aufsehen erregten 1822 die Massaker auf der Insel Chios, die etwa 25 000 Griechen das Leben kosteten. Rund 45. 000 wurden versklavt. In Bulgarien schließlich ermordeten muslimische Freikorps 1876 rund 5000 Dorfbewohner. Solche Auseinandersetzungen flammten während des gesamten 19. Jahrhunderts immer wieder auf. Alle Volksgruppen hatten dabei Opfer zu beklagen, mehrheitlich aber wohl die Muslime. Man schätzt die Zahl der Ermordeten und Vertriebenen auf dem Balkan auf einige Millionen.[14] Hinzuzuzählen sind die rund zweieinhalb Millionen Menschen, die Russland von der Mitte des 19. Jahrhunderts bis 1914 aus dem Nordkaukasus verdrängte und verjagte. Unschwer lässt sich ermessen, welche Wut und Erbitterung sich in der

Türkei ansammelte, auch welche Traumata die gehäuften Gewalterfahrungen bei den Betroffenen bewirkten.[15] Da orthodoxe Persönlichkeiten und christlich-religiöses Gedankengut in sämtlichen Aufständen gegen das Osmanische Reich eine wesentliche Rolle spielten, überlagerte der Gegensatz von orthodoxem Christentum und Islam bald Anderes. Er blieb auch im Weltkrieg bestimmend. Die Abschiebung oder Tötung anderer missliebiger Bevölkerungsgruppen – wie z. B. der Juden oder Roma – trat dahinter nahezu völlig zurück.

Höhepunkte der Ausschreitungen, Plünderungen und Massaker an Muslimen auf dem Balkan bildeten die Gründungen neuer Staaten sowie dann der Balkankrieg. 1829 hatten sich die Griechen von der Osmanischen Herrschaft befreit. 1878 gewannen Montenegro, Rumänien und Serbien ihre Unabhängigkeit, erneut aufgrund der Unterstützung durch die europäischen Großmächte. Bulgarien schließlich entstand 1908 als eigener Staat, Albanien 1912. Da die Europäer durch ihre anderweitigen internationalen Verträge hier kaum mehr politisch eingreifen konnten, agierten diese neuen Staaten in den Balkankriegen ziemlich unbehindert. Im ersten Balkankrieg (1912) rissen die verbündeten Serben, Bulgaren, Griechen und Montenegriner weitere Gebiete des Osmanischen Reiches an sich. Im unmittelbar danach ausgebrochenen zweiten Balkankrieg (1913) zankten sich die Sieger um die Verteilung der Beute. Bulgarien unterlag und musste einige Territorien herausgeben. Plünderungen, Vergewaltigungen, schlimme Zerstörungen und brutale Metzeleien bildeten wiederum die traurige Begleitmusik.

Der schroffe Gegensatz jener neuen, christlich geprägten Staaten zum Islam sowie die gezielten Gewalttaten gegenüber der andersgläubigen Zivilbevölkerung waren charakteristisch für den Nationalismus auf dem Balkan. Dieser umfasste drei Aspekte. Zum einen trug ihn eine schmale städtische Elite mitsamt dem in hohem Maß von den jeweiligen Staaten abhängigen Beamten.[16] Dieser Nationalismus forderte und förderte sodann einen Zentralismus, der das „tradierte Normen- und Wertesystem der Bauern, das auf Dezentralisierung, Gewohnheitsrecht, Basisdemokratie und lokaler bzw. regionaler Autonomie beruhte", aufzubrechen versuchte – oder doch wenigstens bestrebt war, jene „sakrosankten Sozialformen" zu überlagern und aggressiv nach außen zu lenken. Ein weiteres Kennzeichen jenes Nationalismus bildete dessen romantische, mit Sagen und Mythen verwobene Eigenart. Es galt, eine gemeinsame Geschichte zu konstruieren, um die Legitimität des eigenen Staates zu belegen und gleichzeitig die Möglichkeit einer Identifikation auf der Basis eines gesellschaftlichen Konsenses anzubieten. Die gemeinsame Sprache gehörte dazu, ebenso verbindende Symbole und nicht zuletzt klar umrissene Feindbilder. Für alles das schöpfte die national gesinnte Elite aus den Schätzen der Vergangenheit! Die Griechen träumten von einem Reich, das alle von Griechen bewohnten Gebiete umfassen sollte. Athen würde dann nur die Dependance von Konstantinopel sein. Die Serben dachten an ihr mittelalterliches Kaisertum und zielten auf ein Großserbien mit Bosnien und Herzegowina, Montenegro sowie den Norden Albaniens. Die Nationalisten Montenegros wünschten, dass ihre Flagge über denselben Territorien wehte. Jeweils ähnlich weit ausgreifende Gebietsansprüche standen Rumänen, Bulgaren und auch Albanern vor Augen, durchweg mit der Berufung auf ihre Geschichte. Überall proklamierte man die „Heimholung" und „Erlösung" der Angehörigen der eigenen Ethnie, die in den anderen Staaten lebten. Dazu boten lediglich Kriege die Möglichkeit. Doch gewaltsame territoriale Eingliederungen schufen sogleich neue Konflikte, weil sie aufgrund der Mischung der Völkerschaften sogleich die „historischen Rechte" anderer Nationen verletzten. Die politische Lage wurde schließlich dadurch noch instabiler, dass geheime Organisationen und terroristische Bünde sowohl neben als auch unabhängig von ihren Staaten die jeweiligen weit gespannten territorialen Ansprüche durchzusetzen versuchten. Diese Entwicklung förderte freilich auch die Abschwächung der gemeinsamen Front der neuen Staaten gegenüber dem Islam mitsamt der wachsenden Konzentration auf die eigenen, innerbalkanischen Gegensätze.

Der dritte Aspekt dieses Nationalismus betrifft seine eminent religiöse Prägung. Als Anführer des Widerstands gegen die Osmanen agierten in den Befreiungskriegen stets auch Priester und sogar Bischöfe. Vielfach hatten die Klöster eine gewichtige Rolle als Hort der religiös-kulturellen Abwehr oder sogar des Widerstands gegen die islamische Dominanz ausgeübt. Sie bewahrten und tradierten die überkommene Liturgie, das Herzstück der orthodoxen Theologie und Frömmigkeit. Ein politisch mindestens ebenso wesentliches Element bildeten freilich bäuerliche Protestbewegungen, die sich an überhöhten Steuern, Rechtlosigkeit und allgemeinem sozialem Druck entzündeten. Doch durchweg waren diese Aufstände, gerade auch im Kontext der Unabhängigkeitskriege, mit religiösen Überzeugungen und orthodox-christlichem Gedankengut unterfüttert. Dasselbe gilt in spezifischer Weise für das entstehende nationalbewusste Bürgertum auf dem Balkan angesichts der tradierten Herabsetzungen und bewussten Erniedrigungen, denen es sich seitens des Islam ausgesetzt sah: Bei einem Zusammentreffen mit einem Muslim musste der Nichtgläubige vom Pferd steigen. Er durfte keine Waffen tragen. Gewichtiger noch: Sein Zeugnis galt nicht vor Gericht. Die christliche Religionsausübung durfte nur in eigenen Gebäuden ausgeübt werden, und die bestehenden Kirchen zu renovieren, erwies sich als nahezu unmöglich.

Trotz aller religiöser, christlich-orthodoxer Einflüsse handelte es sich bei den Unabhängigkeitskriegen auf dem Balkan jedoch nicht um Religionskriege. Nationale und vielfältige soziale Bestrebungen besaßen in diesen Auseinandersetzungen das gleiche Gewicht wie die orthodoxe Frömmigkeit. Doch diese war in das bäuerliche Leben ebenso fest eingebunden wie in die neuen Konzepte von Volk und Rasse und Nation. Insofern gehörte dieses orthodoxe Christentum mitsamt seinen jeweils spezifischen Ausprägungen auf einer tieferen Ebene zum kulturellen Erbe der kollektiven Identität jener Völker. Es war als Lebensform immer präsent: tragend, gestaltend, integrierend – und ebenso abgrenzend.

Die Besonderheit der Herausbildung der neuen Staaten auf dem Balkan bestand also im engsten Miteinander von säkularen und orthodoxen-christlichen Kräften, modern formuliert: von Staat und Kirche. Die „Nationsbildungen folgten einer durch eine dominante religiöse Gruppe vorgegebenen ‚Leitkultur'."[17] Diese Formulierung bringt treffend die eminente Bedeutung der orthodoxen Theologie und Frömmigkeit in diesem Kontext zum Ausdruck. Um ihre Institutionen, ihre Kultur und Identität zu festigen, benötigten die jungen Staaten sozusagen als ihr Rückgrat eine nationale Kirche. Die organische Einheit von Nation und Religion, d. h. des orthodoxen Christentums, wurde traditionell mit dem Begriff und Bild der „Symphonia" zum Ausdruck gebracht: Staat und Kirche kooperierten derart, dass letztere mit ihrem Wirken die gesamte Wirklichkeit durchdrang. Die Grundlage dieses Verständnisses bildete die Liturgie, genauer die Feier, der Vollzug der Liturgie. Sie kreiste in sämtlichen Variationen um das eine Thema: Die göttliche Wirklichkeit scheint in der irdischen Welt auf. Hier wird sie präsent und leuchtet durch alles Sein, Geschehen und Tun hindurch. Dadurch entsteht Gemeinschaft in sämtlichen sozialen Bereichen, bis hin zum nationalen. „Der Akt des Erinnerns bringt Gnade durch die Anteilnahme aller Christen, die zusammen die Liturgie feiern."[18] Bei solchem Erinnern handelte es sich einerseits um den Blick zurück, in die biblisch-kirchliche Vergangenheit. Doch diese wurde gleichzeitig zur bestimmenden Gegenwart: „Die Liturgie versteht sich vielmehr selbst keineswegs als Feier vergangener

Erinnerungen, sondern sie präsentiert Realitäten der göttlichen Welt. Das wird immer wieder in der orthodoxen Eucharistie statuiert, in der Göttlichen Liturgie, wo der Konsekration von Brot und Wein zahlreiche Bezugnahmen auf den Ursprung der irdischen Liturgie in der göttlichen Liturgie vorangehen." Nicht nur der einzelne Christ, sondern ebenso die kommunale Gemeinde, die gesamte Gesellschaft und mithin die Nation waren dementsprechend in allen ihren Lebensbezügen umfangen vom Wirken Gottes. Bei der von der Orthodoxen Kirche proklamierten Frömmigkeit handelte es sich also um eine Lebensform, in der sämtliche Gegebenheiten des Daseins von der himmlischen Welt und Wirklichkeit durchdrungen waren: angefangen bei der Sprache bis hin zu geforderten und internalisierten Gewohnheiten, Verhaltensweisen und Riten. Das betraf Haus und Familie, Mann und Frau, Geburt und Tod, aber ebenso Arbeit, Müßiggang und Erfolge, Essen und Trinken. „Diese organische Einheit des Nationalen und Religiösen ist kein historischer Zufall, noch weniger ein Mangel der Orthodoxie. In positiver Hinsicht ist es die Frucht der orthodoxen Konzeption und Erfahrung der Kirche, die das gesamte Leben umfasst."[19]

Wie in der Russischen Orthodoxie fand auch hier diese Theologie und Frömmigkeit in der Ikone ihren charakteristischen Ausdruck. Sie repräsentierte das Faktum, dass Gott in dieser Welt Mensch geworden war und zugleich jetzt gegenwärtig. Wieder spielten das Alter oder der künstlerische Wert einer Ikone eine lediglich untergeordnete Rolle. Wieder ging es bei diesen Bildern um das Faktum, „dass in Christus und seinen Heiligen die lebendigen und ewigen Formen des Heiligen Geistes sich in lokalen, an einen Ort gebundenen menschlichen Einzelheiten realisieren".[20]

Es liegt dann auf der Hand, dass die Entwicklung zu Staatskirchentümern und deren Ausbau in den balkanischen Staaten nur folgerichtig war. Das Gleiche gilt von dem Bestreben, autokephal zu sein, also selbstständig und prinzipiell unabhängig vom Patriarchen in Konstantinopel. Diese Entwicklung löste Schritt um Schritt auch das sogenannte Millet-System auf. Diese Einrichtung galt im Osmanischen Reich für diejenigen Teile der Bevölkerung, die sich nicht zum Islam bekannten. Sie wurden als Bürger zweiter Klasse behandelt, durften jedoch ihre Religion innerhalb bestimmter enger Grenzen praktizieren und verfügten zugleich über eine eingeschränkte Selbstverwaltung. An der Spitze eines solchen Millet stand ein staatlich approbiertes religiöses Oberhaupt. Zunächst gab es vier solcher Institutionen: ein griechisch-orthodoxes, ein jüdisches sowie zwei armenische – eines für die autochthonen und ein anderes für die unierten, also mit Rom verbundenen armenischen Christen. Zu ersterem, dem autochthonen, gehörten auch die Mitglieder der Syrisch-Orthodoxen sowie der Assyrischen Kirche, die Kopten und die Georgier. Im Zuge der nationalen Ausweitung kam dann ein protestantisches Millet hinzu, ein bulgarisches und in Ansätzen schließlich ein rumänisches.[21] Unübersehbar kristallisierte sich hier die zunehmende Konzentration auf nationale Kirchentümer heraus.

Prinzipiell haftete das Oberhaupt eines Millet für das Verhalten der ihm Unterstellten. Die Ausschreitungen der Muslime gegen Christen 1821, anlässlich des griechischen Befreiungskrieges, gingen jedoch weit über diesen Grundsatz hinaus. Der Patriarch von Konstantinopel, Gregorios V., Oberhaupt der Griechischen Orthodoxie und Ehrenvorsitzender sämtlicher Orthodoxien in der Welt, wurde nach der Osterliturgie im vollen Ornat an Haupttor seines Palastes gehenkt. Gleichzeitig fielen mehr als tausend Christen in der Stadt einem Massaker zum Opfer. Diese Ausschreitungen breiteten sich weiter aus: Neben ungezählten einfachen Christen wurden Metropoliten, Bischöfe, Priester und Mönche hingerichtet oder ermordet – in Konstantinopel und Thessaloniki sowie an vielen anderen Orten, auf Kreta ebenso wie auf Zypern. Wie kaum ein anderes Ereignis erschütterte dieses Vorgehen der Muslime die internationale Öffentlichkeit und mobilisierte die europäischen Großmächte, fortan als entschiedene Beschützer der Christen im Osmanischen Reich aufzutreten.

Die dort existierenden Kirchen führten ein Eigenleben, zumindest partiell losgelöst von der sie umgebenden islamisch-türkischen Umwelt. Mehr noch: Aufgrund der Konzentration der vielen Orthodoxen Kirchen im Osmanischen Reich auf den eigenen nationalen, kulturellen und eben religiösen Lebensvollzug, worin der einzelne fest eingebunden war, wollten und konnten sie keine Verbindungen untereinander aufnehmen. Das wirkte sich im Weltkrieg schnell verhängnisvoll aus.

Nicht nur auf dem Balkan, sondern auch andernorts existierten im **Osmanischen Reich** christliche Kirchen. Hierbei handelte es sich um alte und berühmte Kirchen, die jedoch – abgesehen von den Maroniten im Libanon – durchweg Minderheiten inmitten des sie umgebenden Islam bildeten.[22] Die Koptische Kirche in Ägypten gehörte dazu, ebenso die Kirchen der Georgier und Armenier. Im Libanon, seit der Mitte des 19. Jahrhunderts ein französisches Protektorat, das nur noch nominell der osmanischen Oberhoheit unterstand, dominierten, wie erwähnt, die Maroniten. Vor allem in Syrien, im Südosten Kleinasiens sowie weiter östlich, im heutigen Iran und Irak, existierten christliche Kirchen, die nicht zum Römischen Reich gehört, folglich auch nie christlichen Herrschern unterstanden hatten. Dazu zählten die meist als Nestorianer bezeichneten Ost-Syrischen Christen, die sich seit der Wende zum 20. Jahrhundert Assyrische Kirche nennen, ferner die Syrisch-Orthodoxe Kirche der Jakobiten sowie die mit Rom assoziierten Chaldäischen Christen. Diese zuletzt genannten Christentümer besaßen kaum Verbindungen zum Westen. Sie hatten die dogmatisch-theologische Entwicklung in der antiken Reichskirche nicht mit vollzogen oder bewusst zurückgewiesen. Doch wesentlicher als solche Unterschiede waren jeweils eigene Herausbildungen in der Liturgie, im Kult sowie in den Lebensformen. Die Kopten verwendeten z. B. Zimbeln im Gottesdienst[23], die Syrische Orthodoxie kannte keine Bilder in der Kirche, vielleicht beeinflusst durch den Islam. Die Maroniten, Assyrer, Jakobiten und Chaldäer benutzten syrisch-aramäische Dialekte in der Liturgie. Bei den Armeniern gab es keine Ikonostase, die Bilderwand stand hinter dem Altar. Diese und andere Besonderheiten waren aus der kulturellen und politischen Entwicklung der einzelnen Volksgruppen erwachsen. Sie gehörten zum Selbstverständnis der jeweiligen ethnisch-kirchlichen Gemeinschaft und prägten deren Bild in der Öffentlichkeit.

Alle diese Kirchen hatten also keine oder lediglich verfeindete Beziehungen untereinander. Das Bild dieser Christenheit wird noch verwirrender, wenn man auf die neben jenen autochthonen Kirchen existierenden unierten Kirchen blickt. Hierbei handelte es sich um Abspaltungen von den erstgenannten, die sich zu verschiedenen Zeiten Rom und dem Papst unterstellt hatten, beeindruckt von der politischen Macht und beeinflusst von der intellektuellen Ausstrahlung des römischen Katholizismus. Zu dieser Gruppe gehörten die Griechische Katholische Kirche (Melchioriten), die Syrisch-katholische Kirche, ferner die Armenische sowie eben die Chaldäische Katholische Kirche. Zahlenmäßig waren diese Unionskirchen nicht bedeutend, aber ihre Mitglieder oft wohlhabend, bisweilen auch gebildet und insofern interessant und anziehend für obere Gesellschaftsschichten. Dass zwischen diesen Kirchen und den autochthonen kategorische Ablehnung bis hin zu handfester Feindschaft vorherrschte, liegt auf der Hand.

Vollends verworren wird das Bild, wenn man schließlich auf die Tätigkeit der angelsächsischen und insbesondere der amerikanischen Missionen in dieser Region seit dem 19. Jahrhundert blickt. Sie hatten sich zunächst auf den Vorderen Orient konzentriert, auf Palästina und Syrien, bevor sie weiter ausgriffen. Das hehre Ziel bildete die Gewinnung der Muslime für den christlichen Glauben. Schnell zeigte sich jedoch die nahezu völlige Erfolglosigkeit solcher Bemühungen. Beim Durchdenken der Gründe für dieses Scheitern entwickelten einzelne Missionare eine Theorie, die bald allgemeine Zustimmung fand: Die entscheidende Barriere für die Annahme des christlichen Glaubens durch den Islam bildete der Zustand jener Ostkirchen. Ihre Gestalt und religiöse Qualität verstellten, hieß es, die Begegnung und Auseinandersetzung mit dem wahren, echten Christentum. Die vorfindliche Gestalt der östlichen Orthodoxien musste deshalb zunächst einmal aufgebrochen und zum Besseren verändert werden, bevor man hoffen konnte, Muslime zu gewinnen. An die Stelle toter Kirchentümer mit ihrem fossilen Formalismus, die man bestenfalls als „papistisches Sektentum" bezeichnen könne, müssten geistlich lebendige Gemeinden treten, die um Sünde und Gnade wussten, um die Rechtfertigung des Sünders allein durch den Glauben an Jesus Christus. Diese Wahrheit mache frei, predigten die protestantischen Missionare. Dabei verhehlten sie nicht ihre Überzeugung, „dass das neue Jerusalem unmöglich ist ohne die amerikanische Demokratie".[24]

Doch es gelang nicht, die Griechische oder die Armenische oder irgendeine andere Orthodoxe Kirche in diesem protestantisch-evangelikalen Sinn umzuformen. Daraufhin erfolgte 1848 die Gründung einer eigenen Missionskirche. Ihre Ausstrahlung blieb gering. Aber dieses Vorgehen trug nicht wenig zur ohnehin in diesen Gebieten bestehenden Aversion gegenüber den Einwirkungen des Westens bei, keineswegs nur bei den Ostkirchen. Nach der Überzeugung der Osmanen förderten die Missionare Auflehnung und Unruhen, insbesondere unter den Armeniern. Seit 1890 wuchsen in der Türkei die Abneigung und Feindschaft gegenüber den Protestanten. Sie standen generell im Verdacht, im geistlichen Gewand die Geschäfte des westlichen Imperialismus zu betreiben.

Zurück zum Weltkrieg! Er führte in diesem instabilen Krisengebiet, wie angedeutet, zu einer umfassenden Ausweitung und Steigerung brutaler Gewalt gegen die Zivilbevölkerung, die dann in der Ermordung der Armenier gipfelte. Gleichzeitig dominierte militärisch die Fortsetzung des Begehrens der einzelnen Staaten, ihre Grenzen zu erweitern. Und Hand in Hand damit gingen die Ausschreitungen, Zerstörungen, Massenvergewaltigungen, Morde und Metzeleien. Auch das habsburgische Militär verspürte bei diesem Vorgehen von der Führung bis hinunter zu den einfachen Soldaten keinerlei Hemmungen. Es herrschte das kollektive Bewusstsein, voll und ganz im Recht zu sein. Und im Zweifelsfall sprach man von „Kriegsnotwendigkeiten". Schuldig waren ausnahmslos die anderen. In Serbien und ebenso an der russischen Front hielt man die Notablen und insbesondere die orthodoxen Priester nicht ohne Grund für russophil – was als todeswürdiges Verbrechen galt![25] Die kirchlichen Verlautbarungen lieferten zu alledem weiterhin die Begleitmusik. Der Kriegseintritt Bulgariens (1915) an der Seite der Mittelmächte führte zur nahezu vollständigen Besetzung Serbiens. Hemmungslos fielen die Bulgaren über die Zivilbevölkerung her, zerstörten, misshandelten, vergewaltigten und mordeten Serben sowie Rumänen. Die Reste der serbischen Armee flohen zusammen mit vielen Zivilisten in die Berge Albaniens und Montenegros. Auch diese Gebiete wurden von habsburgischen Truppen besetzt. Doch es gelang einem Teil der Serben, sich unter großen Schwierigkeiten und mit erheblichen Verlusten zum Meer durchzuschlagen. Von dort wurden sie mit Schiffen auf die von Frankreich in Besitz genommene Insel Korfu gebracht. 1917 kämpften sie an der griechisch-makedonischen Front gegen die Mittelmächte.

Mit einem gewaltigen Seelandungsunternehmen versuchten britische, französische, australische sowie neuseeländische Truppen Ende April 1915, auf der auf der europäischen Seite der Dardanellen gelegenen Halbinsel Gallipoli zu den Meerengen vorzustoßen. Türkisches Militär warf den Vorstoß unter schweren Opfern zurück. Im August 1916 schien Rumänien der Zeitpunkt gekommen, um an der Seite der Entente habsburgische Gebiete zu annektieren, darunter Siebenbürgen. Erneut lieferte die Orthodoxe Kirche die erwünschte Unterstützung. Rumänien wurde mit Hilfe österreichischer, deutscher sowie bulgarischer Truppen vernichtend geschlagen. Die Sieger besetzten das Land und beuteten es für sich aus. Im Juni 1917 erklärte schließlich auch Griechenland den Mittelmächten den Krieg, nicht zuletzt unter dem Druck der Entente. Schwere innenpolitische Auseinandersetzungen folgten, die das Land bis an den Rand eines Bürgerkriegs führten. Unverkennbar wuchs dann überall auch auf dem Balkan die Sehnsucht nach Frieden. Mit Streiks in Österreich-Ungarn und Meutereien im Heer zeichnete sich die Auflösung der k. u. k. Monarchie ab. Die Mahnungen der Militärgeistlichen, unbedingt auszuhalten und weiter zu kämpfen, fanden ebenso wenig Gehör wie die Beschwörungen der offiziellen Presse. Im August 1918 veröffentlichten die österreichischen Bischöfe noch einmal einen drängenden Aufruf, der auch in den Gottesdiensten verlesen werden sollte: „Österreich hat eine providentielle Aufgabe zu erfüllen, als katholische Vormacht im Herzen Europas und als Vaterland des Völkerbundes, den es beherbergt.“[26] Doch das bewegte jetzt kaum noch jemanden.

Im Osmanischen Reich hatten die „Jungtürken“ durch einen blutigen

Putsch am 26. Januar 1913 die Macht an sich gerissen. Bei ihnen handelte es sich um eine Gruppe von Offizieren und Intellektuellen, die entschlossen waren, sich gegen den andauernden Prozess des Niedergangs und der Erniedrigung des Osmanischen Reiches zu stemmen. Sie proklamierten die umfassende soziale, wirtschaftliche und militärische Modernisierung eines im Wesentlichen auf Kleinasien begrenzten türkischen Staates. Seit 1913 regierten diese Jungtürken ebenso selbstbewusst wie diktatorisch. Einer ihrer Führer, Enver Pascha, schloss einen Geheimvertrag mit dem Deutschen Reich. Die **Türkei** provozierte daraufhin mit einer militärischen Aktion die Kriegserklärung des Zarenreichs am 2. November 1914. Offiziell führte also auch die Türkei einen Verteidigungskrieg. Tatsächlich aber wünschten die herrschenden Politiker, sich von der Bevormundung durch die europäischen Mächte zu befreien, die das Osmanische Reich wirtschaftlich und politisch einengten. Die Verbindung mit dem Deutschen Reich erschien dagegen weitaus weniger gefährlich.

Die Voraussetzung für diese Politik bildete, wie gesagt, der zunehmende Zerfall des Osmanischen Reiches. Nominell umfasste es immer noch den Norden Afrikas, vom Maghreb bis nach Ägypten, ferner Palästina mit Syrien und Transjordanien, außerdem Teile Armeniens, Kurdistans sowie den Irak, schließlich Makedonien und Kleinasien. Doch in den nordafrikanischen Gebieten übten Italiener, Franzosen und Briten faktisch die Herrschaft aus. Und ihre europäischen Territorien hatten die Osmanen, wie berichtet, Schritt um Schritt verloren.

Doch darin erschöpfte sich der Niedergang der Hohen Pforte nicht. Als Schutzmacht für die Orthodoxen trat Russland auf. Frankreich sah sich in der Verantwortung für die römischen Katholiken, Großbritannien für die Protestanten. Sie übten stets auch einen nicht geringen politischen Einfluss aus. Das bedeutete zugleich, dass die diplomatischen Vertreter dieser Länder einen juristischen Sonderstatus genossen. Dasselbe galt für die europäischen Finanzkommissare, die zur Regelung des osmanischen Staatsbankrotts im Land agierten. Am schlimmsten und deprimierendsten war jedoch, dass die Osmanen ihre militärischen Erfolge gegenüber den Aufständischen in ihrem Reich aufgrund des politischen Drucks der europäischen Mächte nie nutzen konnten. So mussten sie die endgültigen Verluste ihrer Territorien ohnmächtig hinnehmen.

In diesen Kontext gehören die Irritationen und Verunsicherungen der Osmanen durch die verschiedenen Völker in ihrem Reich und insbesondere durch die Armenier. Nach der Überzeugung der Jungtürken beruhte die

Schwäche ihres Staates auf dem Pluralismus der hier lebenden Ethnien und Religionen. Ihr Ziel war daher die Schaffung eines nach Möglichkeit rein türkischen und muslimischen Staatswesens. Die anderen Völkerschaften, wie z. B. die Griechen, sollten ausgesiedelt bzw. vertrieben werden oder aber – im Blick auf kleine Minderheiten – assimiliert. Diese Politik ließ sich jedoch gegenüber den Armeniern aus verschiedenen Gründen nicht realisieren. Zum einen lebte dieses Volk – mit einer eigenen alten Kultur, zu der das Bewusstsein gehörte, zugleich eine der ältesten christlichen Kirchen zu verkörpern – verstreut unter drei politischen Herrschaften: der osmanischen, russischen sowie der persischen. Die meisten Armenier lebten im Nordosten des Osmanischen Reichs, in sieben Provinzen Anatoliens, an der Grenze zu Persien. Doch auch in anderen Regionen begegneten sie, nicht zuletzt in größeren Städten. Hier bildeten sie durchweg eine Minderheit von höchstens 20 bis 25% gegenüber den sie umgebenden Türken, Kurden, Griechen und anderen ethnischen Gruppen.[27] Mit ihnen hatten die Armenier in der Regel höchstens lockere Kontakte. Viele Griechen etwa fühlten sich den Türken näher als jenem Volk.

Im Zuge der Reformforderungen der Großmächte an das Osmanische Reich hatten Großbritannien und Russland mehrfach mehr Rechte für die Armenier und schließlich deren Gleichstellung mit den Türken gefordert. Führende Kreise der Armenier hörten solche Stimmen natürlich gern, ebenso die empörten Proteste der europäischen Mächte mitsamt ihren vagen Zusagen der Hilfsbereitschaft, wenn es wieder einmal zu einem spontanen Massaker an Armeniern gekommen war. Deren politischen Zielsetzungen waren jedoch keineswegs einheitlich, sondern gingen weit auseinander. Im Nordosten Kleinasiens träumte man wohl von einem eigenen, vom Osmanischen Reich losgelösten Staat, der nach dem Vorbild der jungen Staaten auf dem Balkan mit Hilfe der Großmächte, Russland voran, errichtet werden sollte. Andere Armenier wünschten eine kulturelle Autonomie, viele schlicht Rechtssicherheit. Es liegt auf der Hand, dass die Herrschenden in Konstantinopel und insbesondere die Jungtürken solche Überlegungen mitsamt den betont herausgestellten Verbindungen zu den ausländischen Mächten mit größtem Misstrauen verfolgten, begleitet von dem argwöhnischen Verdacht, da werde eine Erhebung gegen die Türken geplant. Unruhen und kleine Aufstände der Armenier, auch solche ausschließlich sozialen Charakters, wurden deshalb mit unverhältnismäßiger Härte und Brutalität niedergeschlagen. Zur Vergiftung der Atmosphäre und wachsender Radikalisierung der Beziehungen zwischen Armeniern und Türken, Christen und

Muslimen kam es dann in Ost-Anatolien durch die systematische Enteignung des armenischen Landbesitzes – wobei kurdische Scheichs und korrupte osmanische Behörden kooperierten. Tausende Armenier mussten emigrieren. In den auf diese Weise frei gewordenen Gebieten wurden dann muslimische Flüchtlinge vom Balkan und dem Kaukasus angesiedelt, die sogenannten Muhacirs. Sie, denen Christen in ihrer Heimat alles genommen hatten, betrachteten die sie umgebenden Armenier natürlich ausgesprochen feindselig und aggressiv.[28] Nicht nur die fortgesetzten Niederlagen des Osmanischen Reiches förderten also die abweisende Haltung der Muslime gegen die Andersgläubigen. Diese Stimmung erhielt stets neue Nahrung durch die Empörung und den Hass, den die Massen der muslimischen Flüchtlinge und Vertriebenen aus dem Osten wie dem Westen mit in die Türkei brachten. Die Emotionen schlugen sich dort dann 1894/96 und 1909 in spontanen Massakern an Christen und insbesondere an den so misstrauisch beobachteten und beurteilten Armeniern nieder. Doch von einer gezielten Vernichtungspolitik konnte zunächst noch nicht die Rede sein. Es gab keinen Masterplan für den Genozid.

Das änderte sich mit dem Kriegseintritt der Türkei an der Seite der Mittelmächte. Der Angriff auf Russland, getragen von der Vision eines großtürkischen Reiches, endete mit einer vernichtenden Niederlage im Februar 1915 bei Sarikamiş. Dabei kam es erneut zu Massakern an Muslimen. Sogleich machte das Gerücht die Runde, daran hätten sich vor allem Armenier im Osten der Türkei beteiligt. Im Jahr darauf erzielte eine russische Offensive große Erfolge im Nordosten Anatoliens. Auch dieser militärische Vorstoß war begleitet von der Mitwirkung kleiner armenischer Freiwilligenverbänden sowie im einzelnen schwer zu durchschauenden antitürkischen armenischen Aufständen. Für die türkische Bevölkerung jedoch war klar, dass die Armenier als geheime Verbündete des Feindes handelten, als 5. Kolonne des Gegners im eigenen Land.

Diese Vorgänge radikalisierten den ohnehin massiven Nationalismus der Jungtürken mitsamt der Bereitschaft, den religiös-nationalen Pluralismus gewaltsam zu beenden. Sie waren durch einen blutigen Putsch an die Macht gekommen und hatten keine Skrupel, gewaltsam gegen alle vorzugehen, die sich ihnen entgegenstellten. Die Ausnahmesituation des Krieges bot dazu ideale Voraussetzungen. Die erhitzte Atmosphäre, in der sich alle umfassend bedroht fühlten, wurde durch die Proklamation des „Heiligen Krieges“ (Dschihad) gegen die Ungläubigen im November 1914 weiter angeheizt. Mit diesem Schritt sollten die Muslime im Osten zu Aufständen gegen

Russland und den Iran ermutigt werden und insgesamt zu Meutereien im russischen, französischen und britischen Heer. Dazu kam es kaum. Wohl aber goss diese Proklamation Öl ins Feuer im Blick auf das Verhältnis der muslimischen Bevölkerung zu den Christen in der Türkei.

Was zur systematischen Vernichtung der Armenier führte, begann mit ihrer Ausgliederung aus der Armee. Etwa 200 000 Armenier wurden entwaffnet und in Arbeiterbataillone überstellt. Gleichzeitig verunsicherte die zunehmende Zahl von Deserteuren – wobei es sich keineswegs nur um Armenier handelte – die Herrschenden. Es folgten Umsiedlungen aus den Randzonen der Türkei in das Landesinnere. Auch andere Staaten trafen solche Maßnahmen, z. B. – wie berichtet – Russland, um Gruppen, deren nationaler Zuverlässigkeit man nicht traute, an einer möglichen Zusammenarbeit mit dem Feind zu hindern. In der Türkei wurden aus diesem Grund u. a. auch Griechen und andere Völkerschaften umgesiedelt. Für die Armenier bedeuteten diese Maßnahmen jedoch alsbald Deportation aller, nicht nur der Männer, sondern ebenso der Frauen und Kinder, begleitet von Misshandlungen, Elend und Tod. Führende armenische Persönlichkeiten wurden jetzt verhaftet und ermordet. Sämtliche Männer von 16 bis 60 Jahren, aber auch ältere, presste man in Kolonnen zu schwerer Arbeit, wo sie durch Hunger, Krankheiten, Gewaltanwendungen und schließlich Massaker zugrunde gingen. Frauen, Kinder und Greise trieb man zusammen und zwang sie zu endlosen Märschen in die Wüste, wo sie verhungern und verdursten mussten. Dabei wurden sie von eigens für die Vernichtung gebildeten paramilitärischen Verbänden, von kurdischen Banden, bisweilen aber auch von der muslimischen Bevölkerung sowie regulären militärischen Einheiten überfallen, ausgeraubt, vergewaltigt und ermordet. Den Besitz der Armenier eigneten sich die Verfolger an. Armenische Klöster und Kulturgüter wurden systematisch vernichtet. Manchmal überlebten einzelne, wenn sie bereit waren, zum Islam überzutreten.

Diese Massaker geschahen keineswegs geheim, auch wenn die Zeitgenossen nicht das ganze Ausmaß der Verbrechen überblickten. Der jungtürkische Innenminister Tâlât erklärte Mitte Juni 1915 weithin vernehmbar, die Armenier sollten niemals zurückkehren. An anderer Stelle proklamierte er: „Wir müssen mit ihnen Schluss machen! Wenn wir es nicht tun, werden sie auf Rache sinnen. […] Wir wollen die Armenier nirgends in Anatolien haben.[…] Kein Armenier kann unser Freund sein nach dem, was wir ihnen angetan haben.“[29] Zynisch urteilte Mehmed Reşid, von Hause aus Mediziner und einer der Verantwortlichen für die Durchführung des Massenmords

Ende 1915: „Entweder sie oder wir! […] Vor die Notwendigkeit der Wahl gestellt, zögerte ich nicht lange. Mein Türkesein triumphierte über meine Identität als Doktor […] Die armenischen Banditen waren ein Haufen gefährlicher Mikroben, die den Körper des Vaterlandes infizierten. War es nicht die Pflicht des Arztes, Mikroben zu töten?“[30]

Es fehlte nicht an Berichten von Augenzeugen: Wie Polizisten Armenier in eine Schlucht trieben und erschossen; wie Soldaten sie mit Gewehrkolben und Säbeln gnadenlos niedermachten; wie junge Frauen von Felsen stürzten, um der Vergewaltigung und Versklavung zu entgehen. Ein Grieche schilderte eine Aktion gegen Kinder: „Sie sammelten Tausende Kinder und brachten sie an die Ufer des Euphrats. Dort packten sie sie an den Füssen und schmetterten ihre Köpfe gegen die Felsen. Und wenn ein Kind sich noch in seinen Todesqualen wand, warfen sie es in den Fluss.“[31]

Es gab manches Aufbegehren unter den Armeniern. Freiwillige wollten mit der Entente im Süden der Türkei an einer geplanten Landung teilnehmen. Kleine Gruppen aus Abenteurern, Deserteuren und Idealisten planten Erhebungen, die ihre Volksgenossen mitreißen sollten. Das berühmteste Beispiel eines Widerstands bildete die Erhebung in Van, nahe der persischen Grenze. Angesichts der Massaker ringsum versuchten Armenier, sich gewaltsam nach Persien durchzuschlagen. Irgendeinen Erfolg konnten sie nicht erringen. Und von einer ernstzunehmenden Gegenwehr der Armenier konnte nirgends die Rede sein. Diese Menschen waren verängstigt, traumatisiert, zudem längst erschöpft, schwach und schlicht hilflos. Die Türken begingen an ihnen jetzt eindeutig einen Völkermord. Die Vision der ethnisch und religiös homogenen Türkei erwies sich nicht nur für die Jungtürken, sondern ebenso für die Mehrheit der Bevölkerung als derart mächtig und überzeugend, dass sie sämtliche rationalen und moralischen Barrieren wegriss. Erwähnt werden muss allerdings, dass eine Reihe jener jungtürkischen Offiziere, die nun die brutale Vernichtung der Armenier betrieben, Augenzeugen der Massaker an Muslimen gewesen waren.[32]

Mindestens eine Million Armenier wurde ermordet. Sie waren keineswegs die einzigen Opfer. Hierzu gehörten ebenso Mitglieder der Assyrischen (Nestorianer), der Chaldäischen und der Syrisch-Orthodoxen Kirche (Jakobiten) mitsamt deren Unierten. Diese Menschen lebten in einem Grenzgebiet zwischen der Türkei, Persien und dem Irak. Der Krieg zwischen Russland und der Türkei konzentrierte sich auf diese Region. Hier wiederholte sich vom Dezember 1914 bis zum Sommer 1918 mehrfach dasselbe: Militärische Erfolge der Russen wurden von den Christen begrüßt und teilweise unterstützt. Zogen sich die Russen zurück, stießen Türken mit der Unterstützung von Kurden nach und deportierten oder ermordeten die als feindlich oder zumindest gefährlich angesehene christliche Bevölkerung. Diese versuchte immer wieder sich zu rächen. Seit 1917, der Russischen Oktoberrevolution, sahen sich diese assyrischen und chaldäischen Christen endgültig allein gelassen. Rund 10 000 flohen nach Russland. Die große Mehrheit, rund 70 000 Männer, Frauen und Kinder, schlugen sich nach Süden, zu den britischen Truppen durch. Etwa 50 000 von ihnen erreichten Mesopotamien. Rund zwei Drittel dieser ethnischen Gruppe wurde vernichtet. Damit endete auch in diesem Raum eine zweitausendjährige Geschichte des Christentums.[33] Kleinere nichtchristliche Gruppen wie Albaner, Bosnier und Muslime aus Georgien, Zigeuner, Juden und Araber wurden zur Assimilation in rein türkische Gebiete verbracht. Auch viele Griechen fanden den Tod. Meist versuchte man jedoch, sie durch gezielte Terrormaßnahmen zu vertreiben. Es galt, den Kriegseintritt Athens an der Seite der Entente zu verhindern. Die Armenier dagegen besaßen keinerlei internationales politisches Gewicht.

Zusammenfassend lässt sich sagen: „Die jungtürkische Version des ethnischen Nationalismus war mörderischer als diejenige der radikalen Nationalismen auf dem Balkan in den Jahren von 1912 bis 1918, wo Massenmord und Kulturkrieg auf dem Weg zur totalen Zerstörung weiter vorangeschritten waren, als in West- und Mitteleuropa. In der Türkei waren die Kräfte des ethnischen Nationalismus in einem instabilen, nachimperialen revolutionären Staat an die Macht gekommen, wo die herrschende Elite unsicher war, ob sie sich an der Macht halten könnte und darauf fixiert, die Erniedrigung fortwährender Niederlagen auszulöschen, und wo die Furcht vor äußeren Feinden zusammenging mit der Existenz großer ethnischer Minderheiten mit internationalen Verbindungen. Das unterschied die Türkei von den anderen Staaten im Ersten Weltkrieg.“[34]

Der internationalen Öffentlichkeit blieb der Massenmord an den Armeniern nicht verborgen. Briten und Franzosen protestierten laut, klagten an, ebenso Amerikaner und Russen. Doch dabei blieb es. Scharfe Vorwürfe trafen von allen Seiten die deutschen Bundesgenossen der Türkei. Einzelne Deutsche versuchten, das türkische Vorgehen zu behindern. Eine herausragende Rolle spielte dabei der evangelische Theologe Johannes Lepsius. Er trat persönlich und literarisch für die Armenier ein. Freunde von Lepsius formulierten eine Petition, in der es hieß: „Es bedrückt unser Gewissen, dass die deutsche Presse die hohe Gesinnung und Toleranz unserer mohammedanischen Verbündeten preist, während diese Mohammedaner Ströme von Blut unschuldiger Christen vergießen und zehntausende Christen zwingen, zum Islam zu konvertieren." Sodann warnten die Verfasser vor „vernichtenden Auswirkungen auf die Moral deutscher Christen, wenn sie zusehen müssen, wie ihre Verbündeten ein ganzes christliches Volk vernichten [...], ohne dass unsere Seite tut, was möglich ist, um sie zu retten."[35] Rund vierzig angesehene evangelische Theologen waren bereit, diesem Text zuzustimmen. In keinem anderen kriegführenden Land gab es eine derart deutliche Kritik am Vorgehen eines Verbündeten. Der britische Botschafter in St. Petersburg etwa, Sir George Buchanan, rechtfertigte die massenhaften Deportationen und Pogrome an Juden in Russland mit der Behauptung, er habe „nicht den geringsten Zweifel", dass der jüdische Verrat solche harten Maßnahmen erforderlich mache – ein Urteil, das dann viele in Großbritannien unkritisch wiederholten.

Erfolg hatten Lepsius und seine Freunde nicht. Das Auswärtige Amt in Berlin wies den Evangelischen Oberkirchenrat an, alles zu vermeiden, was von den Türken als Parteinahme für die Armenier ausgelegt werden könnte. Daran hielt sich die Mehrheit der deutschen Theologen und Nichttheologen. Sie nahmen es hin, durchaus gegen besseres Wissen, wenn die Türken von „Kriegsnotwendigkeiten" sprachen. Ganz in diesem Sinn erklärte der Prediger der deutschen Botschaft in Konstantinopel, Siegfried von Lüttichau, im November 1915: „Denn über allen anderen Pflichten steht an erster und maßgebender Stelle die Pflicht gegen die eigene Nation, und es wäre ein Verbrechen am Vaterland, wollten die Rücksichten der Humanität jene Pflicht von ihrer alles überragenden Stelle herabsetzen."[36] Zentrale Bedeutung besaß für die deutschen Politiker in der Türkei jedenfalls das Bemühen, alles zu tun, um möglichst große militärische Kräfte der Entente hier zu binden und sie dadurch von den eigenen Fronten im Osten und Westen des Deutschen Reiches fernzuhalten.

Den Abschluss der „ethnischen Säuberung" bildete die Umsiedlung von etwa 1,3 Millionen Griechen aus Kleinasien und weniger als einer halben Million Türken vom Balkan in den Jahren 1923 bis 1926. Vorangegangen war 1919 eine mit britischer Unterstützung vorgetragene griechische Offensive gegen die Türkei. Im Mai des Jahres landeten Griechen in Smyrna an der Westküste Kleinasiens. Griechen bildeten etwa die Hälfte der Bevölkerung in der Stadt. Erzbischof Chrysostomus begrüßte die Truppen und segnete sie. Ausschreitungen gegen die Türken folgten. Sie steigerten sich in dem Maß, in dem der fanatische nationalistische Hass der Türken gegen die

Invasoren wuchs. 1921 zeichnete sich die Niederlage der Griechen ab, den Schlusspunkt bildete die Eroberung Smyrnas im September 1922. Die Stadt war mit Tausenden griechischer und armenischer Flüchtlinge überfüllt, unter denen die Türken nun ein fürchterliches Blutbad veranstalteten. Eine Orgie von Vergewaltigungen, Raub, Totschlag und qualvollen Ermordungen tobte sich in den Christenvierteln der Stadt aus. Dem orthodoxen griechischen Bischof Chrysostomus riss man den Bart aus, blendete ihn, schnitt ihm die Nase, Ohren, und Hände ab und schleifte seinen Körper durch die Stadt, bevor man ihn tötete. Mehr als zehntausend Menschen fanden den Tod, Smyrna wurde niedergebrannt. Das war das Ende der rund dreitausendjährigen Präsenz der Griechen an der ägäischen Küste Kleinasiens. Der danach mit vielen Toten vor allem auf der griechischen Seite verbundene Bevölkerungsaustausch besiegelte dann nur noch, was Realität geworden war.

Die Christen in Südosteuropa sowie in Vorderasien sahen sich, insbesondere angesichts des brutalen Vorgehens der Türken, als Opfer. Darauf konzentrierte – und beschränkte – sich nicht selten die Erinnerung. Die Serben auf dem Balkan sprachen deshalb im Blick auf ihren Rückzug durch das Gebirge von ihrem „albanischen Golgatha".[37] Gegenüber solcher „allseits verbreiteten Selbstschau und Selbstüberhebung der nationalen Kollektive auf dem Balkan [und in Vorderasien], die mit der Herabsetzung der jeweils Anderen kombiniert" war, bleibt festzuhalten, dass sämtliche christlichen Staaten auf dem Balkan [und in Vorderasien] einen rücksichtlosen und mörderischen Nationalismus proklamierten und praktizierten. Die führenden Vertreter der Kirchen und ihre Glieder wandten sich keineswegs gegen diese Ideologie, sondern unterstützten sie lauthals. Christlich und national, wenn nicht sogar nationalistisch, bildete auch hier, über den Balkan hinaus, jene verhängnisvolle Einheit, in der das Evangelium an Aussagekraft verlor und die christliche Botschaft zum Adjektiv für das Recht auf die eigene nationalistische Durchsetzung mutierte.

1 Ausführlich dazu B. K. Király u. a. (Hg.), East, 1985; K. Clering / O. J. Schmitt, Geschichte, 2011; J. Angelow (Hg.), Erster Weltkrieg, 2011.

2 M. Rauchensteiner, Tod, 1993, 101.

3 W. Achleitner, Gott, 1997, 14. Das folgende Zitat ebd., 15.

4 Zit. bei M. Rauchensteiner, Tod, 1993, 102.

5 W. Achleitner, Gott, 1997, 235.

6 Zit. ebd., 424.
7 Vgl. ebd., 147. 246 u. ö.
8 B. Reichmann, Seele des Krieges, 2009.
9 C. Schlager, Waffenbrüderschaft, 2006, 171.
10 M. Geyer, Gewalt, 1998, 241–257. Die folgenden Zahlenangaben ebd., 243f.
11 M. Rauchensteiner, Tod, 1993, 28f.
12 Vgl. dazu D. M. Segesser, Kriegsverbrechen, 2011. Ferner A. Holzer, Lächeln, 2008.
13 Ausführlicher hierzu und zum Folgenden K. Clewing, Staatensystem, 2011, hier bes. 439–441.456–458.474–480.
14 Ebd., 457f.
15 Vgl. dazu D. Bloxham, Final Solution, 2009, 54–67.
16 Vgl. dazu H. Sundhausen, Südosteuropäische, 2011, 359.
17 K. Clewing, Staatensystem, 2011, 512.
18 R. Hirschon, Heirs, 1989, 16. Vgl. J. Du Boulay, Cosmos, 2009; das folgende Zitat: 129.
19 Zit. bei T. Cepreganov / Ph. Shashko, Macedonian, 2010, 175.
20 J. Du Boulay, Cosmos, 2009, 317.
21 Ausführlich dazu K. Clewing, Staatensystem, 2011, 506–512.
22 Besonders instruktiv erscheinen mir: A. Wessels, Arab, 1995; W. Hage, Orientalische, 2007; A. O'Mahony (Hg.), Christianity, 2008; A. O'Mahony / E. Loosley (Hg.), Eastern, 2010.
23 Vgl. hierzu A. Wessels, Arab, 1995, 46ff.
24 Zit. bei A. Wessels, Arab, 1995, 171f.
25 Vgl. A. Holzer, Lächeln, 2008, 51.62f.114.129.
26 Zit. bei W. Achleitner, Gott, 1997, 269f.
27 Aus der Fülle der Literatur zum Thema greife ich heraus: H.-L. Kieser / D. J. Schaller (Hg.), Völkermord, 2003; T. Hofmann (Hg.), Verfolgung, 2004; W. Baum, Türkei 2005; D. Gaunt, Massacres, 2006; H.-L. Kieser / E. Plazza (Hg.), Völkermord, 2006; D. Bloxham, Great Game, 2009. Umfassend jetzt: R. G. Suny u. a. (Hg.), Question, 2011.
28 Ausführlich: St. H. Astourian, Silence, 2011.
29 Zit. bei W. Baum, Türkei, 2005, 90. Das folgende Zitat bei D. Gaunt, Massacres, 2006, 179.
30 H.-L. Kieser, Patriotism, 2011.
31 Zit. bei D. Bloxham, Great Game, 2009, 87.
32 O. Schulz, Ungeordnete Verhältnisse, 2010, 271, Anm. 41.
33 D. Gaunt, Ottoman, 2011.
34 A. Kramer, Dynamic, 2007, 158.
35 Zit. bei M. L. Anderson, Who still, 2011, 205 und 212f.
36 Zit. bei Ch. Pschichholz, Zwischen, 2011, 236.
37 Zit. bei K. Clewing, Staatensystem, 2011, 547f. Dort auch das folgende Zitat.

4 Friedensbemühungen und die Neutralen

Lange bevor der erste Schuss im Ersten Weltkrieg abgefeuert wurde, gab es verschiedene Bemühungen, den Frieden zu bewahren – und dann wiederherzustellen.[1] In einer Reihe europäischer Länder entstanden Gruppen engagierter protestantischer Christen, die gegen die zunehmende Militarisierung Front machten. Dazu gehörte das 1910 gegründete „Kirchliche Komitee zur Pflege der freundschaftlichen Beziehungen zwischen Deutschland und Großbritannien". Es war aus offiziellen Besuchskontakten zwischen beiden Ländern hervorgegangen. 1911 nahmen kirchliche Kreise in den USA die Verbindung zu diesem Komitee auf, am 10. Februar 1914 gründeten sie die „Kirchliche Friedensunion" (Church Peace Union). Einen Monat zuvor, also im Januar 1914, lud die Schweizer Kirchenkonferenz die Kirchen Europas zu einer Tagung nach Bern ein. Der Appell verhallte wirkungslos. Nun kamen die Aktivisten der Friedensbewegung überein, im August 1914 eine gemeinsame Konferenz in Konstanz zu veranstalten.

Von den 153 angemeldeten Personen versammelten sich am Morgen des 2. August, einem Sonntag, etwa 70. Sie kamen aus verschiedenen protestantischen Kirchen Europas und den USA, allerdings nicht als Vertreter ihrer Kirchen, sondern aus eigenem Entschluss, um für die Erhaltung des Friedens einzutreten. Eigentlich sollte die Konferenz erst am Montag, dem 3. August, beginnen. Doch das war der letzte Tag, an dem Ausländer noch Deutschland verlassen konnten. Denn seit dem 1. August 1914 herrschte Krieg.

Diese Realität zerstörte die Voraussetzungen der geplanten Friedenskonferenz. Doch gleichzeitig bestärkte sie die Versammlung, nicht zu resignieren, sondern weiterzuarbeiten. Hinfällig geworden sei „nicht die christliche Idee des Friedens und der Versöhnung", sondern ein „System, das versucht hatte, die Sicherheit auf ein immer weiter gesteigertes Wettrüsten zu gründen".[2] Neben kurzen Verhandlungen über die zukünftige Arbeit beteten jeweils ein Amerikaner, ein Deutscher, ein Engländer, ein Franzose und ein Schweizer in ihrer Muttersprache. Dann versprach man einander feierlich, die geistliche Verbundenheit trotz des Krieges nicht preiszugeben.

Die westeuropäischen Konferenzteilnehmer setzten die Tagung in London am 5. August fort. Hier gründeten sie den „Weltbund für Internationale Freundschaftsarbeit der Kirchen“. An seine Spitze trat J. Allan Baker, Quäker und Mitglied des britischen Parlaments. Da die Kirchen in dieser Organisation nie eine signifikante Rolle spielten, wurde 1915 die Formulierung „der Kirchen“ in der englischen Bezeichnung „durch die Kirchen“ ersetzt.

In derselben Zeit schrieb der greise französische reformierte Pfarrer Charles Babut an den ihm persönlich bekannten und hoch geschätzten preußischen Oberhofprediger Ernst von Dryander.[3] Babut bat den Deutschen um die Zustimmung zu einer von ihm entworfenen öffentlichen Erklärung der „Christen in Deutschland und England, Österreich und Frankreich, Belgien und Serbien“. Der Text unterstrich zunächst, dass die Christen in sämtlichen Ländern durch diesen Krieg, der Europa verwüste und mit Blut beflecke, zutiefst betrübt und bedrückt seien. Gewiss sei der in allen Lagern herrschende Patriotismus selbstverständlich. Doch er dürfe nicht die über alle Grenzen hinausreichende Verbundenheit der Christen untereinander zerstören. Das impliziere die Absage an den Hass auf den Gegner, das Bemühen um eine möglichst menschliche Kriegführung, die Fürbitte für sämtliche Opfer des Krieges und schließlich das inständige Gebet für einen baldigen gerechten und dauerhaften Frieden.

Die Übermittlung des Schreibens verzögerte sich. Dryanders Antwort erfolgte erst am 15. September 1914, also nach dem Scheitern der deutschen Offensive an der Marne. Zusammen mit dem Oberhofprediger unterzeichneten der Berliner Generalsuperintendent Theodor Lahusen und der Direktor der Berliner Mission Karl Axenfeld den Brief. Sie beanspruchten, für alle evangelischen Christen in Deutschland zu sprechen, wenn sie erklärten, „dass unter den Geistlichen unserer deutschen Landeskirchen und unter den gebildeten Christen unseres Landes sich schwerlich auch nur ein einzelner finden ließe, dessen Urteil sich wesentlich von unserem unterscheidet“. Der Betonung des engen Zusammenhangs von Patriotismus und Christentum stimme man selbstverständlich voll und ganz zu. Doch das gelte keineswegs für die Folgerungen, die Babut daraus ableite. Hochfahrend hielt Dryander ihm die offizielle Lesart der deutschen Politik entgegen, die er mit der Übersendung von Dokumenten der Regierung unterstützte: Das deutsche Militär und die Kriegführung des Kaiserreichs benötigten keine Ermahnung, möglichst human vorzugehen. Ein solcher Appell müsse vielmehr an die hasserfüllten belgischen Banden und Franctireurs gerichtet werden sowie an die barbarischen Russen. Während die deutschen Ausschreitungen in Belgien und Nordfrankreich internationale Schlagzeilen machten, lautete die deutsche Version dauerhaft, man habe sich lediglich gegen die Heimtücke der belgischen Freischärler gewehrt. Gleichzeitig rückte die deutsche Propaganda die Übergriffe der russischen Truppen in Ostpreußen in den Vordergrund. Weiter hieß es im Brief der deutschen Theologen: Mit unendlicher Geduld habe sich der deutsche Kaiser um die Bewahrung des Friedens gemüht, ohne doch die zunehmende Einkreisung Deutschlands verhindern zu können. Die Verletzung der belgischen Neutralität taten die Briefschreiber mit den Worten Bethmann Hollwegs ab, dass man dem, der um sein Leben kämpft, kaum die Beschädigung des Gartentors des Nachbarn vorwerfen könne. Im übrigen habe auch Frankreich beabsichtigt, die belgische Neutralität zu verletzen, Deutschland sei dem nur zuvorgekommen. Für die englische Heuchelei an diesem Punkt empfinde man weniger Zorn als tiefe Verachtung. Zusammen mit ihren Verbündeten seien die Briten Deutschland in den Rücken gefallen und machten nun gemeinsame Sache mit den „mongolisch-asiatischen Räubern" Russlands sowie den heidnischen Japanern und setzten schließlich sogar Neger gegen Deutsche ein. Alles das mache es unmöglich, den von Babut vorgelegten Aufruf zu unterschreiben – es sei denn, dass die englischen, französischen und russischen Christen zuvor die Infamie des Angriffs ihrer Staaten öffentlich brandmarkten, „dieses gottlose Verbrechen, das allein den Krieg ermöglicht hat". Einzigartig sei im übrigen die deutsche Einigkeit und Entschlossenheit. Deshalb sei Deutschland auch unbesiegbar. Nach dem Triumph der gerechten deutschen Sache wäre man bereit, trotz der Bosheiten und Verbrechen jener Mächte, die Deutschland in den Krieg trieben, am Aufbau einer Menschheit mitzuwirken, „die Gott in Gerechtigkeit dient".

Ebenfalls in derselben Zeit mühte sich Nathan Söderblom, soeben zum Erzbischof von Uppsala ernannt und somit Primas der Kirche von **Schweden**, um einen Friedensappell. Dabei sollte es nicht um das Bemühen einzelner Christen gehen, sondern um ein Engagement der Kirchen.[4] Söderblom war damals bereits eine weithin bekannte und anerkannte Persönlichkeit. Als Auslandspfarrer in Paris (1894) und später Professor für Religionsgeschichte in Leipzig (1912) verband er wesentliche Impulse der modernen deutschen und französischen protestantischen Theologie mit Prägungen durch das skandinavische Luthertum sowie der ökumenisch gestimmten Erweckungsbewegungen. Insofern handelte es sich bei Söderblom nicht nur um eine vielseitig gebildete Persönlichkeit, sondern eine prinzipiell im Reichtum des europäischen Protestantismus wurzelnde und intensiv damit verbundene Gestalt. Am 25. August 1914 betonte er gegenüber Robert H. Gardiner, einem amerikanischen Juristen, der seit 1910 als Generalsekretär von „Glaube und Kirchenverfassung" (Faith and Order) als führender Aktivist in der jungen ökumenischen Bewegung wirkte, dass es gut wäre, „wenn die Kirchen einen gemeinsamen Protest gegen diese Schlächterei" herausbringen könnten.[5] Söderblom formulierte dann einen Text, den er im September 1914 an führende kirchliche Persönlichkeiten u. a. in Schweden, Großbritannien, Frankreich und Deutschland verschickte. Der Aufruf umfasste vier Punkte. Ausgehend vom Leiden und Klagen der Kirche über den Krieg und der Not der Menschheit durch den Krieg könne es jetzt nicht um die Frage nach dessen Ursachen gehen. Unbedingt geboten sei dagegen das Drängen aller Diener der Kirche bei den Machthabern, dass sie Frieden machten und ein Ende des Blutvergießens herbeiführten. Sodann: „Wir erinnern insbesondere unsere christlichen Brüder in den verschiedenen Nationen daran, dass der Krieg das internationale Band der Einheit, mit dem Christus uns verbindet, nicht zerstören kann". Gewiss habe jeder in seiner Nation seine Pflicht zu tun. Doch „der Glaube nimmt wahr, was das Auge nicht immer sehen kann [...] Alle Gläubigen sind in Christus eins. Lasst uns deshalb Gott bitten, dass er Hass und Feindschaft vernichte und in Gnaden uns Frieden bereite."[6]

Die Reaktionen entsprachen im Wesentlichen den bereits geschilderten Überzeugungen in den kriegführenden Ländern. Aus Schottland kam sogleich eine klare Absage. Aus Aberdeen teilte der Theologe David S. Cairns Söderblom mit: Der Überfall auf Belgien mache jedes gemeinsame Wort unmöglich. Dieser Grundsatz wurde insbesondere in Großbritannien und den USA in den folgenden Monaten und Jahren so ausführlich wie grundsätzlich wiederholt. Es gehe doch nicht nur um die Verletzung der belgischen Neutralität, schrieb Cairns im März 1915 an Söderblom, sondern um das offenkundige Fehlen jedes Unrechtsbewusstseins selbst bei führenden christlichen Persönlichkeiten in Deutschland. „Welche Hoffnung gibt es dann für eine gerechte und stabile Ordnung in Europa, falls sie die Oberhand gewinnen? Welche Chance gibt es dann noch für die kleineren Staaten?"[7] Gardiner urteilte: Jetzt gehe es darum, mit ganzem Nachdruck als Christ zu leben, und das bedeute, dass man begreife, dass England in einem Kampf auf Leben und Tod stehe, „zwischen Zivilisation und wahrer Demokratie auf der einen und militärischer Despotie auf der anderen Seite"[8]. Jean Meyer, der leitende Geistliche der Lutherischen Kirche Frankreichs, antwortete im Namen seiner Kollegen, dass es für sie völlig unmöglich sei,

Söderbloms Aufruf zu unterzeichnen: Die Deutschen bekämpften nicht nur die französischen Truppen, sondern zerstörten, mordeten und begingen unvorstellbare Grausamkeiten. Wenn man ihnen jetzt nicht in den Arm falle, würden sie unentwegt weiter wüten. „Es ist nicht so, dass wir nicht Frieden wünschten, aber die Zeit, darüber zu sprechen, ist noch nicht gekommen.“[9]

Söderblom versuchte, Hermann von Bezzel, den Präsidenten des Konsistoriums der Lutherischen Landeskirche Bayerns, zu gewinnen: „Die Welt muss sehen, dass Christus noch lebt!“[10] Doch Bezzel lehnte dieses Werben entschieden ab. Das letzte Wort hatte Dryander. Er wiederholte die Argumente, die er gegenüber Babut angeführt hatte, unterstrich erneut, dass Deutschland „im Stande der Notwehr“ handele und dass die „Gerechtigkeit unserer Sache“ eindeutig sei. „Es ist für mich unmöglich, auch nur *ein* Wort zu unterzeichnen, das einem Zweifel an dieser Überzeugung Raum gäbe.“

Weitere Versuche, den Frieden wiederherzustellen, gingen in derselben Zeit vom **römischen Katholizismus** aus, insbesondere von Papst Benedikt XV. Am 2. August 1914, kurz vor seinem Tod, hatte Papst Pius X. eine Ermahnung an alle katholischen Christen verfasst, den Frieden zu suchen und sich Christus zuzuwenden, „dem Fürsten des Friedens und allmächtigen Mittler der Menschen bei Gott“.[11] Auf die Bitte des österreichischen Botschafters, die Waffen des Kaiserreichs zu segnen, antwortete der Papst: „Ich segne den Frieden!“

Der am 3. September 1914 zum neuen Papst gewählte Benedikt XV. verkündete am 1. November des Jahres die Enzyklika „Ad beatissimi Apostolorum Principis“. Nachdrücklich unterstrich er eingangs seine strikte Neutralität, an der er während des gesamten Krieges unbeirrbar festhielt. Benedikt beklagte sodann ebenfalls die Schrecken des Kriegs und forderte die Völker auf, andere Mittel der Auseinandersetzung zu suchen. Zu den Gründen, unter denen die moderne Welt leide, zählte der Papst „das Erkalten der Liebe“ auf sowie die Weigerung, die Grundsätze der christlichen Lehre anzuerkennen und zu fördern, „die doch die sicherste Bürgschaft für die Festigung und den Bestand der staatlichen Ordnung tragen“.[12]

Léon Bloy, überzeugter Katholik, ebenso leidenschaftlicher wie aggressiver Schriftsteller und schroffer Gegner der Deutschen, sah in der Enzyklika des Papstes nur „erstaunliche Mittelmäßigkeit“ und „beispiellose Dürftigkeit“ mitsamt einer unverkennbaren Parteinahme für Deutschland.[13] „Sagt doch, wo das gute Recht ist“, forderte er den Papst auf, „und wo sich der Feind des Menschengeschlechts befindet. […] Die Kirche hat Euch zum

Papst erwählt. Seid es!“ Mindestens ebenso entschieden attackierten die französischen Antiklerikalen Benedikt. Sie sahen sich und die Dritte Republik angegriffen mitsamt der Union sacrée. Protestanten bezeichneten den Text als die Wiederholung falscher Lehre, „eingepackt in fromme Phrasen“[14] Erheblich zurückhaltender urteilten natürlich die französischen Bischöfe. Aber wirklich unterstützen konnten auch sie die päpstliche Stellungnahme nicht. Der Pariser Kardinal Amette interpretierte Benedikts Ruf zum Frieden als die Forderung eines „Friedens der Gerechtigkeit“. Andere Kleriker gingen weiter und sprachen von einem „Frieden der Gerechtigkeit nach dem Sieg unserer geliebten Soldaten“.[15] Ein französischer katholischer Theologe schrieb, allerdings anonym: Da Benedikt XV. den Krieg als einen vulgären Konflikt ehrgeiziger Machenschaften betrachtet, weigert er sich, die Verletzung der belgischen Neutralität als eine nicht wieder gutzumachende Schandtat anzusehen; er will nicht zugeben, dass die Entente mehr Ehrfurcht vor der Gerechtigkeit hat als die Kaiserlichen und dass die Kriegsmethoden Deutschlands verwerflicher sind als die seiner Gegner.[16] Schroff wiesen auch die Briten die Enzyklika zurück. Sie empörte ebenfalls, dass der Papst Deutschland nicht eindeutig verurteilt hatte. Ein anglikanischer Dekan proklamierte: „Ein Papsttum, das sich an den Pan-Germanismus verkauft hat, kann in Zukunft weder Glaubwürdigkeit noch Einfluss in Anspruch nehmen.“[17] Das war platt, aber kennzeichnend für die Stimmung.

Zu intensiven Diskussionen über die Möglichkeit eines Friedensschlusses kam es erst wieder in den letzten Tagen des Jahres 1916 und vollends in der zweiten Hälfte von 1917. Jetzt waren weniger christliche Motive die treibende Kraft, als vielmehr die allgemeine Kriegsmüdigkeit. Sie drängte auch politische Gruppierungen in verschiedenen Ländern zumindest zu Absichtserklärungen. Den Anfang machte am 12. Dezember 1916 ein deutsches Friedensangebot an die Entente, vermittelt durch die USA. Großbritannien und Frankreich wiesen die Initiative sogleich schroff zurück. Sie begriffen die Offerte als ein Zeichen der Schwäche Deutschlands und proklamierten nun erst recht die Forderung des Durchhaltens bis zum Sieg. Noch bevor diese Antwort vorlag, hatte der Präsident der USA, Woodrow Wilson, am 18. Dezember alle kriegführenden Mächte aufgefordert, ihre Kriegsziele und Friedensbedingungen zu nennen. Während Deutschland eher vage antwortete, legte die Entente einen langen Katalog von Forderungen vor, die von der Wiederherstellung Belgiens, Serbiens und Montenegros über die Rückgliederung von Elsass-Lothringen an Frankreich bis zur Auflösung der Habsburger Monarchie, der Vertreibung der Türken aus Europa sowie der Gewährung der Autonomie Polens im Rahmen des Russischen Reiches gingen.

Wilsons Proklamation eines Friedens ohne Sieger am 22. Januar 1917 löste folgerichtig in der Entente erhebliche Verärgerung und entschiedene Ablehnung aus. Ihren Repräsentanten erschien es unerträglich, mit den Mittelmächten auf eine Stufe gestellt zu werden. Einzelne in diesem Lager, die Wilson wohlgesinnt waren, urteilten, dass er es wohl gut meine, jedoch von den europäischen Verhältnissen nicht die geringste Ahnung habe!

Im April 1917 entstand in Deutschland die Unabhängige Sozialdemokratische Partei (USPD) neben der SPD. Sie forderte den sofortigen Friedensschluss mit Russland. Seit dem Sommer desselben Jahres mühte sich Österreich-Ungarn um einen Sonderfrieden. Am Treffen der **2. Sozialistischen Internationale** in Stockholm in derselben Zeit durften die Delegationen aus Großbritannien, Frankreich und den USA aufgrund des Verbots ihrer Regierungen nicht teilnehmen. Auch dadurch wurde eine entschiedene internationale Deklaration für den Frieden verhindert. In Deutschland blockierten innenpolitische Gegensätze die Wirkung der von der Mehrheit der Parteien getragenen Friedensresolution des Reichstags vom 19. Juli 1917. Gegen diesen Vorstoß setzte die politische Rechte sogleich die „Deutsche Vaterlandspartei", die sich als überparteilich bezeichnete und auch dadurch versuchte, die Masse der Bevölkerung zum Durchhalten bis zu einem „Siegfrieden" zu mobilisieren.

Zugleich liefen die von Papst Benedikt XV. vorangetriebenen Bemühungen um eine große Friedensinitiative.[18] Das Dokument war auf den 1. August 1917 datiert, also den dritten Jahrestag des Kriegsbeginns. Der Text war französisch konzipiert und wurde allen kriegführenden Staaten übersandt, die diplomatische Beziehungen zum Hl. Stuhl unterhielten. Weil Frankreich nicht dazugehörte, stellte der englische König Paris die Erklärung zu.

Benedikt unterstrich eingangs erneut seine Neutralität sowie sein vorbehaltloses Eintreten für den Frieden, d. h. „für einen gerechten und dauerhaften Frieden". Dazu wollte er konkrete, praktikable Vorschläge unterbreiten. Pointiert stellte er seinen Überlegungen voran: „An die Stelle der materiellen Gewalt der Waffen muss die moralische Macht des Rechts treten." Daraus folgte: Erforderlich war ein gerechter und dauerhafter Friede, der die Geltung des Rechts, eine allgemeine Abrüstung sowie die Anerkennung einer internationalen Schiedsgerichtsbarkeit umschloss. Reparationen hätten die kriegführenden Staaten nach Recht und Billigkeit aufzubringen. Sämtliche besetzten Gebiete müssten geräumt werden. Entscheidungen über territoriale Ansprüche zwischen Deutschland und Frankreich sowie Österreich und Italien wären „in friedlichem Geist“ zu fällen. Dasselbe sollte im Blick auf Armenien, die baltischen Staaten sowie Polen gelten.

Papst und Vatikan zeigten sich irritiert darüber, dass offiziell weder Großbritannien noch Frankreich und Italien vom Friedensappell Benedikts Kenntnis nahmen. Einzelne Engländer reagierten mit einem schroffen Nein. Insbesondere die Reaktionen aus Frankreich waren „generell feindlich“. Sie erschienen dem Vatikan „unbegreiflich“. Der Erzbischof von Paris, Amette, erklärte im Namen vieler Katholiken: „Wir können an keinen Frieden der Verständigung glauben.“ Außerdem benötige Frankreich hohe Reparationen für den Wiederaufbau und müsse schon deshalb unbeirrbar bis zum Sieg kämpfen. Diese Überzeugung überwog auch unter treuen Katholiken. Höchstens ein Sechstel der französischen Bischöfe billigte die päpstliche Stellungnahme.[19] Der Papst scheiterte jedoch nicht nur diplomatisch, sondern ebenso im Blick auf seine Vertrauenswürdigkeit. Allgemein sprach man in Frankreich von ihm als „papa boche“.[20] Doch in Deutschland standen Bischöfe wie z. B. Michael von Faulhaber der päpstlichen Friedensinitiative ebenfalls sehr kritisch gegenüber.[21] In Großbritannien und Italien warf man Benedikt XV. vor, dass er auf der Seite Deutschlands stehe und sich zudem mit den russischen Sozialisten verbündet habe.[22] Die bei Caporetto geschlagenen Italiener drehten diese Verleumdung dann um und brachten – wie berichtet – Hochrufe auf den Papst und Russland aus, weil beide Frieden forderten.

„Im Gedächtnismonat der Reformation“ verfassten 1917 fünf Berliner liberale Pfarrer eine Erklärung, in der sie allen Glaubensgenossen, ausdrücklich auch den Gegnern, die „Bruderhand“ reichten. Sie wünschten einen Frieden der Verständigung und Versöhnung, sagten der „unheilvollen Herrschaft von Lüge und Phrase“ in allen Lagern den Kampf an und verpflichteten sich schließlich, als Christen fortan mit aller Entschiedenheit gegen „den Krieg als Mittel der Auseinandersetzung unter den Völkern“ zu kämpfen.[23] Wenige Tage danach antworteten 160 Berliner Pfarrer ebenfalls öffentlich. Sie betonten zunächst, dass die Gegner, gerade auch die Christen unter ihnen, völlig anders als brüderlich redeten, nämlich feindselig, hasserfüllt und mit schamlosen Verleumdungen Deutschlands und der Deutschen. Sodann sei klar, dass Erklärungen wie diejenige der fünf Pfarrer – genauso wie die Friedensresolution des Reichstags – den Siegeswillen der Feinde bestärkten und mithin den Krieg verlängerten. Das bedeute: Jetzt gebe er „nur zweierlei für das deutsche Volk: Sieg oder Untergang!" Nach dem Sieg könne man über Versöhnung reden. „Einstweilen haben wir noch ein Recht zum heiligen Zorn. Dieses Recht haben uns die Feinde vor Gott und den Menschen in vollem Maße gegeben."

Offensichtlich verdichtete sich die Friedens- und Kriegszieldiskussion in der zweiten Hälfte des Jahres 1917. Hierbei handelte es sich in der Tat um den „Höhepunkt und Abschluss des europäischen Nachdenkens über sich selbst".[24] Unbestreitbar ist aber ebenfalls, dass die Politiker überall auf ihre herkömmlichen Vorstellungen fixiert blieben und sich deshalb unfähig zeigten, aus dem Teufelskreis des Krieges herauszufinden. Gleichzeitig muss man allerdings sehen, dass sie nun selbst Getriebene waren, bedrängt und unter Druck gesetzt durch die Mächtigkeit einer Propaganda, die sie nicht nur zugelassen, sondern massiv und bedingungslos gefördert hatten. Die Überzeugungen der Massen beherrschten jetzt in sämtlichen Lagern die Politik und unterwarfen die Politiker ihren Zielvorstellungen. Die Kirchen und die Mehrheit der Christen in den europäischen kriegführenden Ländern unterschieden sich davon nicht.

Söderblom versuchte ebenfalls seit dem Frühjahr 1917, eine Friedenskonferenz der Kirchen zu organisieren. Das gelang nur mit den neutralen Staaten im Dezember des Jahres. Dazu sogleich mehr. Der Plan einer um die kriegführenden Länder erweiterten Zusammenkunft kam nicht zustande. Es ist aufschlussreich zu lesen, mit welchen Argumenten führende kirchliche Repräsentanten die Teilnahme an einer solchen Konferenz ablehnten. Der Erzbischof von Canterbury, Randall Davidson, erklärte, eine solche Zusammenkunft habe nur Sinn, wenn an ihr neben Bevollmächtigten der Kirche von England auch Abgesandte des Papstes, ferner Vertreter Frankreichs, Italiens, Österreichs, Spaniens sowie der Vereinigten Staaten Amerikas teilnähmen und schließlich Persönlichkeiten aus den Orthodoxen Kirchen Russlands, des Osmanischen Reiches und Griechenlands.[25] Eduard Gruner, Präsident der Protestantischen Föderation Frankreichs, lehnte es ab, sich mit den Schuldigen am Krieg und dem Sterben französischer Soldaten, die ihr Vaterland verteidigten, an einen Tisch zu setzen. Und Charles S. Macfarland, Generalsekretär des Bundes der Christlichen Kirchen Amerikas, wollte in Übereinstimmung mit dem Empfinden seiner Landsleute nichts unternehmen, was den Eindruck erwecken könnte, man wolle die Zerschlagung des Militarismus behindern.

Unverkennbar gedachten auch die Kirchen im Lager der Entente, erst den weiteren Verlauf und dann das Ende des Krieges abzuwarten, das sich seit dem Kriegseintritt der USA im April 1917 zunehmend deutlich abzeichnete. Doch anlässlich der deutschen Niederlage äußerten Christen in England, Amerika und insbesondere in Frankreich erst recht schwerste Bedenken, sich mit den an allem Unheil schuldigen Deutschen an einen Tisch zu setzen.[26] Vordringlich sei die Bestrafung Deutschlands für seine Verbrechen.

Einen Erfolg erzielte dagegen die Kirchenkonferenz der Neutralen aus Dänemark und den Niederlanden, Norwegen, der Schweiz sowie Schweden im Dezember 1917. Die Verhandlungen waren deshalb erfolgreich, weil hier der sonst stets alles dominierende Nationalismus kaum eine Rolle spielte. Die Resolution der Tagung rückte das Faktum der in Christus geschenkten Gemeinschaft der Christen in den Mittelpunkt und leitete daraus die Forderung ab, „diese Einheit […] besser als bisher im Leben und in der Verkündigung" zu verwirklichen.[27] Die Kirchen sollten „das wache Gewissen des Volkes und der Völker sein". Das bedeutete: Stets wäre von den Kirchen das Einende gegenüber dem Trennenden hervorzuheben. Sie müssten „Mitverantwortung an der allgemeinen Meinung" übernehmen und sich bemühen, das „Recht anderer" im Denken, Reden und Handeln zu verstehen. Die Akzeptanz einer internationalen Schiedsgerichtsbarkeit wäre zu unterstützen und schließlich der Ausbau des internationalen Rechts „nach den Grundsätzen der Wahrheit, der Gerechtigkeit und der Liebe". Gemessen an diesem Maßstab müsse das Versagen der Kirchen demütig anerkannt werden. Insgesamt bestehe also die Pflicht, „eine solche Sinnesart christlicher Bruderliebe, Selbstzucht und gegenseitiger Gerechtigkeit hervorzubringen und zu pflegen". Auf dieser Basis konnten die protestantischen Kirchen nach dem Krieg – wie mühsam und beschwerlich auch immer – langsam wieder zueinander finden.

Für sämtliche **neutralen** Staaten gilt generell: Sie „traten nicht in den Krieg ein", aber der Krieg mitsamt seinen so umfassenden wie tiefgreifenden Auswirkungen „trat bei ihnen ein".[28]

Das zeigte sich auch bei den Bemühungen der Sozialisten in Schweden, Norwegen und Dänemark, als Neutrale für den Frieden zu wirken. Ihre Anstrengungen waren nicht weniger umfassend ausgerichtet als diejenigen Söderbloms und der skandinavischen Kirchen. Auch hier verhinderte der Ausbruch des Krieges den für den 9. August 1914 in Paris geplanten internationalen Friedenskongress der Sozialdemokraten.[29] Sie alle stimmten in der Ablehnung des Krieges überein, doch darüber hinaus vertraten sie verschiedene politische und ideologische Positionen. In der starken Gruppe der

Skandinavier votierten z. B. die Dänen für die Entente, nicht zuletzt aufgrund einer einflussreichen antideutschen nationalen Bewegung in Nordschleswig. Die Schweden dagegen waren deutschfreundlich und fürchteten Russland. Die Norweger schließlich neigten traditionell zu Großbritannien. Jetzt schlossen sie einen Burgfrieden, um möglichst pragmatisch zu agieren. Dabei gelang der Aufbau engerer Kontakte zu den Niederländern, während sich die Verbindungen zu den Schweizern schwieriger gestalteten. Immerhin kam am 27. September 1914 in Lugano eine Konferenz zustande, auf der sich die Sozialisten gegen den Krieg erklärten und für ihre internationale Solidarität. Doch die große Konferenz, an der auch Vertreter der kriegführenden Staaten teilnehmen sollten, kam nicht zustande. In Kopenhagen trafen sich am 17./18. Januar 1915 lediglich Delegierte aus Skandinavien und den Niederlanden, Der Däne Thorvald Stauning schlug in seiner Eröffnungsrede ausgesprochen gedämpfte Töne an: „Wir sind nicht im Stande, die Beendigung des Krieges herbeizuführen, aber wir fühlen uns im Stande dazu, die Wünsche unserer Klassengenossen auszudrücken, und sicherlich können wir unseren Beitrag dazu liefern, dass die Masse, welche unsere Anschauungen teilt, sich dieser Forderung anschließt." Lediglich ein Signal wollte die Konferenz setzen.

Das war natürlich letztlich unbefriedigend. Und die sich in den folgenden Wochen und Monaten anschließenden Gespräche und Verhandlungen halfen ebenso wenig weiter. Auf diesem Hintergrund fand vom 5. bis 8. September in Zimmerwald bei Bern eine Tagung statt, in deren Mittelpunkt der ideologische und politische Vorstoß der „Linken" stand: An die Stelle von Burgfrieden und der Berechtigung der Verteidigung des Vaterlands sollte der revolutionäre Klassenkampf treten. „Im Zimmerwalder Lager wurde die internationale, massenaktive Formierung der Parteien und ein klassenkämpferisches Friedensprogramm zur Beendigung des Krieges angestrebt und die Durchsetzung sowie Garantie der Friedensgrundsätze (wie z. B. Selbstbestimmungsrecht) kurativ, durch die soziale Revolution, erwartet."[30] Dieser u. a. von Lenin vertretene Kurs fand in Zimmerwald keine Mehrheit. Er spaltete jedoch die Konferenz in Gegner und Anhänger jener Konzeption. Letztere erhielten dann durch die russische Revolution Auftrieb. Zunächst unternahmen die Sozialdemokraten in den neutralen Ländern jedoch noch einmal einen Versuch, mit einer Konferenz in Den Haag vom 31. Juli bis zum 2. August 1916 ihre Parteigenossen in den kriegführenden Staaten zu gewinnen. Es sollte endlich etwas geschehen! Doch erneut erwiesen sich die nationalen Bindungen stärker als die internationale Solidarität.

Blickt man von dieser Entwicklung her auf die Vorgänge in der **Schweiz**, lässt sich dasselbe Mühen um die aktive Gestaltung der Neutralität beobachten.[31] Die politische Neutralität des Landes stand außer Frage. Doch zugleich erwies sich die Schweiz entlang der französisch-deutschen Sprachgrenze bis in die Kirchen hinein politisch und ideologisch zutiefst gespalten: Viele Schweizer engagierten sich lautstark und sogar begeistert für Frankreich oder Deutschland, die Katholiken immerhin für Österreich. Die Propaganda der kriegführenden Staaten verschärfte diese Gegensätze. Dagegen wandten sich zunehmend Politiker und Christen. Der reformierte Theologe, Sozialethiker und Ökumeniker Adolf Keller z. B. begriff die Schweizer Neutralität als eine christliche Aufgabe, nämlich den andere so zu sehen, wie er wirklich war und nicht, wie ihn die Gegner darstellten.[32] Daraus erwuchs für Keller die besondere Aufgabe der Kirchen in der Schweiz, zusammen mit vielen Gutwilligen für Versöhnung im internationalen Rahmen zu wirken. Zu denen, die der Ausbruch des Krieges mitsamt der hemmungslosen Vermischung von christlichem Glauben und Nationalismus zutiefst erschütterte, gehörte auch Karl Barth. Bei der Suche nach besseren, nämlich festen theologischen Grundlagen, war es die „Entdeckung der Bibel, die ihn in Atem hielt".[33] Zurückgezogen schrieb er seinen Kommentar zum Römerbrief, der dann nach dem Weltkrieg theologiegeschichtlich Furore machte.

Die Kriegsjahre brachten die weitreichende Integration der Katholiken in die Schweizer Gesellschaft. Seit 1917 wuchsen die wirtschaftlichen Schwierigkeiten und im Zusammenhang damit die Nöte der Bevölkerung mit Arbeitslosigkeit und partieller Verelendung. Am 11. November 1918 verkündeten die Sozialdemokraten einen „Aufruf an das arbeitende Volk der Schweiz", worin sie neben dem Wahlrecht für Frauen und allgemeiner Arbeitspflicht ein Volksheer sowie die Tilgung der Staatsschulden durch die Besitzenden forderten.[34] Vom 12. bis zum 15. November fand ein Landesstreik statt, begleitet von Unruhen und Ausschreitungen, dem Einsatz von Militär mit Toten und Verwundeten. Als Versuch einer Revolution lassen sich die Vorgänge kaum beschreiben, vielmehr als „eine aus materiellem Elend und sozialer Erbitterung genährte Explosion".[35]

Auch in den **Niederlanden** lebten die Menschen jahrelang im Schatten des Krieges, umgeben von einander erbittert bekämpfenden Staaten.[36] Zunächst herrschten auch hier Unruhe und Unsicherheit, zumal man stets eine Invasion seitens Deutschlands oder Großbritanniens befürchtete. Teile der Bevölkerung neigten ebenfalls zu dieser oder jener Seite, doch ein Burgfriede

(„Gottesfriede") stabilisierte die nationale Geschlossenheit. So nachdrücklich wie selbstbewusst traten die Niederländer nun für die Neutralität ihres Landes ein. Unabhängig von politischer Überzeugung und Konfession proklamierten sie „die Moralität der Neutralen im System großer Mächte als ein vermittelndes oder gar initiatorisches Ausgleichs- und Harmonisierungsinstrument".[37] Das war im politischen Alltag keineswegs immer leicht. 1917 bestanden z. B. die Deutschen auf größeren Lieferungen von Sand und Kies für den Bau von Bunkern in Belgien. Die Briten beschlagnahmten im März 1918 rund 130 niederländische Schiffe für Truppentransporte nach Frankreich. Mehr als ohnmächtige Proteste vermochten die Niederländer dem nicht entgegenzusetzen.

Im Innern des Landes musste knapp eine Million Flüchtlinge aus Belgien untergebracht und versorgt werden. Der Niedergang des Handels ließ die Zahl der Arbeitslosen emporschnellen. Es fehlte zunehmend an Kohle und Rohstoffen aller Art. Und je länger der Krieg dauerte, desto schwieriger gestaltete sich die Ernährung. Die Unzufriedenheit wuchs, auch über die dauerhaft große Zahl von Soldaten, die zur Sicherung der Grenzen eingezogen waren.

Der Krieg und das zunehmend sinnlose Sterben an den Fronten beunruhigten und erschütterten viele Menschen. Die christliche Moral war offenkundig zu schwach, um solche Exzesse zu verhindern. Oder hatten sich die Menschen einfach von Gott und seinen Geboten abgewandt? Darüber hinaus setzten Theologen – wie z. B. O. Noordmans oder Herman Bavinck – zu grundsätzlichen Fragen an, zu radikaler Konzentration auf die Bibel sowie das Erbe des Calvinismus.[38] Die Mehrheit der Pfarrer und ihre Gemeinden deckten solche bohrenden Fragen freilich eher zu. Eine andere Entwicklung fand in der niederländischen Christlichen Studentenvereinigung statt. Wesentlich gefördert durch den Theologen Hendrik Kraemer vollzogen hier junge Menschen eine bewusste Hinwendung zu gesellschaftlichen, politischen und internationalen Fragen.[39] Diese partielle Abkehr von der traditionellen erwecklichen Frömmigkeit, die auf das Seelenheil des einzelnen zielte, erlebten viele geradezu als eine Offenbarung.

Auch in den Niederlanden fand im November 1918 der Anflug einer Revolution statt. Angeregt durch die Vorgänge in Berlin rief der Sozialist Pieter Jolles Troelstra am 11. November in Rotterdam zum verschärften Klassenkampf auf. Am Tag darauf sollten die Sozialdemokraten die Macht übernehmen. Doch es blieb bei Wünschen und Worten – und einer lange andauernden politischen Diskreditierung der Sozialdemokratie.

Sehr bald nach dem Ausbruch des Kriegs wurden die Verbindungen zwischen dem Mutterland und **Niederländisch-Indien** (seit 1945: Indonesien) unterbrochen, so dass die Kolonie sich selbst überlassen war. Auch hier fühlte man sich von mächtigen Nachbarn bedroht: Von Japanern, Briten sowie den USA, die an der Jahrhundertwende die Philippinen annektiert hatten.[40] Es gab einige Unruhen während des Krieges, aber Aufstände der Indigenen mussten die Holländer nicht befürchten. Als sich nach 1915 Widerstand gegen die Einführung der Plantagenwirtschaft erhob, gab die Kolonialmacht sogleich nach. Wirtschaftlich vollzog sich eine keineswegs einfache Umorientierung von Europa zu den USA. Die große Mehrheit der Indonesier gehörte zum Islam, Christen bildeten eine kleine Minderheit. Obwohl die Niederländer das Christentum und insbesondere den Protestantismus prinzipiell förderten, behinderten sie nach Kräften die Mission in islamischen Regionen, um Unruhen und Aufständen vorzubeugen. Die fehlende Verbindung zu den Missionsgesellschaften in Europa machte sich bald personell und finanziell bemerkbar, so dass die Autorität der Missionare in der Öffentlichkeit sich in klaren Grenzen hielt.

Innerhalb der Kirche nahmen sie jedoch unangefochten die beherrschende Stellung ein.[41] Indigene Christen bekleideten durchgängig nur untergeordnete Positionen. Schüchterne Versuche, diesen Zustand zu ändern, scheiterten schnell, nicht zuletzt an der Gleichgültigkeit vieler indonesischer Christen. Als Volkskirche entstand auf der Insel Nias eine eigene Kirche, die seit 1916 durch eine schnell sich ausbreitende Erweckungsbewegung Gestalt gewann, sowie im Norden Sumatras die Batak-Kirche.[42] Beide griffen tief in das individuelle und soziale Leben der Bevölkerung ein. Man kann diesen Vorgang als eine spezifische Amalgamierung bezeichnen, so dass man „ebenso sehr von einer Christianisierung der Batak wie von einer Batakisierung des Christentums sprechen kann“.[43] Zentrale Bedeutung besaß jedoch hier wie da eine erweckliche Kirchlichkeit, die sich zunächst von der Politik betont fern hielt.

Doch insgesamt lässt sich auch in Niederländisch-Indien im Verlauf des Krieges ein zwar langsamer, aber nichtsdestoweniger unübersehbarer Wandel in der Zeit von 1914 bis 1918 konstatieren. Seit 1917 wuchs die Kritik an der holländischen Kolonialmacht, deutlich gefördert wieder durch die russische Revolution. 1918 waren lautere, selbstbewusstere Stimmen von Nationalisten, Muslimen und linken Sozialisten zu hören, die auf eine Autonomie Niederländisch-Indiens zielten. Seit 1920 existierte die Indonesische Kommunistische Partei.

Zu den wenigen Staaten, die in Europa im Weltkrieg neutral blieben, gehörte **Spanien.**[44] Die führenden Kreise der Gesellschaft betrachteten diese Haltung als moralisch überlegen, allerdings auch nützlich im Blick auf künftige Friedensgespräche. Doch abgesehen von dieser Grundeinstellung tobte ein regelrechter „Bürgerkrieg der Worte", für welche Seite Spanien Partei ergreifen sollte. Während die politische und intellektuelle Führungsschicht mitsamt dem katholischen Klerus für die Mittelmächte eintrat, neigte die linksliberale Mehrheit zur Entente. Doch dabei handelte es sich weniger um politische Einsichten als vielmehr oft genug um Wunschvorstellungen. Dazu gehörte etwa die Aversion des Klerus gegen das gottlose Frankreich und die Hoffnung, dass der Sieger für das göttliche Recht und die „Wiederherstellung der weltlichen Machtstellung des Papstes" eintreten werde.[45] Die enormen ökonomischen Probleme, die der Krieg mit der Zerstörung der internationalen Wirtschaftsordnung auch Spanien brachte, bewirkten und steigerten Arbeitslosigkeit, Not und Elend in der Bevölkerung. Unruhen, Aufbegehren, Streiks und Aufstände rissen deshalb nicht ab. Sie nahmen zu, seitdem Nachrichten von der russischen Revolution Spanien erreichten. Bei alledem handelte es sich um den Prozess einer Schritt um Schritt und dann unaufhaltsam voranschreitenden Bewegung von der zunächst passiven und unterwürfigen Haltung der Bevölkerung hin zu politischem Erwachen und ideologisch dominierter Militanz. Die Armee mitsamt der katholischen Kirche, die Recht und Ordnung propagierten, bildeten schließlich die entscheidenden Größen im Staat. Sie füllten das seit Ende 1917 in Spanien existierende politische Machtvakuum weitgehend mit Gewalt. Das Elend der Bevölkerung wurde durch den hiermit faktisch verbundenen Verzicht auf Reformen allerdings nicht gemildert. Davon profitierten linkssozialistische Organisationen mitsamt dem Kommunismus.

Blickt man von dieser Entwicklung auf **Lateinamerika** und die dortigen Staaten, lässt sich – unabhängig von den hier begegnenden Eigenarten und Unterschieden – generell festhalten, dass sie alle Leidtragende des Einsturzes der weltwirtschaftlichen Verbindungen waren.[46] Absatzkrisen aufgrund des Verlustes der europäischen Märkte sowie der Zusammenbruch des Kreditwesens ließen auch hier die Zahl der Arbeitslosen in die Höhe schießen. Auch hier zeigten sich Elend und Not, insbesondere im städtischen Proletariat. Nur mühsam und begrenzt gelangen der Aufbau eigener Industrien sowie die Umstellung des Exports auf ökonomische Bedürfnisse der Entente. Die USA waren die großen Gewinner dieser Entwicklung. Fortan bildeten sie nicht nur wirtschaftlich das beherrschende Zentrum Lateinamerikas. Der Krieg beförderte aber ebenso sehr die Herausbildung nationaler Identitäten mitsamt der Abkehr von der bisherigen Orientierung an Europa. Im Vordergrund der Probleme stand dann die soziale Frage. Und beträchtliche Teile der Bevölkerung zeigten sich zunehmend wenig bereit, die von der katholischen Kirche gestützte Herrschaft der traditionellen Eliten hinzunehmen. Unruhen, Proteste, Tumulte und auch Aufstände häuften sich, vor allem seit 1917. Den Höhepunkt bildeten 1919 Generalstreiks in mehreren lateinamerikanischen Ländern. Der Weltkrieg brachte wenig neue Ideen. Es herrschte das Gegeneinander von einerseits politisierten Massen der unteren Schichten und andererseits der Herrschenden, die ihre Position mit rücksichtsloser Gewaltanwendung verteidigten. Diese Situation radikalisierte die Menschen und verschärfte zunehmend die Fronten.

Die Zuspitzung der Gegensätze lässt sich in **Mexiko** beobachten. Der große Reichtum der katholischen Kirche und ihre Machtfülle förderten einen militanten Antiklerikalismus, der im Namen von Fortschritt, Liberalität und Modernisierung die radikale Trennung des Staates von der Kirche und deren Enteignung forderte.[47] „Der Klerus [erscheint] als der grausamste und hartnäckigste Feind unserer Freiheiten", hieß es zur Erziehung in Artikel 3 der Verfassung von 1917. Solche radikalen Bestimmungen blieben allerdings weitgehend papierne Vorschriften, weil die Ausführungsbestimmungen fehlten sowie die politische Macht, um diese Artikel durchzusetzen. Seit 1910 herrschten in Mexiko revolutionäre Zustände. In breiten Schichten der Bevölkerung blieb die katholische Kirche jedoch unangefochten tief und fest verankert. Politisch und militärisch erwiesen sich die wechselnden Regierungen als zu schwach, um dem Ausgreifen der Vereinigten Staaten von Amerika Widerstand zu leisten. Im März 1916 starteten diese eine Monate lang andauernde militärische Strafexpedition gegen eine mexikanische Bürgerkriegspartei. In dieser Situation wurde ein Telegramm bekannt, das der Unterstaatssekretär im Auswärtigen Amt in Berlin, Arthur Zimmermann, am 16. Januar 1917 an den deutschen Gesandten in Mexiko geschickt hatte: Für den Fall, dass die USA Deutschland den Krieg erklärten, sollte der mexikanische Präsident seinerseits den USA den Krieg erklären, um die verlorenen Gebiete Texas, Arizona sowie Neu-Mexiko zurückzugewinnen.[48] Deutsche Hilfe dafür wurde vorsichtig zugesagt. Außerdem wäre es gut, Japan für ein solches Bündnis zu gewinnen. Das alles war reine Phantasie. Doch die Briten entschlüsselten den Text und übermittelten ihn den USA, um deren Eintritt in den Krieg zu erreichen. Das gelang. Am 1. März 1917 veröffentlichten die großen amerikanischen Zeitungen das Zimmermann-Telegramm. Die Folge waren Entrüstung und Empörung in den USA mitsamt der deutlich gewachsenen Bereitschaft, gegen Deutschland Krieg zu führen.

Der Weltkrieg betraf und bewegte offenkundig auch die vielgestaltigen Bereiche der neutralen Staaten. Dass er auch für sie einen tiefen Einschnitt bedeutete, eine Zäsur oder Wasserscheide bzw. den Beginn einer neuen Ära, blieb vielen Zeitgenossen vielleicht verborgen. Doch im Rückblick tritt diese Tatsache in politischer und ökonomischer Hinsicht deutlich zutage, nicht weniger im geistigen und kulturellen Bereich. Das gilt in der Tat weit über Europa hinaus. Der Erste Weltkrieg und darin die russische Revolution „stellen dann einen weiteren wichtigen Einschnitt in der Geschichte des asiatischen [und nicht zuletzt des afrikanischen, aber auch des lateinamerikanischen, MD] Erwachens dar“.[49]

1 K.-C. Epting, Erste internationale, 1988; Ch. Stache, Pazifismus, 1990.

2 R. Rouse / St. Ch. Neill, Geschichte, Teil 2, 1958, 142.

3 Der Text des Briefes und die Antwort vom 15.9.1914 bei L. Gambarotto, Foi, 1996, 439–445.

4 Hierzu und zum Folgenden: D. Lange (Hg.), Nathan, 2006, bes. 142–164.

5 Ebd., 143.

6 Ebd., 144. Dort auch die folgenden Zitate: 162f. (27.3.1915); 146f. (11.9.1914); 152f. (14.10.1914).

7 Ebd., 162–164.

8 Ebd., 146f. (11.9.1914).

9 Ebd., 152–154 (14.10.1914); 157f. (31.10.1914).

10 Ebd., 147 (24.9.1914).

11 Ausführlich hierzu und zum Folgenden J. Fontana, Attitude, 1973, 6. Das folgende Zitat 324f.

12 Zit. bei J.-M. Mayeur (Hg.), Erster, 1992, 384.

13 Zit. bei J. Fontana, Attitude, 1973, 331. Das folgende Zitat ebd., 334.

14 Zit. bei. P. J. Flood, France, 1990, 98f. Vgl. auch L. Gambarotto, Foi, 1996, 102f.

15 Zit. bei J. Fontana, Attitude, 1973, 350f.

16 Zit. bei J.-M. Mayeur (Hg.), Erster, 1992, 383, Anm. 25.

17 Vgl. dazu A. Marrin, Last Crusade, 1974, 221–237. Dort auch die Belege für die folgenden Ausführungen.

18 G. Schwaiger, Benedikt XV., 1985; J.-M. Mayeur, Catholiques, 1993.Vgl. auch J. Fontana, Attitude, 1973, bes. 386–418.

19 J. Fontana, Attitude, 1973, 393f.

20 G. Hirschfeld / G. Krumeich, Kulturgeschichte, 2010, 48.

21 Vgl. J. Klier, Kriegspredigt, 1991, 201f.
22 A. Marrin, Last Crusade, 1974, 227. Die folgenden Zitate bei M. Thompson, White War, 2008, 312.
23 Dazu und zur Antwort M. Greschat / H.-W. Krumwiede (Hg.), Zeitalter, 1999, 9f.
24 M. Salewski, Erster Weltkrieg, 2004, 258.
25 D. Lange (Hg.), Nathan, 2006, 189f. Die folgenden Zitate ebd., 191f. und 202f.
26 Vgl. dazu die Schreiben bei D. Lange (Hg.), Nathan, 2006, vom 26.2.1918 (193f.), 4.6.1918 (202), 25.11.1918 (213f.) oder 30.11.1918 (217f.).
27 Aufruf der Kirchenkonferenz der Neutralen. In: M. Greschat / H.-W. Krumwiede (Hg.), Zeitalter, 1999, 7–9.
28 F. J. R. Salvadó, Spain, 1999, IX.
29 M. Graß, Friedensaktivität, 1975. Zitat 131.
30 Zit. ebd., 224.
31 Allgemein: J. Ruchti, Geschichte. 2 Bde., 1928–1930.
32 M. Jehle-Wildberger, Adolf Keller, 2008, bes. 101–131.
33 E. Busch, Karl Barth, 1975, 111. Vgl. auch den Zusammenhang ebd., 93–122.
34 Vgl. J. Ruchti I, 1928, 439f.
35 L. Vischer, Ökumenische Kirchengeschichte, 1994, 262.
36 Vgl. M. Abbenhuis, Art, 2006; F. Wielenga, Nederland, 2009.
37 H. Lademacher, Geschichte, 1983, 305.
38 Vgl. dazu J. S. Reinders, Macht, 1987; M. E. Brinkman, De gevolgen, 1987.
39 H. C. Endedijk, Gereformeerde, Teil I, 1990; A. J. v. d. Berg, Nederlandse, 1991.
40 Ausführlich dazu K. v. Dijk, Nederlands, 2007.
41 Th. Müller-Krüger, Protestantismus, 1968.
42 Vgl. dazu J. R. Hutauruk, Batakkirche, 1980.
43 Th. Müller-Krüger, Protestantismus, 1968, 268.
44 Vgl. als Überblick F. J. R. Salvadó, Spain, 1999, Zitat ebd., 9f.
45 Zit. ebd., 11.
46 Überblicke bei B. Albert, South America, 1988; E. Dussel (Hg.), Church, 1992.
47 P. Ch. Stanchina, Verhältnis, 1978. Das folgende Zitat ebd., 11.
48 M. Nassua, Gemeinsame, 1992.
49 Th. Müller-Krüger, Protestantismus, 1968, 77.

5 Der Kriegseintritt der USA

Am 1. Februar 1917 verkündete das Deutsche Reich, es werde fortan einen uneingeschränkten U-Boot-Krieg führen. Diese Mitteilung weckte insbesondere in den USA Erbitterung, Zorn und Wut, erinnerte man sich hier doch noch gut an die Versenkung des britischen Dampfers Lusitania am 7. Mai 1915, wobei rund 1200 Menschen den Tod gefunden hatten. Wie kein anderes Ereignis im Krieg schien dieser Vorgang die unmenschliche Brutalität der Deutschen zu belegen. Damals erklärte ein führender amerikanischer Politiker: „Wir fordern die Nationen der Welt auf, sich mit uns zu vereinen im Widerstand gegen diese Nation, die das internationale Gesetz und die Menschenrechte unter die Füße treten. Wir müssen die Saat der internationalen Bruderschaft mit Schwertern auf unserer Seite aufrichten."[1] 1915 war Berlin angesichts dieser Empörung zurückgewichen. Nun kam die deutsche Führung auf dieses Projekt zurück, beherrscht von einer unvorstellbaren Unterschätzung des amerikanischen Wirtschafts- und Kriegspotentials.

Der Ruf nach Gerechtigkeit und die Forderung ihrer internationalen Durchsetzung dominierten seitdem in den Erklärungen und Stellungnahmen der Außenpolitik der USA.[2] Unmittelbar nach der deutschen Ankündigung zum U-Boot-Krieg wurde das Zimmermann-Telegramm bekannt. Es steigerte in weiten Teilen der amerikanischen Bevölkerung Entrüstung und Abscheu gegenüber den Deutschen. Pfarrer und Prediger verschiedener Denominationen brachten die Thematik auf die Kanzeln. Jetzt sei es an der Zeit, „zwischen Finsternis und Licht die Wahl zu treffen, zwischen Tyrannei oder Freiheit, Verrat oder Gerechtigkeit, Grausamkeit oder Mitleid", erfuhren die Gemeinden.[3] Ähnliche Stimmen wurden an vielen Orten im ganzen Land laut. Gleichzeitig wandten sich Geistliche und Politiker an Wilson, den Präsidenten der USA, und forderten ihn auf, Deutschland den Krieg zu erklären. „Ich glaube fest daran, dass es Gottes Wille ist, dass Amerika diesen transzendenten Dienst für die Menschheit in der ganzen Welt tut, und dass Sie sein auserwähltes Instrument sind."[4] Die Mehrheit des liberalen Protestantismus sowie die Politiker in diesem Umfeld hatten Deutschland längst den Krieg erklärt, bevor Wilson diesen Schritt am Karfreitag, dem 6. April 1917, tat.

Der Präsident hatte bewusst gezögert. Er stand, ebenso wie politisch und religiös einflussreiche Kreise in den USA, mental trotz der proklamierten Neutralität Amerikas seit dem Ausbruch des Weltkriegs aus Überzeugung und mit vielfachen Hilfeleistungen auf der Seite der Entente und insbesondere Großbritanniens. Der aggressive deutsche Militarismus, die Verletzung der belgischen Neutralität oder eben der U-Boot-Krieg galten lange vor dem Kriegseintritt der USA als barbarische Anschläge auf Gerechtigkeit, Moral und Humanität. Aber Wilson wusste auch, welche brutalen Leidenschaften, bis hin zur Hysterie, die Kriegserklärung in den USA auslösen würde. „Einmal in den Krieg geführt, wird dieses Volk vergessen, dass es jemals so etwas wie Toleranz gab. Um kämpfen zu können, muss man brutal und rücksichtslos sein, und der Geist rücksichtsloser Brutalität wird in jede Faser unseres nationalen Lebens eindringen, er wird den Kongress infizieren, die Gerichte, den Streifenpolizisten und den Mann auf der Straße, Konformität wird die einzige Tugend sein, und jeder, der sich der Konformität verweigert, wird den Preis dafür zahlen.“[5] Das war keineswegs nur eine moralische, sondern eine ausgesprochen politische Überlegung. Die amerikanische Gesellschaft war höchst heterogen. Die verschiedenen Volksgruppen äußerten sich dementsprechend 1914 zunächst ganz im Sinn ihrer früheren Heimatländer. Doch für die Millionen Deutschstämmigen, die erst in der ersten oder zweiten Generation in den USA lebten, wurde die Situation nun zunehmend schwierig. Vollends seit dem April 1917 schwoll die feindliche Stimmung ihnen gegenüber zu einem lauten, wütenden, auch hasserfüllten Chor an.

Es war dann in Amerika im wesentlichen dasselbe Bild wie in Europa beim Ausbruch des Krieges: Es galt zunächst, die größtmögliche Einigkeit und Geschlossenheit über alle Unterschiede und Gegensätze hinweg herzustellen. Die Amerikanisierung der Gesellschaft erschien als das vordringliche Ziel, das möglichst radikal und umfassend zu verwirklichen war. Das zu diesem Zweck gegründete „Komitee für öffentliche Information“ leistete sogleich ganze Arbeit. Es überschwemmte die Bevölkerung mit Unmassen von Zeitschriften und Magazinen, Annoncen, Plakaten, Postern, mit Filmen, Paraden, Umzügen, Konferenzen und insbesondere öffentlichen Selbstverpflichtungen, mitzuwirken am Krieg gegen das Deutsche Kaiserreich. Das erklärte Ziel war, die amerikanische Bevölkerung zu „einer weißglühenden Masse“ aus „Brüderlichkeit, Hingabe und unvergänglicher

Entschlossenheit" zusammenzuschweißen.[6] Zögernde oder Widerstrebende wurden von aufgebrachten Nationalisten beschimpft, verprügelt, aus ihren Häusern verjagt.[7] Kriegsdienstverweigerer misshandelte man systematisch in Arbeitslagern. Die Justiz stand uneingeschränkt auf der Seite jener Aktivisten.

Unverhältnismäßig hohe Strafen schüchterten ein. Ein Mann, der sich z. B. weigerte, die amerikanische Flagge zu küssen, wurde zur Zahlung von 500 Dollar und einer langjährigen Freiheitsstrafe verurteilt! Besonderem Druck waren Amerikaner deutscher Abstammung ausgesetzt. Der Staat erklärte sie zu „feindlichen Ausländern". Sie durften sich nur innerhalb festgelegter Grenzen bewegen und mussten sich bei den örtlichen Polizeistellen registrieren lassen. Radikale Gruppen wollten den Gegner rücksichtslos im eigenen Land bekämpfen. Dazu gehörte das militante Vorgehen gegen die deutsche Sprache, die „Hunnensprache". Gewalttaten häuften sich. Im April wurde erstmals ein Deutscher gelyncht. Zu Recht hat man „von einer Brutalisierung der amerikanischen Gesellschaft seit dem Sommer 1917" gesprochen. Es versteht sich, dass viele Deutschstämmige jetzt ihren Namen sowie ihre Geschäftsadresse veränderten und sich nach Kräften bemühten, ihre Herkunft zuzudecken. So wurde z. B. aus dem „Deutschen Männerchor in Chicago" der „Lincoln Club" aus „East Germantown" in Indiana „Pershing", nach dem amerikanischen General an der Westfront, und so fort. Statt vom „Hamburger" sprach man vom „Freiheitssteak" und Sauerkraut sollte „Freiheitskohl" heißen. Auch wenn manche dieser Auswüchse nicht von Dauer waren, brachen jetzt nichtsdestoweniger die deutsche Kultur in den USA zusammen mitsamt dem deutschen Einfluss auf die amerikanische Gesellschaft.

Daran bestand kein Zweifel: die USA führten einen gerechten Krieg. Deshalb konnten ihn auch die Römischen Katholiken engagiert und aus vollem Herzen unterstützen, von den Bischöfen angefangen bis hin zu vielerlei Organisationen und schließlich den Pfarrgemeinden.[8] Die führende Persönlichkeit dieses amerikanischen Katholizismus und ihr weithin anerkannter Sprecher war der Kardinal von Baltimore, James Gibbons. Bei der betonten Hervorhebung seines amerikanischen Nationalbewusstseins verfolgte er auch das Ziel der Einbürgerung und Gleichberechtigung dieses Katholizismus in die Gesellschaft der USA. 1914, als der Krieg begann, war er nachdrücklich für die Neutralität seines Landes eingetreten. Das änderte sich 1917. Nun befanden sich die USA nach dem Urteil des Kardinals in einem „eminent gerechten Krieg". Zwar könne es unter Umständen rechtens sein, gegen Gesetze zu protestieren, die man als ungerecht empfinde. Doch nun, seit dem Eintritt der USA in den Krieg, sei ein solches Verhalten „absolut kriminell“. Nachdem wir uns im Krieg befinden, „ist es eine Angelegenheit von Leben und Tod, dass unser Land gewinnt“.[9] Und die Voraussetzung dafür bilde die geschlossene Einheit der Nation.

Zur nationalen Einigung und Geschlossenheit gehörte auch in den USA als Kehrseite die Herabwürdigung, Aburteilung und Dämonisierung des Gegners. Er verkörperte das Böse schlechthin. Politiker und Theologen attackierten die deutsche Autokratie mitsamt dem Militarismus als die Wurzel alles Übels. Denn daraus erwüchsen Selbstsucht, Lust an Betrügereien und Eroberungen sowie insgesamt moralischer Niedergang. Die Deutschen hießen Räuber, Verbrecher, Werwölfe. Der amerikanische Präsident Wilson nannte den deutschen Nationalismus „wölfisch“ und konstatierte die „moralische Degeneration der gesamten deutschen Bevölkerung“.[10] Sie stellten eine weltweite geistige und sittliche Bedrohung dar, weil sie sämtliche Werte des Fortschritts und der Humanität mit Füßen traten. Eine ausgesprochen manichäische Weltsicht war die Folge: Der Leben spendenden Fülle des Lichts stand eine grausame, tödliche Finsternis gegenüber. Der britische Historiker Herbert Butterfield hatte bereits 1914 in seinem Essay „Der Krieg für Gerechtigkeit“ den Ton angeschlagen, der nun breitenwirksam auch von protestantischen Christen aufgenommen und verbreitet wurde: „dieser unser Feind ist schlimmer als der Rest der menschlichen Natur, und seine Niedertracht erfordert völlige Vernichtung“.[11] Es ging um einen betont religiösen Krieg, der ebenso abstrakt wie total war: „Demokratie gegen Autokratie, christliche Zivilisation gegen heidnische Barbarei, Gut gegen Böse“. Wenn man dabei die zutiefst religiöse Note nicht beachtet, „verfehlt man den Schlüssel für das Verständnis der Art und Weise, in der viele Amerikaner das Weltgeschehen verstanden“. Sie führten einen Kreuzzug gegen das teuflische Deutschland. „Amerika war rein, opferbereit und Beförderer der weltweiten Erlösung, Deutschland dagegen korrupt, egoistisch, heidnisch, verschiedentlich dargestellt als blutsaugender Barbar, behelmter Gorilla, Exporteur einer kriegsverrückten ‚Kultur‘ und der wild entschlossene Antichrist der Weltbeherrschung“.[12] Die breit ausgemalten deutschen Gräueltaten in Belgien fanden sich selbst in seriösen, ehemals pazifistischen Blättern, wie etwa dem protestantischen „Christlichen Jahrhundert“ (Christian Century). Und vor einem riesigen Auditorium in New York verkündete der berühmte Erweckungsprediger Billy Sunday im April 1917, dass Deutschland auf der Straße, die zur Hölle führe, noch wirksamer und schlimmer sei als Alkohol![13] Sodann erklärte er: „Hei' Jesus, du hast ein Volk wie dieses in die Verdammnis geführt.[...] Wenn man die Hölle auf den Kopf stellen könnte, würde man eingestanzt auf ihrem Boden finden ‚Made in Germany'." Kaiser Wilhelm II. war natürlich mit dem Teufel im Bund. Den Massen seiner Zuhörer rief Sunday zu, sie sollten sich bekehren und „Karten mit dem Versprechen für Jesus" unterzeichnen. Denn in diesen Tagen seien alle entweder Patrioten oder Verräter an ihrem Land und der Sache Jesu Christi. Und weiter: „Welches Grab ist tief genug, um diesen tausendfüßigen, mit tausend Giftzähnen ausgerüsteten Dämon einzuschließen? Dies sei seine Grabschrift: Hier liegt der preußische Militarismus, ein Gesetzloser und Mörder."

Sicherlich lassen sich solche Äußerungen nicht unbedingt verallgemeinern. Doch um Ausnahmen handelte es sich eben auch nicht. Gewiss, der „Bundesrat der Christlichen Kirchen in Amerika" veranstaltete am 8. Mai 1917 eine große Tagung in Washington, um die Haltung des Protestantismus im Krieg darzulegen. Dazu hieß es: „Wir sind sowohl Christen als auch Bürger. Wir tragen daher eine doppelte Verantwortung. Wir schulden es unserem Land, unser Erbe der Freiheit und Demokratie intakt zu halten und es unseren Nachkommen ungemindert zu übergeben. Darüber hinaus und daneben müssen wir aber auch unserem göttlichen Herrn gegenüber treu sein, der sein Leben zur Erlösung der Welt gab und dessen liebender Sinn jeden Menschen und jede Nation umfasst."[14] Doch diese Feststellung ließ natürlich sehr unterschiedliche Akzentuierungen und Auslegungen zu.

Bemerkenswert ist, dass die abstrakten Verteufelungen Deutschlands „bis in die Formulierungen hinein" den Verdammungen entsprachen, die der Süden und Norden im amerikanischen Bürgerkrieg einander entgegengeschleudert hatten. Nun richteten sie sich gegen den äußeren Feind.[15] Hierin spiegelt sich einmal mehr die Neigung der amerikanischen Bevölkerung, zu einerseits abstrakt manichäischen und andererseits zutiefst religiös aufgeladenen Verabsolutierungen.

In welchem Ausmaß diese Mentalität die Soldaten prägte oder beeinflusste, steht dahin. Auch in der amerikanischen Armee gab es sämtliche Formen von Gläubigkeit, Aberglauben und Zweifel.[16] Von einem christlichen Geist im Heer konnte keine Rede sein. Religion galt weithin als Schwäche, der Besuch einer Kneipe sinnvoller als der Gang in die Kirche. Hohn und Spott trafen häufig evangelikale Christen. Ihren Glauben bezeichnete man gern als Heuchelei. Schlecht angesehen waren in der Regel die Mitglieder des amerikanischen CVJM – im Unterschied zum britischen. Die Tatsache, dass diese Organisation ehrlich und aktiv mit kirchlicher und politischer Unterstützung wirkte, wurde oft als Aufdringlichkeit empfunden, ihr religiöser Eifer als unglaubwürdiges Muckertum. Dazu gehörte das Vorurteil, dass diese jungen Männer sich keinen Gefahren aussetzten, nur weit hinter der Front zu finden seien und in den Kantinen dort vor allem Geschäfte machen wollten.

Breite Kreise der amerikanischen Gesellschaft lebten in der Überzeugung, dass Gott die Vereinigten Staaten von Amerika mit einer besonderen Sendung beauftragt habe. Diese Auffassung hatte eine lange theologische und politische Tradition.[17] Um 1900 war sie durch den liberalen amerikanischen Protestantismus modernisiert und weit über diese Kreise hinaus verbreitet worden.[18] Humanität, Fortschritt und weltweiter Friede bildeten wichtige Inhalte einer konkreten Vision, die auf die Errichtung des Reiches Gottes auf Erden zielte. Das Heil sollte mithin innerweltlich realisiert werden, dergestalt, dass der Geist Christi die Gesellschaft umfassend durchdringen würde. Nur auf diese Weise – so lautete die selbstbewusste Überzeugung – könne das Christentum in der Moderne überleben. „Die alte Botschaft der individuellen Erlösung muss ausgeweitet werden […], so dass die sich herausbildende städtische und industrielle Ordnung vertretbar ist." Dafür war Einsatz, war Dienst geboten: mit dem Ziel der Durchsetzung von Gerechtigkeit auf der nationalen ebenso wie auf der internationalen Ebene. Den Anfang hierzu sollte ein verändertes, auf die Praxis konzentriertes Christentum bilden. Von den großen Universitäten Yale, Harvard, Union New York und Divinity School in Chicago bis hinunter zu den Colleges wären Ausbildung und Erziehung auf diese Aufgabe auszurichten. „Dienst ist der theologischen Orthodoxie überlegen!" Unbedingt war der Staat für dieses Ziel einzuspannen. Metaphern wie „Krieg" und „Kreuzzug" gehörten dann zum Einsatz für die Errichtung des Reiches Gottes. Jesus wollte den Krieg zu diesem Zweck, hieß es.[19] Und die USA erfüllten diese Mission, leisteten den Dienst für die Welt. Ihre Soldaten gaben dafür ihr Leben – wie Jesus Christus. Natürlich stand Jesus auf der Seite der USA. Um solche Werte und Zielsetzungen nicht nur zu verteidigen, sondern weltweit durchzusetzen, führte Amerika Krieg.

Vor diesem Hintergrund werden die steilen politisch-religiösen Stellungnahmen und Erklärungen verständlicher, die jetzt in den USA Verbreitung fanden – z. B., dass sie allein in der Lage wären, der Menschheit die richtigen Wege zu weisen. Im Bunde mit Gott und dem Fortschritt verkörperte Amerika Demokratie und Zivilisation und ermöglichte weltweit Sittlichkeit und Moral, Frieden und Freiheit. Nach Gottes Willen und Bestimmung überragte die amerikanische Nation alle anderen in der Geschichte der Menschheit. Sie bildete „ein Instrument in den Händen Gottes, um dafür Sorge zu tragen, dass Freiheit für die Menschen sicher“ würde.[20] Es war die Aufgabe der USA, „niemals zuvor so deutlich gesehene Lichter“ in die Welt zu setzen, um den Menschen „Lichter der Freiheit, der Prinzipientreue und Gerechtigkeit“ zu schenken. Amerika wirkte mithin als Anwalt der Menschlichkeit und der Menschenrechte. Dieser herausgehobenen Begabung korrespondierte allerdings die Pflicht zum Dienst, also dafür nicht nur öffentlich einzutreten, sondern als „Anwalt der Freiheit auf der ganzen Welt“ zu wirken. Und dafür würden alle Völker den USA danken, denn – so hieß es – „alle Nationen setzten ein absolut fragloses Vertrauen auf Amerika“ und folgten gern dieser Leitung. Folgerichtig erschien es undenkbar, dass einzelne Länder im Krieg gegen Deutschland in diesem weltweiten Ringen für die Durchsetzung des Wahren und Guten abseits stehen könnten. Am 4. Februar 1917 forderte der amerikanische Präsident die Schweiz auf, nicht länger neutral zu bleiben, sondern zur Förderung „der Sache des Weltfriedens“ den Mittelmächten den Krieg zu erklären.[21] Der 1888 geborene presbyterianische Laienprediger, Wirtschaftsjurist und spätere Außenminister der USA, John Foster Dulles erklärte rückblickend: „Wir wurden in dem Glauben groß, dass die Vereinigten Staaten und nur die Vereinigten Staaten der Menschheit den Weg weisen zu einem besseren und reicheren Leben. Diese Mission stand uns immer vor Augen. […] Weltmission war für uns ein Hauptthema.“[22]

Dieses Bestreben wurde nicht nur proklamiert, sondern so zielbewusst wie umfassend zu realisieren versucht. Daher spielten der Aufbau und die Verstärkung eines internationalen moralischen, religiösen, aber eben auch politischen Netzwerks eine zentrale Rolle.[23] Trotz beträchtlicher Unterschiede im Blick auf Religiosität, politische Überzeugung und persönliche Eigenart förderten sämtliche amerikanischen Präsidenten nach 1900 – von William McKinley über Theodore Roosevelt und William H. Taft bis zu Woodrow Wilson – jene amerikanische Vision. Sie fanden wesentliche finanzielle Unterstützung bei den einflussreichen Multimillionären wie Cyrus McCornick, Andrew Carnegie sowie der Familie John D. Rockefeller. Die tatkräftige internationale Ausbreitung jenes Gedankengutes schließlich gelang durch zahllose missionarische Gremien, wozu insbesondere der CVJM gehörte, sowie die hiermit verzahnte „Freiwillige Studentenbewegung für Äußere Mission“ und der „Christliche Studentenweltbund“. Die Mitglieder, Männer, aber in einer beachtlichen Anzahl auch Frauen, in diesen karitativen, religiösen und sozialen Organisationen sowie mehr oder weniger lockeren Zusammenschlüssen besaßen nicht nur Kenntnis voneinander, sondern auch persönliche Kontakte und Verbindungen untereinander.

Einigend wirkte die Zielsetzung humanitärer Reformen, von der Prohibition bis zur Bekämpfung der Prostitution, der Einsatz für Erziehung und Bildung, gerade auch von Mädchen und Frauen, die Errichtung von Schulen und Krankenhäusern, materielle und finanzielle Unterstützungen notleidender Menschen in Krisengebieten. Dabei kam es durchaus zu Spannungen bei der Frage, ob auf der humanitären oder der missionarischen Betätigung das Schwergewicht zu legen sei. Die starke evangelikal ausgerichtete Gruppe um Wilson und John Mott, dem einflussreichen Evangelisten, Kirchenpolitiker und Organisator im CVJM, betonte natürlich den letzteren Standpunkt. Doch unabhängig von solchen Differenzen stimmten alle dahingehend überein, dass Amerika jetzt weltweit für die Errichtung des Reiches Gottes kämpfen müsse. Kennzeichnend für diese Mentalität war der Ausspruch Theodore Roosevelts: „Der Geistliche, der nicht die Flagge über seiner Kirche aufzieht, würde seine Kirche besser schließen und geschlossen halten.“[24]

Es liegt auf der Hand, dass eine solche Überzeugung einen Frieden der Verständigung mit Deutschland grundsätzlich ausschloss. Ein solcher Schritt würde sich gegen Gottes Gerechtigkeit wenden und somit gegen Christus. Auch in den USA begründete man die Absurdität einer solchen Vorstellung mit dem Hinweis darauf, dass Amerika doch einen Krieg gegen das Reich des Satans und für Gottes Herrschaft führe. Auch hier wandelte sich die Rede vom „gerechten Krieg“ zum „heiligen Krieg“. Im Sinn einer solchen Zivilreligion, die ausdrücklich auf dogmatische Festlegungen verzichtete und zugleich mit einem unverkennbaren Welterlösungsanspruch auftrat, setzte sich Wilson ein. Er wirkte insofern mit am „Kreuzzug für den Amerikanismus“, also für die internationale Durchsetzung und Ausbreitung jener spezifischen Verbindung von Religion und Politik. Dabei agierte Wilson in enger Zusammenarbeit mit seinem langjährigen Freund John R. Mott.[25] Sie bewunderten sich gegenseitig und waren einander weltanschaulich eng verbunden. Dazu „gehörten eine evangelikale Grundeinstellung, eine konfessionsübergreifende Zusammenarbeit im Blick auf sittliche Reformen sowie die globale Ausbreitung des protestantischen christlichen Einflusses“. Mott war, wie berichtet, eine zentrale Gestalt nicht nur des amerikanischen CVJM, sondern darüber hinaus Prediger und Organisator, Sprecher in zahlreichen religiösen Komitees und Gremien und nicht zuletzt ein überaus effizienter Beschaffer von Finanzen. Er war, wie erwähnt, entscheidend am Aufbau und der Tätigkeit der „Freiwilligen Studentenbewegung für Äußere Mission“ beteiligt und gehörte zu den Gründern des „Christlichen Studentenweltbundes“, dessen Generalsekretariat er dann übernahm.

Seine Devise für die Studentenbewegung für Äußere Mission lautete: „Evangelisation der Welt in dieser Generation“. Mit enormer Tatkraft und ebenso großem Optimismus verfolgte Mott lebenslang dieses Ziel. Über eine Tagung der Studentenbewegung für Äußere Mission Ende Dezember 1913 hieß es dementsprechend: „Wir erfuhren, dass die ganze Welt sich schnell dem christlichen Glauben zuwendet. Alles, was man nun noch benötigte, waren einige tausend amerikanische Studenten, die als Botschafter des Königreiches Gottes hinausgehen. Es herrschte eine Atmosphäre des unbesiegbaren Vertrauens und Optimismus“, die bei vielen die „Vision eines neuen Himmels und einer neuen Erde“ weckte.[26]

Der Ausbruch des Weltkriegs störte diese Vision, zerstörte sie jedoch nicht. Mott bemühte sich um den internationalen Zusammenhalt des CVJM und des Studentischen Weltbunds. Beide Organisationen unternahmen enorme Anstrengungen auf sozialem und karitativem Gebiet, insbesondere für Kriegsgefangene. Diese Leistungen bewegten sich auf demselben Niveau wie die Aufwendungen des Vatikans und des Roten Kreuzes. Unter der Direktive Motts wurden im Verlauf des Weltkriegs 65 Sekretariate mit jungen Christen aus neutralen Ländern aufgebaut, die sich um mehr als fünf Millionen Gefangene in fast sämtlichen kriegführenden Ländern kümmerten.[27]

Darüber hinaus organisierte Mott die Errichtung von Unterkünften für Soldaten hinter der Front. Sie sollten der geistigen und körperlichen Entspannung dienen und die Männer gleichzeitig vor Alkohol und Prostitution bewahren. Wie selbstverständlich wirkten diese Mitglieder des CVJM allerdings im Sinn der psychologischen Kriegsführung, insbesondere für die Sache der USA. Bald schon existierten mehr als 1500 solcher Unterkünfte. Mott selbst begriff seine Tätigkeit allerdings in hohem Maß als unpolitisch.

Doch bereits 1914 stand er entschlossen an der Seite Wilsons. Als die USA in den Krieg eintraten, stellte Mott dem Präsidenten ausdrücklich die Dienste des CVJM zur Verfügung. Bald schon galt diese Organisation als der „halb offizielle Arm der amerikanischen Regierung“.[28] Auch daran ließ Mott keinen Zweifel aufkommen, dass die USA siegen würden und die Alliierten ein Friedensdiktat durchsetzen müssten. Es gelte, alles daranzusetzen, um

„die Zivilisation der Friedenszeit nach den Maßstäben des Krieges wiederherzustellen".[29] Die einzige Sprache, die die Deutschen verständen, sei ohnehin die der Gewalt!

Noch eindeutiger engagierte sich Mott im März 1917 für die Politik der USA, als er als Mitglied der Root-Kommission nach Russland reiste. Mott hatte vor dem Krieg mehrere Male in Russland an ökumenischen Konferenzen teilgenommen und kannte eine Reihe orthodoxer Bischöfe und Theologen. In der nun von Wilson zusammengestellten, hochkarätig besetzten Gruppe, die unter der Leitung von Elihu Root, dem Friedensnobelpreisträger des Jahres 1912, reiste, war Mott nicht nur ein Vertreter des Präsidenten, sondern zugleich die führende Gestalt des von Wilson hoch geschätzten CVJM. Die Kommission sollte darauf hinwirken, dass Russland auch nach der März-Revolution den Krieg gegen die Mittelmächte fortsetzte. Mott mischte sich nicht direkt in die politischen Verhandlungen ein. Er traf sich aber offiziell und persönlich mit orthodoxen Repräsentanten, um ihnen seine Sicht der Lage vorzutragen, erläuterte die moralische und geistliche Bedeutung des Wirkens des CVJM im Krieg, pries mehrfach deren Leistungen als Hilfe gegen die Auflösungserscheinungen in den russischen Armeen und bot seine Unterstützung für den Aufbau solcher Einrichtungen in Russland an. Das direkte Drängen auf die Fortsetzung des Krieges war nicht Motts Aufgabe. Trotzdem gab ihm der Moskauer Patriarch dahingehend eine klare Zusage: „Die Kirche ist für den Krieg und tut alles, um die Armee zu unterstützen.[30] Dabei blieb die russische Orthodoxie, bis hin zur scharfen Verwerfung des Friedens von Brest-Litovsk.[31] Der religiös-politische Charakter von Motts Aktionen kam schließlich in seiner großen Rede am 27. Juni 1917 vor rund 300 kosakischen Offizieren zum Ausdruck. Hier unterstrich er nachdrücklich die Notwendigkeit, dass ein demokratisches Russland zusammen mit den USA die Deutschen als Gegner der Demokratie und Zivilisation bekriegen müsse. Das entspreche den großen Zielen beider Nationen, ihrer Moral und ihren auf das Höchste und Heiligste gerichteten Idealen.

Motts Auftreten und die Rolle, die er in Russland spielte, entsprachen voll und ganz der von Wilson anvisierten neuen internationalen Ordnung. Es ging um weltweiten offenen Handel, Demokratie mitsamt der internationalen Geltung des Rechts, individuelle Freiheit und nationale Selbstbestimmung. Es wäre sicherlich falsch, in dieser Konzeption das Ziel der Errichtung eines amerikanischen Imperiums zu sehen. Worum es Wilson, Mott und zahllosen Gleichgesinnten in den USA zu tun war, war weniger und mehr zugleich: Weniger insofern, als es um das Reich Christi ging, das weit über die Grenzen der Vereinigten Staaten von Amerika hinausreichte. Doch hier standen viele Menschen und vielfältige Organisationen im Dienst der Errichtung und Ausbreitung jenes Imperiums Christi. Und insofern ging es stets um mehr als die naturgemäß begrenzte politische Herrschaft der USA. Man wollte keine Politik treiben. Aber man scheute darum nicht vor politischen Implikationen des eigenen sittlichen und religiösen Redens und Handelns zurück.

Deutlich zeigt sich dieses Selbstverständnis an der Rede, die Mott am 7. Mai 1918 in Paris vor rund 700 führenden Mitarbeitern des CVJM hielt. Diese betreuten in den verschiedenen Armeen der Entente Unterkünfte für die Soldaten. Mott zählte zunächst die Herkunft der Truppen auf, für die der CVJM wirkte: Briten und Kanadier, Australier, Neuseeländer und Südafrikaner, Soldaten aus den USA, Frankreich, Italien und Portugal, Truppen der indischen Kavallerie sowie russische Einheiten. Anwesend waren ferner „Führer jener Einrichtungen unter den Chinesen, die den weiten Weg aus China gekommen sind und die unter andauerndem Artilleriefeuer tätig sind. Da waren die [Führer der] Arbeiterbataillone aus Amerika, Madagaskar, Neu-Kaledonien, den West-Indies, aus Indochina – meine Herren, ich wage zu sagen, dass niemals, seit Christus zu den Menschen kam, innerhalb von vier Wänden die Führer so vieler großer Gruppen von Menschen versammelt waren, wie sie nun hier zusammengekommen sind: um sich auf diesem Schlachtfeld für ein großes Ziel zu vereinen, nämlich für Zeit und Ewigkeit die Freiheiten der menschlichen Rasse zu sichern." Klassisch tritt in diesem Text das Selbstverständnis des amerikanischen Protestantismus zutage, in dem sich christlicher Missionsgeist mit zivilisatorischem Sendungsbewusstsein mischten, die Überzeugung, christliche Freiheit und politische Demokratie verwirklichen zu müssen und auch zu können.

Die politische Zusammenfassung dieses Denkens bildeten Wilsons 14 Punkte. Darin ging es um die internationale Freiheit des Handels, um Abrüstung und die Grenzen in Europa aufgrund der nationalen Selbstbestimmung der Völker, schließlich um die Geltung des Rechts vor der Macht und die Gleichheit aller Nationen. Ein Völkerbund sollte darüber wachen.[32] Wilson verkündete sein Programm am 8. Januar 1918 vor dem Kongress, die Rede wurde sofort weltweit verbreitet. Im Protestantismus überwog die Zustimmung – abgesehen von Deutschland, das ebenso wie Österreich und Ungarn zu den Verlierern gehörte. In Amerika wurde Wilsons Programm unter dem Stichwort „Vom Weltkrieg zur Weltbruderschaft" gefeiert.[33]

Enorme Hoffnungen weckten die 14 Punkte auf dem Balkan, aber auch in Irland. Noch mitreißender wirkten sie in Ägypten und Afrika, in Indien, Korea und China.[34] In diesen Ländern hatten nach dem Ende des Krieges revolutionäre Erhebungen stattgefunden. Man hatte treu und gehorsam die Kolonialmächte in den zurückliegenden Jahren unterstützt und erwartete nun als Dank dafür mehr politische Rechte, nach dem Motto: „Wenn sie an der Seite der Europäer sterben konnten – warum sollten sie dann nicht auch an ihrer Seite regieren?“ In dieser Situation blickten die Menschen in Asien und Afrika auf Wilson, den Propheten einer neuen Zeit. Doch dem amerikanischen Präsidenten ging es nicht um diese Regionen. Die Kolonialherrschaft der Europäer wollte er nicht antasten. Die Menschen in diesen Gebieten sollten zunächst erzogen und herangebildet werden, bevor sie zur Selbstbestimmung fähig wären. Das galt insbesondere für die Mandatsgebiete, in denen nun die Briten und Franzosen über die ehemaligen deutschen Kolonien sowie Teile des Osmanischen Reiches die Herrschaft ausübten.

Diese gnadenlose Machtpolitik der Europäer, die sämtliche mitreißenden Visionen zerschmetterte, die Wilsons 14 Punkte ausgelöst hatten, führten in weiten Teilen Afrikas und Asiens zu immensen Enttäuschungen. Man sah sich belogen und betrogen. Nicht nur Wilson verlor jetzt jeglichen moralischen und politischen Kredit, sondern ebenso die USA. Da von dieser Seite keine Hilfe für das nationale Streben nach Freiheit und Selbstbestimmung zu erwarten war, lag es nah, sich der anderen Seite zuzuwenden, also Lenins Verkündigung der neuen sozialistischen Gesellschaft, die den Kampf gegen den Imperialismus und die Befreiung vom Kolonialismus auf ihre Fahnen geschrieben hatte. Kennzeichnend für diese Wende mag die Gestalt von Ho Chi Minh stehen, der sich 1919 während der Friedensverhandlungen in Paris aufhielt. In den USA dagegen wurde das Selbstverständnis „der messianischen Nation mitsamt dem ungebrochenen Glauben an den Fortschritt sowie ein massives Kreuzzugsdenken“ zunächst noch weitgehend ungebrochen beibehalten.[35]

1 Zit. bei R. M. Gamble, War, 2003, 115f.
2 R. F. Ferrell, Woodrow Wilson, 1985.
3 Zit. bei R. M. Gamble, War, 2003, 145.
4 Zit. ebd., 150.
5 Zit. bei K. Wüstenbecker, Vereinigte Staaten, 2010, 222.
6 Schaffer, USA, 2010, 107. Vgl. auch K. Wüstenbecker, Vereinigte Staaten, 2010.

7 Hierzu und zum Folgenden R. F. Ferrell, Reforming, 2010, 210–218; K. Wüstenbecker, Vereinigte Staaten, 2010, 230–232. Zitat ebd., 234.
8 Überblick bei J. F. Piper, American Church, 1985, bes. 69–106.
9 Zit. ebd., 97.
10 R. A. Kennedy, Will, 2009, 167.
11 R. M. Gamble, War, 2003, 4. Dort auch die folgenden Zitate: 100f.
12 Ebd., 161.
13 Dazu und zum Folgenden A. Becker, War, 1998, 107f. Vgl. auch R. H. Ferrell, Woodrow Wilson, 1985, 205.
14 Zit. bei J. F. Piper, American Church, 1985, 15.
15 W. Schievelbusch, Kultur, 2001, 107–109.
16 Überblick bei R. Schweitzer, Cross, 2003, 161–243.
17 G. H. Blanke, Amerikanische, 1988, 186–215. Vgl. auch K. R. Spillmann, Amerikas, 1984; R. M. Gamble, War, 2003; I. Tyrrell, Reforming, 2010.
18 Ausführlich dazu R. M. Gamble, War, 2003. Zitat ebd., 49.
19 Ebd., 149–179.
20 Die Zitate nach R. A. Kennedy, Will, 2009, 48.126f.140.194.
21 J. Ruchti, Geschichte I, 1928, 90.
22 Zit. bei G. H. Blanke, Amerikanische, 1988, 186.
23 Ausführlich I. Tyrrell, Reforming, 2010.
24 Zit. bei R. Schweitzer, Cross, 2003, 9.
25 I. Tyrrell, Reforming, 2010, 198–208. Das folgende Zitat ebd., 199. Vgl. auch C. Howard Hopkins, Mott, 1979.
26 Zit. bei C. H. Hopkins, Mott, 1979, 422.
27 Ebd., 523f. Dort auch die Belege für den nächsten Abschnitt: 450f.495f.
28 I. Tyrrell, Reforming, 2010, 205.
29 Ebd., 529.
30 Ebd., 492. Vgl. zum Zusammenhang bes. 485–496.498–501.
31 E. Fouilloux, Das verfolgte Moskau, 930f.
32 R. H. Ferrell, Woodrow Wilson, 1985, 125f.
33 J. F. Piper, American, 1985, 182–186.
34 Ausführlich dazu J. K. Fairbank (Hg.), Missionary, 1974; E. Manela, Wilsonian, 2007. Das folgende Zitat ebd., 11.
35 R. M. Gamble, War, 2003, 243.

6 Der Asiatische Kriegsschauplatz

„Mit der Wucht eines Vulkanausbruches" hatten sich die Europäer im Verlauf des 19. Jahrhunderts in sämtliche Kontinente ausgebreitet.[1] Überall dort trafen die europäischen Nationen nun auch direkt oder indirekt aufeinander. In Asien besetzten die britischen Dominions Australien und Neuseeland die deutschen Kolonien und Stützpunkte auf Neuguinea, Samoa, Nauru sowie den Karolinen. Japan erklärte dem Deutschen Reich am 23. August 1914 den Krieg und übernahm im Oktober dessen Basen in Mikronesien. Tsingtau fiel am 7. November. China befand sich seit dem August 1917 mit den Mittelmächten im Krieg. Die britische Kronkolonie Indien hatte keinerlei politisches Mitspracherecht, musste jedoch von Anfang an die Lasten der Auseinandersetzungen der Europäer mittragen.

Angesichts der enormen ethnischen, politischen, kulturellen und nicht zuletzt religiösen Vielfalt der Länder Asiens ist es völlig unmöglich, sie hier alle in den Blick zu nehmen. Bereits die Konzentration auf den Subkontinent **Indien** stellt vor nahezu unüberwindliche Schwierigkeiten.[2] In geographisch und klimatisch ausgesprochen unterschiedlichen Regionen lebten mehrere hundert Völker, ähnlich wie in Europa oft nebeneinander. Es gab rund 200 verschiedene Sprachen, darunter annähernd 800 Dialekte. Besonders verbreitet waren etwa 15 Sprachen. Dazu gehörte eine indische Version des Englischen, das politisch und administrativ für die gesamtindische Verständigung und Selbstdarstellung wichtig war und heute von rund 15 Prozent der Bevölkerung verstanden und gesprochen wird.

Es leuchtet ein, dass angesichts dieser Realität nicht vom Christentum Indiens die Rede sein kann, sondern lediglich von Christentümern. Es gab Thomaschristen und Angehörige verschiedener Syrischer Kirchen, die Römisch-katholische Kirche mit ihren Missionsstationen, ferner Anglikaner und Lutheraner, Methodisten, Baptisten und Presbyterianer, schließlich vielerlei unabhängige Kirchen. Dazu zählten neben dem Christentum in Nepal das Naga-, Mizo- oder Khasin-Christentum – um nur drei von zahlreichen indigenen christlichen Gemeinschaften im Nordosten Indiens zu nennen.

Die führenden indischen Politiker erklärten 1914 sogleich ihre Bereitschaft, Großbritannien zu unterstützen.[3] Überregionale Zeitungen sowie die großen politischen Organisationen äußerten sich ebenso. Man hielt Versammlungen in diesem Sinn und verfasste Resolutionen. Freiwillige sollten sich melden – und sie kamen. Sehr bewege ihn „die tiefe Loyalität und Anhänglichkeit des indischen Volkes an den König-Kaiser und den Thron", erklärte der britische Vizekönig am 8. September 1914, „und ihre Bereitwilligkeit, jedes Opfer zu bringen, um die Interessen des Empire zu fördern und zu stärken". Zu den Intellektuellen, die sogleich für die militärische Unterstützung Großbritanniens eintraten, gehörte auch Gandhi, der 1914 in den letzten Dezembertragen nach Indien zurückkehrte.[4]

Dazu gehörte, dass Indien schließlich rund 1,5 Millionen Mann an Soldaten und Arbeitskräften stellte. Im September 1914 kämpfte ein Expeditionskorps von vier Divisionen in Frankreich. Darüber hinaus standen der Entente rund 48 000 Arbeiter zur Verfügung. An Verlusten hatten die Inder etwa 9000 Tote und rund 50 000 Verwundete zu beklagen. Wofür sie kämpften, wussten die Männer in der Regel nicht. Sie hörten lediglich, dass es gegen den Feind des Königs ging. Geworben wurden die Truppen mit beachtlichem propagandistischem und finanziellem Aufwand, vor allem seit 1917. Die nicht selten gewaltsamen Rekrutierungen machten in den Dörfern böses Blut. Folglich schnellten auch die Zahlen der Deserteure in die Höhe. Sie erreichte teilweise 25% der Rekruten und wurde offenkundig von der lokalen Bevölkerung unterstützt, den Familien und den Freunden am Ort. Der statistische Durchschnitt der Desertionen betrug 11, 4%.[5] Insgesamt erwiesen sich die Rekrutierungen auf dem Land jedoch erfolgreich, erheblich geringere Chancen hatten solche Bemühungen in den Städten. Doch es fehlte auch nicht an kleineren antibritischen Aufständen. Dazu gehörte die Erhebung der Oraons in Chota Nagpur im Osten Indiens.[6] Was an der Wende des Jahres 1912/13 als Rebellion gegen lokale Autoritäten begann, erhielt ein neues Gesicht durch die Nachrichten vom Krieg in Europa. Wanderarbeiter verbreiteten die Nachricht. Soziale Nöte, vielfältige Gerüchte, religiöse Aufregung und politische Visionen verdichteten sich zu der Überzeugung, dass der deutsche Kaiser durch sein militärisches Eingreifen die Voraussetzungen schaffen würde für die Errichtung eines eigenen Königreichs Oraon außerhalb des britischen Empires. Christen waren an der Erhebung beteiligt, allerdings nicht an führender Stelle. In der erhitzten Atmosphäre des Krieges gewannen diese Vorgänge eine weit über die regionalen Vorgänge hinausreichende Bedeutung. Die Briten machten die Goßner-Mission für den Aufstand verantwortlich. Diese wies die Anschuldigung mit Nachdruck zurück. Doch eine prodeutsche Stimmung war durch die Mission fraglos verbreitet worden. „Der deutsche Kaiser wurde der Baba, der Gott, der den anderen Gottheiten der Oraons gleich war oder die ausländische Macht, die fähig war, die Anwesenheit der Briten in Indien zu beenden."

An der Mobilisierung der Bevölkerung für die britischen Ziele beteiligte sich der CVJM, getragen von der Überzeugung, dass es sich jetzt um einen gerechten, Gott wohlgefälligen Krieg handele. Die indischen Truppen wurden in Nordafrika und Palästina eingesetzt, in Ostafrika und in Mesopotamien, am Persischen Golf sowie in Frankreich. Geschätzt wurden sie in aller Regel nicht.[7]

Als Gegenleistung für diesen Einsatz erwarteten indische Politiker mehr Rechte für ihr Land. Sowohl der 1885 von einer Reihe westlich erzogener Intellektueller in Bombay gegründete „Indische Nationalkongress" als auch die 1906 ins Leben gerufene „Islamische Liga" drängten seit 1916 auf Autonomie (Home Rule). Man wollte sich nicht aus dem Empire lösen, jedoch spätestens nach dem Krieg den gleichen Rang wie die britischen Dominions Kanada, Australien und Neuseeland erhalten. Zu den leidenschaftlichsten Vorkämpfern für dieses Ziel gehörte Annie Besant. Sie war Irin, Präsidentin der „Theosophischen Gesellschaft", einer internationalen religiös-philosophischen Bewegung, die eine beträchtliche Nähe zu hinduistischem Gedankengut aufwies. Zur Verbreitung dieser Theosophie war sie 1893 nach Indien gegangen. Angeregt durch den seit 1914 stärker hervortretenden Widerstand der Iren gegen die Engländer, engagierte sich Frau Besant tatkräftig für die indische Autonomie. Sie kritisierte scharf das politische Verhalten der Briten. Doch es ging ihr nicht um einen radikalen Bruch, sondern ein gleichberechtigtes Nebeneinander: „Wenn die Spiritualität Indiens den Materialismus des Westens durchdringen soll, wenn Indien seinen Part in der neuen Zivilisation nach dem Krieg spielen soll, müssen England und Indien zusammen bleiben. Indien wäre zu schwach, um allein zu stehen, selbst wenn es das wünschte; und England wäre zu klein, um allein zu stehen, selbst wenn es das wünschte."[8]

Annie Besants Agitation irritierte natürlich die Briten. Sie gaben zwar vage Zusagen im Blick auf die Erweiterung der politischen Rechte der Inder nach dem Krieg. Doch unverkennbar sollten solche Erklärungen in erster Linie die wachsende Opposition beschwichtigen. Britische Politiker deuteten im Frühjahr 1917 zumindest an, dass Indien mit einer Autonomie in der nächsten Zeit nicht rechnen könne. Verhärtend wirkte die militante Sprache der Anhänger der Autonomiebewegung. Annie Besant kam mit einigen Anhängern für drei Monate ins Gefängnis. Der indische Nationalismus erhielt dadurch naturgemäß weiteren Auftrieb. Hatte Frau Besant schon zuvor eine starke Position im „Indischen Nationalkongress besessen, wurde sie nun dessen Präsidentin. Doch politisch überspielte sie zunehmend Gandhi, der sich unmittelbar an die Bevölkerung wandte und dadurch Ansehen und Macht gewann.[9] Der Kreis um Annie Besant wandte sich umgekehrt an den amerikanischen Präsidenten. Man vervielfältigte Äußerungen Wilsons zum Selbstbestimmungsrecht der Völker und wies darauf hin, dass in Indien Zustände herrschten, gegen die die USA jetzt Krieg führten. Sir S. Subramanya Aiyar, pensionierter Richter und Vizepräsident von Frau Besants „Allindischer Liga für Autonomie", beklagte sich bei Wilson über die Unterdrückung Indiens durch die Briten: „Sehr geehrter Herr, das schmerzliche Herz Indiens schreit zu Ihnen, von dem wir glauben, dass Sie ein Werkzeug Gottes zum Wiederaufbau der Welt sind."[10] Das Schreiben wurde dem Präsidenten vorgelegt. Es bewirkte allerdings lediglich Verärgerung bei den Briten.

Politische, wirtschaftliche und nicht zuletzt religiöse Überzeugungen flossen im indischen Nationalismus zusammen. Enormen Eindruck hatte auch in Indien der Sieg gemacht, den Japan 1904/05 im Krieg gegen Russland errang und wodurch man das Inselreich international als Großmacht akzeptierte. Ein britischer Missionar notierte dazu: „Die Wirkung der japanischen Erfolge auf die Gebildeten in Nordindien war ebenso auffällig wie unmittelbar. Eine Welle der Begeisterung ging durch unsere sämtlichen Städte und ließ neue Hoffnungen und neue Ideale entstehen. Es ist […] das Erwachen eines neuen nationalen Geistes. Alle Augen wenden sich in Indien nach Japan als dem wahren Modell für den Osten. Nach einem passiven, fatalistischen Einverständnis mit dem als unvermeidbar angesehenen Fortschritt des Westens ist nun eine aktive Hoffnung entstanden, dass der Osten seine eigene Rettung mit einem eigenen östlichen Weg erreichen kann und dass Indien eines Tages seinen Platz als eine unabhängige Nation, Seite an Seite mit Japan, einnehmen wird."[11] Zu diesem eigenen Weg gehörte ein spezifischer Nationalismus, der eng mit dem Hinduismus verschwistert war.

Die Hochreligionen des Hinduismus, Buddhismus und Konfuzianismus zeigten sich durchgängig ausgesprochen resistent gegenüber dem Christentum. Es gelang den Missionaren aufs Ganze gesehen nicht, hier erhebliche Erfolge zu erzielen.[12] Mehr noch: Diese Religionen – in unserem Zusammenhang also der Hinduismus – übernahmen zwar vielfältige religiöse, philosophische sowie rationale Einsichten aus dem Westen, integrierten diese jedoch dergestalt in das eigene Denken und Empfinden, dass sie nun als Erläuterungen und Entfaltungen der eigenen religiösen Tradition erschienen. Zur Modernisierung des Hinduismus gehörte auch, dass er einerseits Bereiche des sozialen und individuellen Lebens, die bis dahin durch die Sitte oder Stammesälteste reguliert worden waren, religiös überformte und einband und andererseits missionarisch auftrat. Die Konfrontation mit dem Christentum war die Folge.

Bereits seit den neunziger Jahren des 19. Jahrhunderts ließ sich diese Realität nicht mehr übersehen.1897 urteilte ein anglikanischer Pfarrer: „Die religiöse Indifferenz des gebildeten Hindu kommt schnell an ihr Ende. Der Skeptizismus, der vor zehn oder zwanzig Jahren noch en vogue war, gilt nun als altmodisch.“[13] Verbale Attacken und Ausfälle vor allem Jugendlicher gegen das Christentum häuften sich. Indisches Selbstbewusstsein, Hinduismus und Nationalismus bildeten nun ein fest zusammenhängendes Ganzes. Das Christentum erschien demgegenüber als unindisch, unpatriotisch. Es setzte die Bedeutung der Nation herab.

Die Brahmanen bildeten die soziale, religiöse und kulturelle Elite Indiens. Sie in größerer Zahl zu gewinnen, gelang den Missionaren nicht. Mehr noch: Wer sich hier dem Christentum zuwandte, verlor juristisch, sozial und ökonomisch alles. Auf der hinduistisch geprägten Gesellschaftsordnung basierte das gesamte Leben der Familie wie auch des einzelnen. Deutlich zeigte sich diese Realität z. B. in der Madras-Region im Süden Indiens.[14] Hier lebten die meisten Christen der indischen Kronkolonie, nämlich 1, 8 Millionen. Ihnen standen 3,3 Millionen Muslime und rund 41 Millionen Hindus gegenüber. Nach dem geltenden Recht verlor derjenige, der aus dieser Religionsgemeinschaft zum Christentum übertrat, sämtliche Rechte der hinduistischen Familie, an seiner Frau, den Kindern sowie deren Besitz. Dieses Recht wollte die Grundlagen der indischen Gesellschaft sichern. Um Unruhen und Aufstände zu vermeiden, zeigte sich die britische Kolonialverwaltung nicht bereit, diesen Zustand zu verändern.

Christen mussten deshalb eigene Gemeinschaften bilden. Diese erreichten jedoch nie eine den hinduistischen Rechtsnormen entsprechende Geltung. Um trotzdem gleichberechtigt in die indische Gesellschaft integriert zu werden, gab es theoretisch drei Möglichkeiten, die dann auch praktisch zu realisieren versucht wurde: Man konnte sich bemühen, das Christentum zu „hinduisiern“; oder man konnte versuchen, die Oberschicht der Brahmanen für ein modernes, fortschrittlich ausgerichtetes Christentum zu gewinnen, wodurch das Kastenwesen, das Haupthindernis einer offenen Gesellschaft, überwunden wäre; man konnte schließlich daran gehen, eine eigene, neue christliche Gesellschaftsordnung mit Einschluss der kastenlosen „Unberührbaren" (Dalit) aufzubauen.

Spätestens seit dem 19. Jahrhundert gab es Versuche, die Botschaft des Christentums mit den Vedas, den heiligen Schriften der Hindus, in Einklang zu bringen oder sogar zu verschmelzen.[15] Doch abgesehen von den hiermit verbundenen theologischen Schwierigkeiten löste dieses Modell nicht die juristischen Probleme. Überzeugender erschien daher der Weg, den insbesondere der liberale Protestantismus mit großem Engagement und erheblichem finanziellem Aufwand beschritt: Durch Erziehung und Bildung wollte man die Elite Indiens gewinnen. Ein breites und differenziertes System von Schulen sollte den Indern nicht nur die wissenschaftlichen Errungenschaften des Westens vermitteln, sondern sie auf diese Weise zugleich im Sinn der geistigen und kulturellen Werte Europas beeinflussen. Das gelang sicherlich in einem beachtlichen Ausmaß. Doch es bedeutete keineswegs, dadurch den Hinduismus in der gewünschten Weise zu unterminieren und somit eine Vorstufe zur Christianisierung der Schüler und Studenten zu schaffen. Ernüchterung breitete sich aus. Die Vermittlung westlichen Wissens produzierte offenkundig auch Gleichgültigkeit gegenüber religiösen Fragen und Agnostiker. Bischof Henry Whitehead konstatierte bereits 1896: „Man kann nicht sagen, dass die Gruppe der gebildeten Hindus heute generell dem Christentum irgendwie näher steht als wahrscheinlich vor dreißig oder vierzig Jahren. […] Und es gibt kaum Anzeichen dafür, dass die gebildeten Klassen sich, aufs Ganze gesehen, in die Richtung des Christentums bewegen. In mancher Hinsicht scheinen sie sich eher davon wegzubewegen."[16] Whitehead zog aus dieser Einsicht die Konsequenz, seinen Einfluss auf die Missionierung der Kastenlosen zu konzentrieren. Doch zumindest indirekt ging es auch dabei um die Beeinflussung der brahmanischen Eliten. 1906 schrieb Whitehead, dass die Bekehrung von Millionen Parias zum Christentum „und ihre Erhebung aus einem Zustand hoffnungsloser Degradierung in eine Position von Macht und Einfluss" fraglos gewichtige Auswirkungen auf die Oberschicht haben müsse. Dass dadurch wohl eher deren Ablehnung und Feindschaft gegenüber den christlichen Missionaren wachsen würde, nahm man in Kauf. Denn nach wie vor dominierte die Überzeugung, dass sich der indische Nationalismus in die Strukturen der britischen Kolonialherrschaft einbinden ließe.

Man wollte jenen Nationalismus nicht unbeeinflusst lassen, weil das Christentum diese mächtig um sich greifende politische und kulturell-religiöse Bewegung mitgestalten müsse. Es gelte also, den indischen Nationalismus zu vertiefen und insofern zu steuern. Unverkennbar trat auch hier eine paternalistische Überzeugung zutage. Beim Nationalismus handelte es sich, hieß es, um die logische Folge der christlichen Verkündigung. Dadurch sei der Kontinent geeint worden und es herrsche Frieden. Zudem wären dadurch umfassende Reformen angestoßen worden, die ein berechtigtes Selbstbewusstsein förderten. Allerdings dürften die Inder nicht übersehen, wie viel noch zu tun sei. Und um das zu bewältigen, bedürfe es unbedingt eines gemeinsamen, alle Menschen einenden Geistes. „Keine Nation hat jemals Freiheit ohne Religion erreicht, und auch Indien strebt danach, jene Bewegung mit einem religiösen Kult zu verbinden. Doch Shiva ist unangemessen und zudem nur lokal. Was Not tut, ist eine Konzeption von Gott, der hoch und erhaben über der ganzen Nation steht und zugleich nah und greifbar ist für alle in ihren nationalen, sozialen und religiösen Zielsetzungen, nämlich die christliche Idee des Königreiches Gottes.“[17] Freilich, so weit verbreitet diese Vorstellung unter den englischen Missionaren sein mochte: Im Blick auf den indischen Nationalismus handelte es sich um reines Wunschdenken.

Ein anderes Modell entfaltete und verteidigte Vedanayagam Samuel Azariah, nämlich die Schaffung einer möglichst alle Christen umfassenden Gemeinschaft.[18] Er war seit 1912 und bis 1945 der einzige indigene Bischof der Anglikanischen Kirche in Indien. Als jungen Mann beeindruckte und prägte ihn die Begegnung mit Amerikanern, Indern und Europäern im Christlichen Verein Junger Männer innerhalb des Christlichen Studentenweltbunds. Die überkonfessionelle erweckliche Frömmigkeit dieser Kreise, ihre Nationen übergreifende Zuwendung zu den vielfältigen Problemen in Indien bestärkten Azariah in der Überzeugung, dass ein gegen den Westen gerichteter Nationalismus einen Rückschritt gegenüber der globalen Weite des Christentums bilde. Dieses sei die wahre Religion für alle Nationen und Rassen, also auch für Indien. Konkreten Ausdruck fand dieses Denken für Azariah im CVJM. Solche positiven Eindrücke verstärkten sich seit 1895, als er Sekretär des indischen CVJM wurde. Mit Nachdruck verkündete Azariah, dass das Christentum die Menschen sozial und kulturell fördere, sie vereine und zu einem echten, selbstbewussten Patriotismus führe. Die Gleichberechtigung Indiens müsse deshalb auch auf der geistigen Ebene nicht mehr erkämpft werden, denn sie bestehe bereits. Dieses Bewusstsein gelte es allerdings zu pflegen und zu vertiefen. Azariah gehörte dann zu den führenden Gestalten der 1905 gegründeten „Nationalen Missionsgesellschaft" (NMS). Sie entstand auf dem Hintergrund fremdenfeindlicher hinduistischer Aktivitäten und fand sogleich beträchtliche Zustimmung in christlichen Kreisen. Das lag nicht zuletzt an der Proklamation einer eigenen indigenen Organisation, Leitung und Finanzierung, die hier ins Auge gefasst waren. Ganz verwirklichen ließ sich diese Zielsetzung allerdings nicht, weder personell noch hinsichtlich der geplanten Projekte und insbesondere nicht im Blick auf das Geld. Hier blieb der Einfluss der Missionsgesellschaften weiterhin beachtlich. Azariah drängte aber unentwegt darauf, dass mehr Inder als Missionare unter ihren Landsleuten wirkten und zunehmend in verantwortliche Positionen aufrückten. Gleichzeitig forderte er die Christen Europas und der USA auf, ihre herablassende, wenn nicht sogar rassistische Einstellung zu korrigieren. Berühmt, allerdings auch umstritten war seine Rede auf der Internationalen Missionskonferenz 1910 in Edinburgh. Nach großem Lob für die Leistungen der Missionsgesellschaften schloss er: „Wir bitten aber auch um *Liebe*. Geben Sie uns Freunde!"[19] Dabei blieb Azariah überzeugt, dass sich auch dieses Problem letztlich im christlichen Geist lösen ließe.

Seit 1909 wirkte Azariah als Missionar in Dornakal im Süden Indiens. Er erzielte zusammen mit seinen Mitarbeitern beträchtliche Erfolge unter den Menschen der unteren Kasten, sowie den kastenlosen „Unberührbaren" (Dalit) und den kastenlosen Stämmen und Völkern in den Randzonen Indiens, den „Adivasi". Für Azariah trat an die Stelle des Problems des Nationalismus nun vollends das Problem einer umfassenden christlichen Gemeinschaft, in der das Kastenwesen prinzipiell überwunden sein sollte. Azariah begriff die Kirche „als eine revolutionäre Ordnung, die Kasten-Unterschiede zerschmettert".[20] Unerschrocken und unermüdlich kämpfte er für die Geltung und Durchsetzung dieser Überzeugung. Natürlich schürte er dadurch die Feindschaft der brahmanischen Elite, die ein solches Christentum als massiven Angriff auf die Grundlagen der indischen Gesellschaftsordnung begriff. Aber auch im eigenen, christlichen Lager war es nicht leicht, die Aufhebung der Kastenordnung im Alltag durchzusetzen. Dabei erkannte Azariah durchaus, dass sich Menschen aus den unteren Schichten auch deshalb dem Christentum zuwandten, weil sie dadurch Respektabilität erreichten und einen höheren sozialen Status. Azariah setzte dagegen: „Das Ziel der Religion ist nicht sozialer Aufstieg, sondern die Erkenntnis Gottes und die Vereinigung mit Gott." Doch dabei konnte es sich nicht um rein innerliche Vorgänge handeln, so dass ebenfalls galt: „Es ist natürlich gewiss, dass eine wahre Religion auch sozialen Aufstieg bringt, weil sie Menschen mit Gott vereint, der der Vater von uns allen ist.“[21] Im alltäglichen Zusammenleben billigte Azariah die Beibehaltung spezieller Gewohnheiten und insbesondere religiöser Traditionen in der Liturgie oder Festen seitens der Dalit, aber auch anderer Kasten. Wichtig erschien dem Bischof, dass die Christen zumindest eine Zeit lang das Nebeneinander verschiedener Formen und Eigenheiten ertrugen.

Azariah löste mit seinem Vorgehen weder die Probleme seiner Heimat noch diejenigen, die der Weltkrieg aufwarf. Wie konnte man von einer globalen christlichen Gemeinschaft reden, wenn sich Christen in nahezu sämtlichen Kontinenten erbittert bekämpften? Azariah sah den Christlichen Studentenweltbund ebenso wie dessen angelsächsische Führung freilich ganz selbstverständlich auf der Seite des Rechts. Die Christen im Lager der Mittelmächte mussten folglich umerzogen werden, „um die Freiheiten der menschlichen Rasse für Zeit und Ewigkeit zu sichern“.[22] Doch letztlich kümmerten den Bischof diese Probleme kaum, weil er an seinem Ort Christus verkündete und dadurch die Einigkeit des Christentums proklamierte.

Azariahs Überordnung der christlichen Verbundenheit über den indischen Nationalismus rief den leidenschaftlichen Widerspruch Gandhis hervor. In dessen religiöser Überzeugung verbanden sich vielgestaltige Einflüsse, darunter Elemente der Theosophie und eines esoterischen Christentums, eingebunden in die Terminologie des Hinduismus.[23] Christlichen Repräsentanten und Missionaren gegenüber betonte er, dass er wichtige Werte aus dem Christentum übernommen habe, insbesondere den Gedanken der aktiven Nächstenliebe. Doch die Kirchen hätten dieses Gut hoffnungslos verdunkelt. Zum Leuchten und zur Wirkung gelange es erst wieder im Rahmen des von ihm vertretenen „gereinigten Hinduismus“, d. h. im Zusammenhang mit der hinduistischen Lehre von der Einheit und Einzigartigkeit alles Lebens. Insofern handele es sich beim Hinduismus um die beste aller Religionen. Von daher konnte Gandhi nachdrücklich für Toleranz eintreten. Eine Versammlung christlicher Missionare in Madras am 14. Februar 1916 ließ er wissen: „Aufgrund seiner Erfahrung könne er sagen, dass eine neue Geburt, ein Wandel des Herzens in jeder der großen Glaubensrichtungen voll und ganz möglich ist.“ Das sei die wesentliche Erkenntnis des Ostens gegenüber dem Westen. Zur Ablehnung des Christentums kam es jedoch, wenn dieses gegen jenen Harmonie verstieß, wenn eigene christliche Gemeinden und Kirchen entstanden, theologisch formuliert: sobald es um den Absolutheitsanspruch des Christentums ging.

Die entscheidende öffentliche Rolle spielten im indischen Christentum aber nach wie vor die Missionare. Und es waren deren britische Vertreter, die weiterhin davon überzeugt waren, dass Großbritannien für Indiens Gegenwart und Zukunft den Rahmen abgeben und die Grenzen setzen müsse. Deshalb zweifelten sie auch nicht am politischen und moralischen Recht des Empires, die Kronkolonie zu regieren. Sie räumten wohl ein, dass es dunkle und unerfreuliche Seiten dieser Herrschaft gab. Doch für die Missionare wogen sie gering angesichts der enormen Vorzüge, die Indien aufgrund der Überlegenheit des Westens zuteil wurden. Dazu gehörte auch die Gewissheit, dass das Christentum letztendlich Indien erobern würde. Nicht zuletzt diese Überzeugung begründete das Selbstverständnis der britischen Missionare, wonach ihnen eine besondere Rolle beim Aufbau und der Verteidigung des Empires zukam: Sie waren dessen Säulen und Pioniere in einem. Ganz unwidersprochen galt: „Unter den Männern, die das meiste getan haben, um das Empire aufzubauen und auf festen Fundamenten zu gründen – worauf wir mit Recht stolz sind – gibt es wenige, wenn überhaupt irgendwelche Personen, die einen nobleren und wirksameren Anteil daran haben als die Missionare."[24] Das bedeutete aber auch: Jeder Versuch, die Verbindung zwischen Großbritannien und Indien zu schwächen, wurde als Feindschaft gegenüber dem Evangelium angesehen. Denn dadurch würde zugleich die Existenz des Christentums in Indien in Frage gestellt. Folgerichtig wandten sich die Missionare während des gesamten Weltkriegs nachdrücklich gegen die von der indischen Führungsschicht geforderte Autonomie. So erklärte z. B. im Juli 1918 eine Missionskonferenz: „Wir wünschen unseren betont leidenschaftlichen Protest anzumelden gegen die Autonomiebestrebungen – als unpassend und sogar bösartig in einer Zeit, in der das Empire sich in einem Kampf auf Leben und Tod befindet. […] Wir sind überzeugt, dass die britische Herrschaft noch weiterhin lange Zeit nötig ist, um alle auseinanderstrebenden Kräfte auszubalancieren und gleiche Gerechtigkeit für alle durchzusetzen."

In diesem Kontext bewegte sich das durchgehend zu beobachtende betonte Engagement der Missionare für Großbritannien im Weltkrieg. Dem ist allerdings sogleich hinzuzufügen: die deutschen Missionare wurden verhaftet und interniert, die nichtbritischen genau beobachtet und eingeengt, neutrale – wie z. B. Schweden – argwöhnisch als deutschfreundlich verdrängt.[25] Jugendliche Revolutionäre hatten tatsächlich versucht, den

Krieg als Chance für die Befreiung Indiens von Großbritannien zu nutzen und dazu Fühler nach Deutschland und in die USA ausgestreckt. Erreicht wurde freilich nichts.[26]

Somit beherrschten die Briten die Szene. Sie traten keineswegs nur mental für ihr Vaterland ein, sondern mobilisierten sogleich sämtliche missionarischen und kirchlichen Einrichtungen für die Unterstützung Großbritanniens.[27] Der 1914 gegründete „Nationale Missionsrat" und die Missionsräte in den Provinzen betonten in ihren Publikationen eifrig und dauerhaft ihre Bereitschaft, alles nur Erdenkliche zu tun, um der britischen Politik zu nutzen. Lobende Erwähnung fanden Missionare, die in die Armee eintraten. Das Gleiche galt für diejenigen, die als Rekrutierungsoffiziere wirkten, um Inder als Soldaten oder Arbeiter zu gewinnen. Andere Missionare erklärten den Menschen die Ziele der Alliierten sowie die Preiserhöhungen und sonstige Mängel als unumgängliche Folgen des Krieges. Sie nutzten ferner ihre Position, um die Inder davon zu überzeugen, dass der Krieg und nicht die kolonialistische Ausbeutung die Ursache aller wirtschaftlichen Probleme bildete. Schließlich gelang es den Missionaren auch in einem beträchtlichen Ausmaß, politische Unruhen in ländlichen Gebieten einzudämmen.

Der Weltkrieg beförderte gleichzeitig die Entstehung eigener, indigener Kirchen in Indien. Die dahin zielende Entwicklung war allerdings nicht neu. Bereits in der zweiten Hälfte des 19. Jahrhunderts hatten z. B. Christen in Kalkutta eine unabhängige nationale Kirche gegründet, eine andere entstand in derselben Zeit in Madras.[28] Hier wie da wandte man sich gegen die europäische Überfremdung des Christentums und setzte dagegen die eigene indische religiöse Tradition. Es sollte hier um eine einheitliche christliche Kirche gehen, jenseits der aus Europa eingeschleppten konfessionellen Differenzen und Spaltungen. Vor allem aber wurden die westlichen Missionare entmachtet, die häufig über die Köpfe der Inder hinweg alles anordneten und regelten, weil sie über das nötige Geld verfügten.

Nicht zuletzt aus diesem Grund scheiterten freilich solche und ähnliche Initiativen. Die Schicht intellektueller und nationalbewusster indischer Christen erwies sich als zu schmal. Aus anderen, nämlich evangelikalen Wurzeln erwuchsen seit1905 an verschiedenen Orten Indiens im Verlauf von Erweckungsbewegungen indigene Gemeinden und Kirchen.[29] Sie trugen pfingstlerischen Charakter, mit Ekstasen und Zungenreden, indischen Gesängen und lauten Gebeten. Frauen spielten durchweg eine wichtige Rolle. Diese Formen des Christentums mit betont indischem Charakter entwickelten sich unabhängig von den Missionen, Zumeist einfache Menschen in den Dörfern lebten und verbreiteten diese Frömmigkeit. Dieser Prozess setzte sich nach dem Ende des Weltkriegs fort. Daneben wurden Kirchen aufgrund der Abwesenheit der deutschen Missionare selbstständig, wie z. B. die 1919 gegründete „Goßnersche Lutherische Kirche“ (GELC) oder die „Tamilische Evangelisch-Lutherische Kirche“ (TELC).[30] Eine eigene Entwicklung ließ sich bei den Nagas im Nordosten Indiens beobachten, die zu den kastenlosen Stämmen (Adivasi) gehörten. Ihr Beharren auf nationaler und kultureller Eigenständigkeit ging mit einer breiten Hinwendung zum Christentum Hand in Hand.[31] Hierbei ist bemerkenswert, dass diese Christianisierung durch die Rückkehr von etwa 2000 Männern erheblich gefördert wurde, die während des Krieges in Frankreich eingesetzt gewesen waren. Generell lässt sich sagen, dass indigene Kirchen besonders in Regionen entstanden, die nur wenig von der Kolonialisierung betroffen waren. Charakteristisch für diese Frömmigkeit war die Erklärung einer führenden Persönlichkeit der Naga: „Europäer haben kein Monopol auf das Christentum. […] Ich bin jetzt wie viele Naga ein Christ. Aber ich bin kein Europäer. Ich habe eine Beziehung zu meinem Gott. Nun kann mein Gott zu mir in meinen Träumen sprechen, wie es bei meinen Vorfahren geschah. Ich muss nicht wie ein Anglikaner oder Katholik sein und an allen diesen Ritualen teilnehmen. Ich brauche sie nicht. Worüber ich spreche ist Naga-Christentum, ein indigenes Naga-Christentum.“

Zu den langfristigen Auswirkungen des Weltkriegs gehörte der Aufstieg Gandhis mitsamt dem indischen Nationalismus. 1918 war Gandhi eine der bekanntesten und politisch einflussreichsten Persönlichkeiten in weiten Gebieten Indiens. Gegenüber Wilsons 14 Punkten verhielt er sich betont zurückhaltend.[32] Diese amerikanische Vision widersprach seiner indigenen religiös-moralischen Zielsetzung, durch Gewaltlosigkeit Frieden zu schaffen. Gandhi unterstellte daher Wilson, dieser setze – wie der Westen insgesamt – letztlich doch auf Waffengewalt. Ganz in diesem Sinn äußerten auch viele Inder scharfe Kritik am Verhalten der britischen Missionare im Krieg: Sie mahnten die Inder, loyal zur britischen Regierung zu stehen und die Größe des Westens nachzuahmen – „und gleichzeitig taten sie nichts, um die Konflikte zwischen diesen imperialistischen christlichen Mächten zu verhindern; mehr noch: sie standen hinter den Massakern und segneten sie, die eine christliche Macht an der anderen verübte“.[33] Die oft fehlende Einsicht der britischen Missionare in diese Schuld und ihre mangelnde Bereitschaft, sich von den längst zur Illusion gewordenen ideologisch-politischen Leitbildern des 19. Jahrhunderts zu lösen, verschärften die Konflikte. Es klang wie ein Echo der Überzeugung Gandhis, wenn ein Hindu 1919 an einen Missionar schrieb: „Warum vergeudet ihr eure Zeit damit, uns zu evangelisieren? Christentum bedeutet für uns Bajonett und Maschinengewehr!"[34]

Von der Kriegserklärung **Japans** an das Deutsche Reich war die Rede, ebenso von der enormen Hochschätzung, die der Inselstaat in Asien und Afrika aufgrund seines Sieges 1905 im russisch-japanischen Krieg auch unter indigenen Christen genoss. In Japan selbst galt das Christentum freilich als fremde, ausländische Angelegenheit, ähnlich wie der Buddhismus. Die Christen mochten ihren Glauben praktizieren, solange sie sich dem Staat gegenüber unbedingt loyal verhielten. Dieser proklamierte eine eigene, nationale Staatsreligion: Die japanische Elite pflegte den Shintoismus. Aufsteigend von den lokalen Schreinen, vor denen man die göttlichen Geistwesen („kami") für die Bewältigung des alltäglichen Lebens verehrte, gipfelte diese Religiosität über die nationale Hierarchie bis an die Spitze des Staats-Shinto mit der Verehrung des Kaisers.[35] Neu eingerichtet wurde dann ein Yasukuni-Schrein in Tokio für die Toten des Krieges. Insgesamt entstand hier insbesondere seit dem ausgehenden 19. Jahrhundert eine Nationalreligion mit einem aggressiven Nationalismus mit rassistischen Zügen: Japaner sahen sich als das auserwählte Herrenvolk, ausgestattet mit dem göttlichen Mandat, die umliegenden Völker zu unterwerfen. Der Erste Weltkrieg galt dann als Wasserscheide im Sinn der Stabilisierung und Steigerung des japanischen Selbstbewusstseins. „Er war die goldene Gelegenheit, auf einer leeren Leinwand gewaltsam zu erschaffen, was die vor allem geliebten Träume eines neuen Japans seitens Japans Politiker umfassten."[36] Wilsons 14 Punkten verstand man hier mit allem, was sie auslösten, nur als die irritierende Infragestellung der eigenen Machtposition.

Die Mehrheit der kleinen indigenen christlichen Minderheit billigte diesen japanischen Nationalismus. Sie hatte auch kaum eine andere Wahl, da die verschiedenen protestantischen Denominationen sich einerseits überaus zersplittert darstellten und andererseits in ihrer Abhängigkeit von den westlichen Missionsgesellschaften kaum eine Alternative zur politischen Hinwendung der mit Japan verbündeten Großmächte Großbritannien und den USA besaßen. Eine bemerkenswerte Ausnahme bildete Uchimura Kanzo. Dieser ebenso bedeutende wie eigenwillige Intellektuelle stand als Christ dem Staats-Shintoismus betont kritisch gegenüber, erwartete 1919 die unmittelbar bevorstehende Wiederkehr Christi und wirkte vor allem als extravaganter Ausleger biblischer Texte. In dieser Eigenschaft proklamierte er „Mukyokai“, die „Nicht-Kirche-Bewegung“: Geboten sei die völlige, umfassende Hingabe an Gott, ohne alle religiösen Bindungen. Diese indigene Form des christlichen Glaubens stand sämtlichen westlichen Ausprägungen überaus fern.

Der Weltkrieg betraf also Japan nur peripher. Doch das von Großbritannien gewünschte Bündnis gab dem japanischen Kaiserreich weitgehend freie Hand für seine militärische, politische und geistige Expansion in Korea und China. Auch davon war die Rede. Die Vorherrschaft Japans über **Korea** wurde nach dem russisch-japanischen Krieg faktisch international anerkannt. 1910 annektierte Japan das Land. Die Eroberer trafen auf eine reiche religiöse Szene, wozu neben dem weit verbreiteten Schamanismus auch der Buddhismus und Konfuzianismus gehörten sowie eine beträchtliche christliche Minderheit. Dazu zählten neben indigenen Katholiken, die aus China gekommen waren, verschiedene protestantische Richtungen, nämlich Methodisten und Presbyterianer, Adventisten sowie Pflingstler.[37] Die stärkste Gruppe stellten die Presbyterianer. Darüber hinaus existierten zahlreiche indigene religiöse Splittergruppen, aber auch der einflussreiche Zusammenschluss des „Chun-Do Kyo“ („Lehre des Himmlischen Weges“).[38] Dieser war religiös, sozial und national ausgerichtet und wurde von beachtlichen Teilen der Bevölkerung unterstützt. Im Protestantismus standen neben den Liberalen die Erweckten. Erstere, zu denen Persönlichkeiten wie Yun Ch'i-ho gehörten, forderten die Annahme des Christentums, um Korea den Anschluss an die Moderne und insofern einen Weg in die Zukunft zu eröffnen. Die erweckten Kreise wiesen diese Zielsetzung zurück, distanzierten sich von der Politik und konzentrierten sich ausdrücklich auf die Gewinnung von Gläubigen und die Rettung der Seelen. Indirekt trugen aber auch sie durch Schulen und Erziehungsmaßnahmen zur Modernisierung Koreas bei.

Die japanische Besatzungsmacht förderte Buddhisten, auch Konfuzianer, um deren Zustimmung zu gewinnen. Das gelang zunächst. Doch sobald die Herrschaft der Japaner infrage gestellt schien, griffen sie hart durch. Infolgedessen zogen sich die koreanischen Buddhisten mehr und mehr von der Zusammenarbeit mit der Besatzungsmacht zurück. Eine ähnliche Entwicklung fand im Blick auf die evangelikalen Christen statt. Während die Japaner Zurückhaltung übten, predigten die Missionare Unterordnung und Gehorsam gegenüber den Besatzern. Das änderte sich schlagartig, als 1910/11 eine mächtige Erweckungsbewegung in der koreanischen Bevölkerung ausbrach. Ein ähnliches Ereignis hatte sich bereits 1907 in Pyung Yang abgespielt. Hier wie da ging es um eine individuell erfahrene Bekehrung und die Gewissheit des eigenen Seelenheils. Doch darauf beschränkte sich das Geschehen 1910 nicht. Hand in Hand mit dem subjektiven Erleben wuchs jetzt die Überzeugung, dass sich sämtliche Probleme lösen und die gesamte Welt und Gesellschaft heilen ließen, wenn nur allen Menschen das ganze, volle Evangelium verkündet würde. Eine eifrige, bisweilen ungestüme und hemmungslos anmutende Missionierung breitete sich aus. Exakt diese Vorgänge weckten jedoch den Argwohn und schnell auch den kompromisslosen Widerstand der Japaner. Sie beurteilten und verurteilten als politischen Aufruhr und, schlimmer noch, als umstürzlerische Verschwörung, was die Betroffenen als rein religiöse Aktivitäten ansahen. Die Besatzungsmacht griff hart durch, mit unter der Folter erpressten Geständnissen und langen Gefängnisstrafen. Das brutale Vorgehen veranlasste internationale Proteste, insbesondere der USA. Von dort stammten viele Missionare und zahlreiche Koreaner hatten hier ihre Ausbildung erfahren. Eine grundsätzliche Änderung der japanischen Politik bewirkte diese Kritik jedoch nicht.

Der Ausbruch und die Fortsetzung des Weltkriegs gaben den Japanern freie Hand bei der systematischen Zerstörung der koreanischen Kultur, angefangen bei der Unterdrückung ihrer Sprache. Zugleich bemühte sich die Besatzungsmacht, Korea im Sinn der eigenen Ideologie umzugestalten. Dazu errichteten sie 1915 einen Shinto-Schrein in Seoul. Umgekehrt bot die Hinwendung zum Christentum vielen Koreanern einen Ausweg aus den alltäglichen Bedrängnissen und Bedrückungen. Sie verstanden ihr Leben als die Bestätigung ihres biblisch begründeten Weltbildes, wonach am Ende der Zeit Verfolgung, Not und Schrecken erregende Schlachten stattfinden würden, bevor Christus wiederkam, um die Seinen zu retten. Nach einem sicherlich übertreibenden Bericht aus pfingstlerischen Kreisen aus dem Jahr 1916 fanden wöchentlich rund 3000 Bekehrungen zum Christentum statt.[39]

Am 23. Januar 1919 starb der längst abgesetzte koreanische König Kojong, am 3. März sollte seine feierliche Beisetzung in Seoul stattfinden. Diese Gelegenheit nutzte die nationale koreanische Opposition, angeführt von Vertretern der Chun-Do Kyo sowie Christen, um am 1. März mit Flugblättern die Unabhängigkeit des Landes auszurufen. Gleichzeitig fanden Demonstrationen in der Hauptstadt und im ganzen Land statt. Auch die Buddhisten schlossen sich an. Verbindend wirkte das in Wilsons 14 Punkten proklamierte Recht auf nationale Selbstbestimmung. Die Japaner dachten jedoch nicht daran, dieser Forderung nachzugeben. Sie verurteilten nicht nur Wilsons Erklärung, sondern gingen sogleich mit brutaler Gewalt gegen die Demonstranten vor. Nach japanischer Zählung wurden 7645 Menschen getötet, zahllose verletzt und eine Vielzahl von Gebäuden zerstört.[40] Als evangelikale Missionare gegen diese Exzesse protestierten und darüber in den USA berichteten, wurden sie von den Japanern als Anstifter der Rebellion attackiert. Eine wirksame Unterstützung aus dem Ausland erhielten die Koreaner aber nicht.

Doch unverkennbar gehörten die Christen, insbesondere die Protestanten, nun zur koreanischen Nation. Ihr Anteil an der „Unabhängigkeitsbewegung 1. März" war beeindruckend: Von den 33 Unterschriften unter der Unabhängigkeitserklärung stammten 16 von Christen – die damals etwa 1% der Bevölkerung stellten. 17% der Verhafteten waren Protestanten, von den 489 inhaftierten Klerikern gehörten 244 zu dieser Konfession; 120 waren Buddhisten, 125 kamen vom Chun-Do Kyo. 471 Frauen nahmen die Japaner fest, nicht weniger als 30% waren Protestantinnen. Daran lässt sich auch die Bedeutung des Christentums für die Veränderung der Stellung der Frau in der koreanischen Gesellschaft ermessen. Die „Unabhängigkeitsbewegung 1. März" bildete auch insofern einen Markstein in der Geschichte Koreas, als das Christentum und vor allem der Protestantismus nun nicht länger als eine fremde Religion angesehen wurde.

Hand in Hand mit dieser Entwicklung vollzog sich die Abkehr von den USA. Wilsons Botschaft hatte enorme Hoffnungen geweckt – und ausnahmslos enttäuscht. Teile der Eliten begannen, sich am Sozialismus in Russland zu orientieren. 1921 wurde die Kommunistische Partei Koreas gegründet. Yi Tong-hwi, ihr Initiator, hatte lange einer evangelikalen Gemeinde angehört, bis er sich, enttäuscht über deren soziale und politische Abstinenz, über die Unabhängigkeitsbewegung weiter bewegte bis zu dieser politischen Option.

China, das „Reich der Mitte", das nach der Überzeugung seiner Elite keine Grenzen kannte, sondern lediglich Zonen abnehmenden Einflusses der Zentrale, befand sich vollends seit dem letzten Drittel des 19. Jahrhunderts in einem Zustand fortschreitender Auflösung. Aufstände erschüttern das Land. Provinzen machten sich selbständig. Die Macht verschob sich unverkennbar vom Kaiserhof an die Peripherie des Reichs. Zu dieser Schwächung Chinas trugen in besonderem Maß ausländische Mächte bei: Frankreich erklärte China 1884 wegen Vietnam den Krieg, plünderte und zerstörte; Großbritannien handelte nicht anders und setzte sich in Tibet fest. In derselben Weise drang Russland in die Mongolei vor. Als der gefährlichste Gegner jedoch erwies sich die aufstrebende Industriemacht Japan. 1871 besetzte es Taiwan und griff nach Korea aus. 1894 und 1895 schlugen die Truppen des Inselstaates zu Wasser und auf dem Land China vernichtend. Japan besetzte nun die Mandschurei sowie Teile Nordchinas und machte sie im Mai 1915 zu seinem Protektorat. Um die Reparationen zu bezahlen, mussten Kredite aufgenommen werden – die wiederum den Abschluss ungünstiger Wirtschaftsverträge mit den europäischen Mächten, darunter Deutschland, zur Folge hatten. Ebenso erhielten Großbritannien und Russland, aber auch Frankreich sowie das Deutsche Reich koloniale Stützpunkte an den Küsten. Diese besaßen einen exterritorialen Status. Davon profitierten auch die zahlreichen Missionsstationen, unter denen diejenigen der verschiedenen protestantischen Denominationen der USA einen gewichtigen Platz einnahmen. Diese Missionen besaßen u. a. das Recht, lokale Streitigkeiten in eigener Regie zu regeln.

Dass umfassende, radikale Reformen nicht länger aufgeschoben werden dürften, erschien der chinesischen Elite jetzt als selbstverständlich.[41] Trotzdem mutete es fast wie ein Wunder an, dass es dem Kreis um Kang Yourei gelang, Kaiser Guangxu zu Neuerungen zu bewegen, die auf die Umwandlung des kaiserlichen Regimes zur konstitutionellen Monarchie hinausliefen. In rund hundert Tagen, vom Juni bis zum September 1898, wurden mehr als vierzig Edikte zum Erziehungswesen, zur Wirtschaft, Verwaltung und Justiz erlassen, um die chinesische Gesellschaft tiefgreifend zu verändern. Alle diese Maßnahmen scheiterten. Doch das Datum und die „Reform der Hundert Tage“ blieben im Bewusstsein der führenden Kriese Chinas tief eingebrannt. Die sich hier abzeichnende „Entdeckung der Gesellschaft und die Erfindung der Nation“ bildeten einen wichtigen Schritt auf dem Weg der Modernisierung des Landes.

Dabei spielten westliche Gedanken und insbesondere das Christentum eine enorme Rolle. Prinzipiell stand es im totalen Gegensatz zu den Werten und sozialen Idealen Chinas. Dass christliche Auffassungen jetzt trotzdem breite Aufmerksamkeit und Zustimmung fanden, lag neben der Arbeit der Missionare vor allem an den Kreisen der politischen Reformer und Revolutionäre, für die westliche Macht und christliches Gedankengut eine auch in China anzustrebende und nachzuahmende Einheit bildeten.[42] Die reiche Vielfalt nebeneinander bestehender religiöser Ausdrucksweisen und Formen, die auf der Ebene der Kommunen existierte und diese prägte, sollte als verwirrender Aberglaube abgetan werden. Echte Religion galt als vereinbar mit Wissenschaft. Das Christentum lieferte das Modell. Hier gab es eine kirchliche Organisation, fest umrissene Lehren sowie das Bewusstsein der Eigenständigkeit gegenüber den Bereichen der Politik. Dieses Christentum galt als die starke, moralisch einigende Kraft hinter den westlichen Nationalstaaten. Daraus folgte zweierlei: Zum einen mussten sich die anderen Hochreligionen bemühen, sich in derselben Weise zu entwickeln, zu modernisieren – also der Taoismus, Buddhismus und Islam, aber auch der Konfuzianismus. Zum andern verfiel der traditionelle Reichtum der chinesischen Religiosität nicht nur der Verachtung, sondern nach Möglichkeit der Vernichtung. Der Kampf gegen den Aberglauben „war ein Frontalangriff nicht nur auf die lokalen Kulte, sondern – genauso wichtig – auf die konfuzianische Religion der späten Kaiserzeit in allen ihren religiösen und liturgischen Hinsichten: der Glaube an die Ahnen, die traditionelle Kosmologie und die Belohnung moralischen Handelns“.

Dass sich dagegen entschiedener Widerstand auf breiter Front erhob, leuchtet ein. Dabei verbanden sich schnell wirtschaftliche, soziale, ideologische und religiöse Motive miteinander. Verheerende Überschwemmungen, danach lange Dürren führten in den ohnehin vernachlässigten und verarmten Regionen im Norden Chinas zu Aufständen, die sich schnell zu einem Flächenbrand entwickelten. Mit der Unterstützung lokaler Eliten und dem Ruf „Stürzt die Qing[-Monarchie], tötet die Fremden“, tobte sich die Zerstörungswut der ländlichen Massen aus. Diese „Boxer-Bewegung“ trug ihren Namen von der lockeren Organisation der „Bewegung der Verbände für Gerechtigkeit und Harmonie“, kurz „Fäuste der Gerechtigkeit“. Der dann allgemein verbreitete englische Name „Boxer“ hatte hier seinen Ursprung. Die Kaiserinwitwe Cixi versuchte, die Losung ausschließlich gegen die Fremden zu richten und erklärte ihnen am 21. Juni 1900 den Krieg. Es war eine massiv gegen die Moderne gerichtete Rebellion, die deshalb auch deren Symbole zerstörte, wie z. B. Eisenbahnstationen. Zugleich begriffen sich die Aufständischen als Anwälte der chinesischen Würde und Größe. Dazu gehörte für sie die Verteidigung ihrer lokalen und regionalen religiösen Traditionen mit Einschluss von allerlei Elementen der Volksreligiosität. So glaubte man etwa, sich gegen Gewehrkugeln unverwundbar machen zu können oder in Trance allen Feinden überlegen zu sein. Diese Vorstellungen spielten auch in indigenen christlichen Gemeinden eine Rolle.

Die blutigen Ausschreitungen richteten sich jedoch vor allem gegen die christlichen Ausländer. Eine Reihe Europäer wurde ermordet, darunter der deutsche Gesandte in Beijing. Die eigentlichen Opfer waren jedoch mehr als hundert Missionare sowie rund 16 000 chinesische Christen. Sie wurden von den Boxern als von den weißen Teufeln verhexte Menschen angesehen. Ohne Widerstand zu finden, drangen die Rebellen bis Beijing vor, wo sie das Gesandtschaftsviertel belagerten. Eine alliierte Armee von rund 160 000 Mann, die etwa zur Hälfte aus Japanern bestand, zum andern Teil vor allem aus Russen, Briten und Amerikanern, befreite die Eingeschlossenen ohne besondere Anstrengung

Das deutsche Kontingent mit rund 17 000 Soldaten traf erst ein, als die Belagerung beendet war. Man rächte sich nun an der Landbevölkerung mit schlimmen Massakern, angeblich auf der Suche nach untergetauchten Boxern. In Erinnerung blieb die unsägliche Rede, die Kaiser Wilhelm II. zur Verabschiedung des Expeditionskorps am 27. Juli 1900 hielt.Nach der Anklage der Verbrechen der Chinesen fuhr der Kaiser fort: „Ihr wisst es wohl, ihr sollt fechten gegen einen verschlagenen, tapferen, gut bewaffneten, grausamen Feind. Kommt ihr an ihn, so wisst: Pardon wird [euch] nicht gegeben, Gefangene werden nicht gemacht. Führt eure Waffen so, dass auf tausend Jahre hinaus kein Chinese es mehr wagt, einen Deutschen scheel anzusehen. Wahrt Manneszucht. Der Segen Gottes sei mit euch, die Gebete eines ganzen Volkes, Meine Wünsche begleiten euch, jeden einzelnen. Öffnet der Kultur den Weg ein für allemal!“[43]

Der Niederwerfung des Boxer-Aufstands folgte einerseits eine überaus harte Reparationsforderung in Höhe von 450 Millionen Silbermünzen. Zum andern galten die Vorgänge den Eliten als Beweis dafür, dass man den Weg auch der religiösen Modernisierung entschlossen weiter gehen müsse und nachdrücklich alle rückständigen „abergläubischen“ Formen der Religiosität und Frömmigkeit eliminieren. Breiten Teilen der Bevölkerung stellte sich die Lage allerdings weiterhin anders dar. Sie betrachteten den Westen und das hiermit gleichgesetzte Christentum zumindest skeptisch. Dessen missionarischen Erfolge waren ohnehin gering, auch im Protestantismus.[44] Trotz enormer Anstrengungen und größter Opferbereitschaft der Frauen und Männer der Freiwilligen Studenten-Missions-Bewegung und der China-Inland-Mission (seit 1865) gab es zu Beginn des 20.Jahrhunderts lediglich rund eine Million Christen in China: Das waren etwa ein Zehntel eines Prozents der Bevölkerung! Ganz anders sah es im Bildungsbereich aus. Die westlichen Schulen, Colleges und Universitäten, voran der amerikanischen Protestanten, übten eine enorme Anziehungskraft auf die chinesische Jugend aus. Hier wollte man studieren und lernen, was die geistige und materielle Überlegenheit des Westens begründete. Doch – ähnlich wie in Indien – waren damit kaum Konversionen zum Christentum verbunden.

Der Rücktritt des letzten Kaisers der Qing-Dynastie 1912 und die Ausrufung der Republik hemmten nicht den Niedergang und den Zerfall Chinas. Hinter der neuen Staatsgründung standen etwa 5% der Bevölkerung. Von Anfang an handelte es sich also um eine Republik ohne Republikaner. Was die politische und geistige Situation weiter erschwerte, war das Faktum, dass die Mehrheit jener Eliten dem Christentum distanziert oder sogar ablehnend gegenüberstand: während auf der Führungsebene nun Christen überwogen. Sun Yat-sen, Präsident der Republik, war fest in ein christlich-nationales Netzwerk eingebunden. Sein Schwiegervater Charlie Soong war ein in den USA ausgebildeter methodistischer Missionar, dazu ein erfolgreicher Publizist und Unternehmer. Der Ehemann von Soongs zweiter Tochter war Tschiang Kai-shek, ebenfalls Christ und nach dem Tod von Sun Yat-sen (1925) der zunächst führende General und Politiker. Die dritte Tochter Soongs schließlich war mit dem immens reichen Bankier und missionarisch aktiven H. H. Kong verheiratet, der im chinesischen CVJM eine gewichtige Rolle spielte. Nimmt man hinzu, dass im neu gewählten Parlament von 274 Abgeordneten 60 Christen waren, gewinnt man einen Eindruck von ihrer massiven Überrepräsentation in den Anfangsjahren der chinesischen Republik.

Was auch immer diesen Menschen der christliche Glaube bedeutete: Unverkennbar war er stark vom Fortschrittsglauben des amerikanischen Protestantismus geprägt. Hier hatten jene Chinesen das leuchtende Modell vor Augen, das auch ihrem Land zusammen mit dem Christentum Würde, Erfolg und Gleichberechtigung bringen würde. Aus Liebe zu China als Nation verachteten sie die traditionelle chinesische Kultur und Religion. Wie sich bald zeigte, konnte man versuchen, diese Ideale auch ohne oder sogar gegen das Christentum zu erreichen.

Die Missionsgesellschaften wünschten immer wieder die stärkere Mitwirkung indigener Christen. Doch sie sollten keine Führungspositionen übernehmen. Dazu wären die wenig gebildeten und schlecht bezahlten „Helfer" ohnehin nicht in der Lage gewesen. Sie zeigten aber auch wenig Bereitschaft, sich – trotz der öffentlichen Ablehnung der „weißen Teufel" – von den Missionen zu lösen, die ihnen immerhin finanzielle und soziale Sicherungen boten. Aber es fehlte auch nicht an Versuchen, unabhängige indigene Kirchen zu gründen. Angetrieben wurden solche Bemühungen durch chinesische Erweckungsbewegungen zu Beginn des 20. Jahrhunderts.

Dabei spielten auch Frauen eine aktive Rolle, wie z. B. Dora Yu. Doch man muss diese Vorgänge in einem erheblich größeren Zusammenhang sehen. Die elementaren politischen, wirtschaftlichen und sozialen Umwälzungen, die vollends in den Jahren der Republik über China hinweggingen, brachten geistige und geistliche Verwirrung, Unsicherheiten und eine enorme Orientierungslosigkeit mit sich. In dieser Atmosphäre entstand eine breite Vielfalt von Vereinigungen und Gesellschaften, die durchgängig bestrebt waren, Überkommenes mit den neuen Herausforderungen zu verbinden. Man pflegt diese Zusammenschlüsse als „erlösende Gesellschaften" (redemptive societies) zu bezeichnen, entsprechend den hier dominierenden Zielsetzungen.[45] Die Bandbreite erstreckte sich von der Erlösung einzelner bis zur Rettung der Welt. Unverkennbar spielten auch Bemühungen eine Rolle, den Konfuzianismus zu modernisieren. Doch neben betont moralisch ausgerichteten Gesellschaften standen spiritistische Zirkel, die durch Kontakte zum Jenseits die Zukunft und die ihr entsprechende Haltung zu erfassen suchten. Es gab Laiengruppen, welche die unterschiedlichsten Modelle der Erlösung offerierten – vom Vegetariertum bis zur tiefsinnigen Meditation. Zu den großen Gesellschaften gehörten „Lehre des bleibenden Prinzips" (gegründet 1913), „Moralische Studiengesellschaft" (1916), „Gesellschaft der Guten" (1917) „Weltweite ethische Gesellschaft" und „Schule des Tao" (beide 1921), „Neue Religion zur Rettung der Welt" (1925).

In allen diesen Gruppen existierten synkretistische Bezüge zu den verschiedenen chinesischen Hochreligionen. Überaus verbreitet war der Gebrauch eigener Schriften und Liturgien. Nahezu durchgängig begegnete man einer an kirchliche Organisationen angelehnten Hierarchie, häufig speziellen sonntäglichen Feiern mit Chorgesang und Gebeten, bisweilen sogar Taufen. Worauf es hier ankommt, ist der Zusammenhang der indigenen unabhängigen Kirchen in China mit diesen „erlösenden Gesellschaften". Vor allem Verbindungen der seit 1907 in China nachweisbaren Pfingstler zu den verschiedenen Formen der älteren und neueren chinesischen Volksfrömmigkeit lassen sich erkennen.[46] Der Übergang von der einen religiösen Gruppierung zur andern war in mancher Hinsicht gleitend. Und beide Zusammenschlüsse boten Orientierung und Halt, somit Sicherheit in einer umfassend unsicheren Welt.

1910 gelang es, ein Netzwerk unabhängiger Kirchen in Gestalt der „Nationalen Freien Christlichen Kirchen Chinas" zu schaffen. Doch 1915 verurteilten die Missionsgesellschaften die Pfingstler, trennten sich von ihnen und forderten das Einschreiten des Staates. Das wachsende politische Chaos in China behinderte ein solches Vorgehen allerdings erheblich. Auch unter Theologen wuchs in jenen Jahren eine Endzeitstimmung, keineswegs nur Pfingstler und Adventisten proklamierten ein apokalyptisches Weltbild. Im christlichen Umfeld wurde die Gegenwart allerdings im Zeichen der unmittelbar bevorstehenden Wiederkehr Christi gedeutet. Die Bibel sprach ja von Angst und Schrecken, von Unterdrückungen und Verfolgungen, bevor Christus die wahren Christen zu sich zog und ein tausendjähriges Friedensreich errichtete. Der Ausbruch des Weltkriegs beförderte diese Überzeugung: Die Mächtigen zerfleischten sich, keineswegs nur in China. Dabei spielten politische Vorgänge und Aktivitäten für die Frommen keine Rolle: Als Christ blickte man durch diese Ereignisse hindurch und erkannte, was wirklich vor sich ging. Das bot Geborgenheit und Trost.

Viel von diesen Stimmungen und Überzeugungen floss in die vielgestaltigen indigenen Kirchen ein. Zu den größten und einflussreichsten gehörte die 1917 u. a. von Wei Enbo gegründete „Wahre Jesuskirche". Nach einer kurzzeitigen Hinwendung zur Pfingstbewegung trat er als unabhängiger Prophet auf. Wei Enbo fühlte sich unmittelbar vom Heiligen Geist berufen, der ihm befahl, als „zweiter Paulus" die überall vorhandenen Dämonen mit dem „Schwert des Heiligen Geistes" zu töten. Zu diesen bösen Geistern zählte er zunehmend die Missionen und insbesondere das westliche Christentum. Busse und Umkehr bedeuteten folgerichtig, sich kompromisslos davon zu trennen. Solche Gedanken passten vorzüglich zum verbreiteten Nationalismus, in dem sich wachsende Teile der Bevölkerung vom Westen mehr oder weniger distanzierten. Der Weltkrieg belegte auch für Wei Enbo eindeutig, dass der Westen bestenfalls ein verzerrtes Christentum besaß. „Dieser blutige Krieg in Europa, der zehn Millionen Leben gefordert hat, ist der Beweis dafür, dass die Missionare die christliche Religion verfälscht haben."[47] Dabei seien sie „schamlos genug, in China zu predigen". Dem Niedergang der Kirchen des Westens korrespondierte nun der Aufstieg der chinesischen Christenheit in Gestalt der „Wahren Jesuskirche": „Der Herr Jesus hat gesagt, in den letzten Tagen kommt das Licht aus dem Osten und scheint bis in den Westen. So erfüllt er jetzt seine Worte und offenbart die Wahrheit über Jesu Erlösung im Osten, in der Republik China." Dazu habe Jesus Wei Enbo berufen und ihm gesagt: „Du bist der zweite Paulus". Zungenreden, Visionen, spirituelles Singen und Tanzen charakterisierten dieses Christentum, das unübersehbar Elemente der chinesischen Volksreligiosität integrierte.

Wei Enbo erzielte seine missionarischen Erfolge vor allem im Umkreis der Missionen. Nach seinem Tod (1919) breitete sich dieses indigene Christentum in mehreren Aufspaltungen in weiten Teilen Chinas aus.[48] Die andauernde Unsicherheit, Unterdrückungen und Ausbeutung der Menschen förderten unverkennbar diese Frömmigkeit.

Im Januar 1914 löste Yuan Shikai das Parlament auf und regierte fortan diktatorisch. Stärker wurde die Republik dadurch nicht. Der Ausbruch des Ersten Weltkriegs schien China die Chance zu bieten, durch die Teilnahme auf der Seite der Entente internationale Gleichberechtigung zu gewinnen.[49] Gleichzeitig wuchs die Sorge, dass die Konzentration der Großmächte auf den Krieg in Europa Japan freie Hand für sein Ausgreifen nach China bieten würde. Genau so kam es. Am 18. Januar 1915 stellten die Japaner die berüchtigten „21 Forderungen“: Sie liefen auf Gebietsabtretungen Chinas hinaus, Konzessionen im Blick auf die Wirtschaft, Zugang zu mehreren Küstenstädten sowie die Zulassung japanischer Berater bei der Regierung. Nach der Überzeugung der Machthaber in Japan handelte es sich dabei lediglich um Rechte, die die westlichen Mächte in China längst besaßen. Dort war die Empörung allerdings enorm. Sie wuchs noch, als bekannt wurde, dass Yuan Shikai sämtliche Forderungen akzeptiert hatte. China wurde jetzt zunehmend zu einem Vasallenstaat Japans.

Chinas Wunsch, durch den Kriegseintritt an der Seite der Entente Würde und Souveränität zu gewinnen, erfüllte sich nicht. Denn die westlichen Großmächte setzten auf Japan, um es als Alliierten zu behalten, und dachten nicht daran, China politisch entgegenzukommen. Um sich den Westen trotzdem zu verpflichten, bot die Republik ihm Menschen an, Arbeitskräfte, die hinter den Fronten tätig sein sollten. Das Geschäft kam nur mühsam voran. Erst die Notlagen Frankreichs, dann auch Großbritanniens sowie Russlands führte seit 1916 zur Annahme des chinesischen Angebots. Die genauen Zahlen der in Europa eingesetzten Arbeiter sind nicht mehr zu ermitteln. Sie dürften sich um 100 000 Menschen bewegt haben.

Ihre Behandlung war ausnahmslos schlecht. Eine Ausnahme machten britische und amerikanische Mitglieder des CVJM.[50] Sie sahen in der Betreuung jener Arbeiter eine Chance für die Verbreitung westlicher und christlicher Ideen in China. Zu diesem Zweck mobilisierten die Angelsachsen auch einige chinesische Mitglieder des CVJM, die ihre Landsleute begleiten und vor allem unterrichten sollten. Unverkennbar kamen die meisten Arbeiter nach Kriegsende als überzeugte Anhänger einer entschiedenen Reformpolitik zurück. Weniger erfolgreich erwiesen sich die Bemühungen um Konversionen zum Christentum. Zwar berichtete ein amerikanisches Missionsblatt begeistert über Arbeiter, die Christen geworden seien und nun in ihrer Heimat ihr Leben in den Dienst Christi stellen wollten. Doch die Zahl der Konvertiten war mehr als ernüchternd: gerade einmal 13 hatten sich taufen lassen!

Am 14. August 1917 erklärte China dem Deutschen Reich den Krieg. Dessen Niederlage war nun vorhersehbar. Vor allem jedoch weckten Wilsons 14 Punkte mit der Betonung der Selbstbestimmung der Völker enorme Hoffnungen.[51] Um die Kolonien war es Wilson allerdings nie gegangen. Lediglich der 5. Punkt seines Programms erwähnte sie nebenbei. Doch obwohl China 1918 zu den Siegermächten gehörte und deshalb Teilnehmer an der Friedenskonferenz in Versailles war, setzte sich die Geschichte der Enttäuschungen fort: Japan behielt die annektierten chinesischen Gebiete. Die europäischen Mächte waren nicht gewillt, die von Japan diktierten Verträge in Frage zu stellen. China blieb nur die Aufsehen erregende Demonstration, die Unterschrift unter den Friedensvertrag zu verweigern.

In China gingen die Wogen der Erregung und Empörung nun vollends hoch. Als die internationale Missachtung des Rechts in Beijing bekannt wurde, sammelten sich spontan mehrere tausend Studenten auf dem Tian'anmen zu einer Protestkundgebung. Demonstrationen, Streiks und der Boykott japanischer Waren erfassten das ganze Land. Es war die erste große wirklich nationale chinesische Bewegung. Sie besiegelte auch die Abkehr breiter Schichten der Bevölkerung vom Modell des Westens. Hatte der Weltkrieg bereits zunehmend die Vorbildlichkeit der europäischen Mächte in Frage gestellt, erschütterte der Zusammenbruch der Hoffnungen und Sehnsüchte, die man Wilsons 14 Punkten entgegengebracht hatte, die bisherige besondere Verbundenheit mit den USA. Der Weg nach Westen erschien jetzt schlicht als Sackgasse. China musste also einen eigenen Weg in die Zukunft suchen. Zu denen, die sich der nationalen „4.-Mai-Bewegung" anschlossen, gehörte auch der junge Mao Zedong. Auch für ihn entfalteten dann kommunistische Gedanken ihre Überzeugungskraft, mehr vielleicht noch das Vorbild der jungen Sowjetrepublik. „1918/19 begegnete der Sozialismus als weltweite politische Stimmung, genährt von der erfolgreichen Oktoberrevolution in Russland, von Arbeiter- und sozialrevolutionären Bewegungen in Europa und Nordamerika sowie nationalen Befreiungsbewegungen in den Kolonien: Alle fanden Anregungen in sozialistischen Ideen."[52]

1 P. Scholl-Latour, Angst, 2009, 132.
2 Einen Überblick bietet R. E. Frykenberg, Christianity, Oxford 2008, bes. 21–56.
3 U. N. Chakravorty, Indian, 1997, bes. 1–33. Das folgende Zitat ebd., 8. Vgl. außerdem zum Thema: D. C. Ellinwood / C. Pradhan (Hg.), India, 1978; Ch. Cornelissen, India, 2004.
4 K. Tidrick, Gandhi, 2006, 104f.
5 R. Ahuja, Corrosiveness, 2010.
6 H. Liebau, Kaiser, 2010, Zitat ebd., 274.
7 S. Das (Hg.), Race, 2011. Vgl. auch C. Markovits, Indien, 2010.
8 Zit. bei U. N. Chakravorty, Indian, 1997, 77.
9 Vgl. dazu K. Tidrick, Gandhi, 2006, 116–134,
10 Zit. bei E. Manela, Wilsonian, 2007, 78f.
11 Zit. bei K. Koschorke u. a. (Hg.), History, 2007, 89.
12 C. A. Bayly, Birth, 2004, 325–365, bes. 328f.
13 Zit. bei A. Mathew, Christian, 1988, 94.
14 Vgl. dazu Ch. Mallampalli, Christians, 2004.
15 Vgl. dazu K. Baago, First, 1967.
16 Zit. bei S. B. Harper, Shadow, 2000, 118f. Das folgende Zitat ebd.
17 Zit. bei A. Mathew, Christian, 1988, 137f.
18 Ausführlich dazu S. B. Harper, Shadow, 2000.
19 Zit. ebd., 148.
20 Vgl. dazu und zum Folgenden Ch. Mallampalli, Christians, 2004, 171–194. Zitat ebd., 172.
21 Zit. ebd., 185.
22 So Mott 1918, zit. bei C. H. Hopkins, Mott, 1979, 557.
23 Ausführlich dazu K. Tidrick, Gandhi, 2006. Zitat ebd., 112.
24 Zit. bei A. Mathew, Christian, 1988, 155. Das folgende Zitat ebd., 172.
25 Vgl. z. B. G. Cederlöf, Anticipating, 2009, 196–216.
26 U. N. Chakravorty, Indian, 1997, 119–124.
27 Einzelheiten bei A. Mathew, Christian, 1988, bes. 171–183.
28 Vgl. dazu K. Baago, First, 1967.
29 Vgl. dazu A. Anderson, Spreading, 2007, bes. 27f., 77–89.
30 Einzelnes dazu bei F. Huber, Christentum, 2005, bes. 88–129.
31 R. F. Frykenberg, Christianity, 2008, 419–453. Zitat 443.
32 E. Manela, Wilsonian, 2007, 170f.
33 Zit. bei A. Mathew, Christian, 1997, 236.
34 Zit. bei K. Williams, Faith 1999, 189f.
35 H. Hardacre, Shinto, 1989. Vgl. auch F. R. Dickinson, War, 1999.
36 F. R. Dickinson, War, 1999, 243.
37 Ich folge hier J. W. Kang, Religion, 1987. Das folgende Zitat ebd., 11.
38 Die Schreibweisen differiert entsprechend den Transkriptionen. So finden sich auch die Bezeichnungen „Chon-dogyo“ oder „Ch‘-ôndokyo“.
39 A. Anderson, Spreading, 2007, 140f.
40 Diese und die folgenden Zahlen bei T. S. Lee, Political, 2000, 134 und 139f.
41 K. Vogelsang, Geschichte, 2012, bes. 471.479. Zitat 479.
42 V. Goossaert / D. A. Palmer, Religious, 2011. Zitat 53.
43 E. Johann (Hg.), Reden, 1966, 90f. Der ursprüngliche Wortlaut der Rede war noch erheblich brutaler, vgl. ebd., 139–142.

44 Vgl. zum Folgenden bes. L. Xi, Redeemed, 2010, bes. 7–52.
45 Vgl. dazu V. Goossaert / D. A. Palmer, Religious, 2011, bes. 93–104.
46 D. H. Bays, Indigenous, 1995, 124–143.
47 L. Xi, Redeemed, 2010, 49. Das folgende Zitat ebd., 50.
48 Vgl. dazu neben L. Xi auch A. Anderson, Spreading Fires, 2007, bes. 109–148.
49 G. Xu, China, 2005.
50 G. Xu, China, 2005, bes. 150–152.
51 Einzelnes dazu bei E. Manela, Wilsonian, 2007.
52 G. Xu, China, 2005, 277.

7 Der Afrikanische Kontinent

Auch Afrika kennzeichnete eine enorme Vielfalt von Nationalitäten und Nationen, Völkern und Volksstämmen, mithin ein verwirrender Reichtum an Sprachen und Kulturen, an sozialen und politischen Gegebenheiten. Eine eigene Entwicklung vollzog sich im nördlich der Sahara gelegenen **Maghreb**, der zunächst noch zum Osmanischen Reich gehörte. Hierbei handelte es sich um Marokko und Algerien, Tunesien, Libyen sowie Ägypten. Die dort regierenden Sultane hatten sich faktisch, d. h. mit oder ohne vertragliche Regelung, vom Sultan in Konstantinopel gelöst, der seit der Eroberung der Stadt durch den Islam die Position des Kalifen inne hatte, also des Nachfolgers Mohammeds. Doch vollends seit dem Ende des 19. Jahrhunderts hatten die europäischen Mächte diese Territorien unterworfen. Auch wenn die Sultane weiterhin an der Spitze eines Landes standen, herrschten in Wirklichkeit die Europäer: Ägypten wurde 1882 von den Briten besetzt und 1914 zum Protektorat erhoben. Die Franzosen eroberten von 1830 an schrittweise Algerien und siedelten dort. Tunesien machten sie 1881 zu ihrem Protektorat und 1912, nach schweren Kämpfen, auch Marokko. Im gleichen Jahr wurde Libyen italienisches Protektorat.

Die somit erreiche Befriedung der Region bedeutete die Befestigung der Kolonialherrschaften. Geduldig hingenommen wurde diese allerdings nicht. Immer wieder kam es zu Unruhen, Empörungen, kleineren Erhebungen. Aber auch an größeren Aufständen fehlte es nicht. In Libyen z. B. löste 1914 die Nachricht vom Kriegsausbruch eine Rebellion der arabischen Bevölkerung gegen die Italiener aus.[1] Es dauerte immerhin acht Monate, bis die Italiener die Ruhe wiederhergestellt hatten. In Ägypten erhob sich 1917 die nationalistische arabische Partei „Wafd“ gegen die Briten. Die ägyptischen Christen, also die Kopten, waren zunächst nicht geneigt, sich dieser Rebellion anzuschließen, weil sie in den Briten ihre Verbündeten gegenüber dem starken Islam sahen. Doch der Nationalismus überlagerte dann auch hier die kulturellen und vor allem die religiösen Unterschiede. In dem sich bis 1919 hinziehenden Kampf standen ägyptische Muslime und Christen zusammen gegen die Herrschaft der Briten.

Weit verbreitet war unterhalb solcher Aktionen im Maghreb eine Stimmung der Abneigung und auch Ablehnung der Europäer. Sie äußerte sich, trotz strenger Zensur und Kontrolle der Kolonialmächte, deutlicher beim Ausbruch des Weltkriegs. Es waren insbesondere tunesische Exulanten und politische Flüchtlinge, die nun laut ihre Stimme erhoben, indem sie für die nationale Unabhängigkeit ihres Landes im Zusammenhang mit dem Panislamismus warben.[2] Dabei ging es „um die Erneuerung der gefühlten und erlebten kulturellen Verbindungen der Völker des Islam mitsamt der Zielsetzung einer zukünftigen moralischen wie auch materiellen Solidarität". Faktisch hieß das: Es galt, auf die Seite des Kalifen in Konstantinopel zu treten und den von ihm proklamierten „Heiligen Krieg", sich für die türkisch-deutsche Allianz zu engagieren und keineswegs an der Seite Frankreichs zu kämpfen. Solche Beschwörungen bewirkten in Tunesien und im Maghreb offenbar wenig. Dasselbe gilt von der französischen Gegenpropaganda, die sich auf frankophile christliche Stellungnahmen aus Syrien und dem Libanon stützten. Der Alltag sah, jenseits solcher Propaganda, für die große Mehrheit der Bevölkerung erheblich bitterer und blutiger aus.

In den französischen Protektoraten galt die allgemeine Wehrpflicht. Man konnte sich allerdings davon freikaufen, und Juden waren freigestellt. Neben den Soldaten stellte Tunesien Arbeitskräfte, zusammen etwa 80 000 Menschen, Algerien rund 173 000, Marokko, soeben erst unterworfen, ca. 40 000 „Freiwillige"[3] Die Zahl der Verwundeten und Toten belief sich insgesamt auf etwa 45 000. Die hohen Verluste rührten auch daher, dass diese Truppen bei besonders gefährlichen Aktionen eingesetzt und häufig regelrecht als Kanonenfutter verwendet wurden. Als Muslime sahen sie sich von den Christen weitgehend verachtet. Auf ihre religiösen Bedürfnisse nahm niemand Rücksicht. Ein tunesischer Soldat schrieb an seinen Vater: „Der Christ hat ein Mittel zu seinem Schutz ersonnen. [...] Unsere Leichen bleiben liegen, sie dienen den Ratten als Nahrung. [...] Der Christ geht sehr freigebig mit unserem Leben um."[4]

Verständlicherweise bemühten sich die jungen Männer, den Rekrutierungen zu entgehen oder versuchten zu desertieren. Daraufhin verhafteten die Franzosen die Familienangehörigen. Die Militärregierung griff insgesamt stets sofort hart durch. Auch kleinere Empörungen wurden brutal niedergeschlagen. Es kam zu Erschießungen von Soldaten, die sich nicht einschiffen lassen wollten. Manches spricht dafür, dass zumindest ein Teil der gewaltsam rekrutierten Männer sich den Aufständischen gegen die Franzosen im Süden Tunesiens sowie in Algerien angeschlossen haben.

Die Gebiete Afrikas südlich der Sahara bildete ein noch weniger zu überschauendes Gewirr von Stämmen, Sprachen und Herrschaften. Über diese vielschichtigen komplexen und komplizierten Strukturen hatten die Kolonialmächte ohne Rücksicht darauf ein eigenes Netz mit politischen Grenzziehungen, bürokratischen Ordnungen und militärischen Stützpunkten gelegt. Abgesehen von Äthiopien im Osten und Liberia im Westen beherrschten die Europäer Afrika. Briten und Franzosen, Belgier, Portugiesen und Deutsche hatten den Kontinent unter sich aufgeteilt. Dieser Prozess verlief auch hier keineswegs konfliktfrei. Er sorgte auch nach der Etablierung der Kolonialmächte weiterhin für Spannungen, Unruhen und Aufstände. Die Siedler, Kaufleute und Unternehmer im Land erwarteten die politische und wirtschaftliche Unterstützung der jeweils herrschenden europäischen Macht. Die Missionen hofften darauf, erlebten jedoch nicht selten, dass machtpolitische Überlegungen ihre Erwartungen relativierten oder direkt durchkreuzten.

Um 1900 gab es rund 10 000 Missionare in Afrika, Frauen und Männer. Dabei handelte es sich jeweils zur Hälfte um Katholiken und Protestanten. Letztere unterteilten sich in Angehörige traditioneller Missionsgesellschaften, in Mitglieder sehr unterschiedlicher Missionsvereine und bisweilen sogar kleine missionierende Gruppen oder Einzelgänger, die in Westeuropa und insbesondere in den USA finanzielle und geistige Unterstützung für ihre Arbeit suchten und fanden. Sie alle benötigten – nicht anders als die Missionen in Indien oder China – eingeborene „Helfer": als Dolmetscher, Evangelisten, Katecheten oder Lehrer. Diese waren den europäischen Missionaren eindeutig untergeordnet. Was jenen nicht ordinierten, schlecht ausgebildeten und meist auch unbezahlten Evangelisten oder Katecheten an theologischen Kenntnissen fehlte, „machten sie wett durch Überzeugung, Mut und eine steile Inspiration".[5]

Bei den Missionaren dominierte ganz selbstverständlich eine patriarchalische Denkweise, nicht selten begleitet von rassistischen Auffassungen. Eine ökumenische Gesinnung bestand unter den verschiedenen protestantischen Richtungen, jedoch nicht gegenüber den Katholiken – und erst recht nicht im Blick auf den Islam. Dieser galt zunehmend als bedrohlicher Gegner. Aus vielerlei Gründen – wozu nicht zuletzt die faktische Geringschätzung der indigenen Christen gehörte – entstanden dann Kirchen, die mehr oder weniger unabhängig von den Weißen agierten. Sie erwuchsen einerseits aus der selbstbewussten Abspaltung von jenen Kirchen, die von Missionaren der Presbyterianer, Kongregationalisten oder Anglikanern organisiert worden waren, z. B. in Südafrika und Nigeria. Sie bezeichneten sich oft als „äthiopische Kirchen“[6]. Der Sieg **Äthiopiens** über Italien in der Schlacht von Adowa (1896) sowie die Erwähnung von Äthiopien bzw. Kusch in der Bibel galten als Beleg für die besondere Sendung und Überlegenheit der Schwarzen gegenüber den Weißen, keineswegs nur in religiöser Hinsicht. Insofern schwang im Begriff des „Äthiopischen“ stets ein politisches Element mit, das nicht nur die Kolonialverwaltung irritierte, sondern mindestens ebenso sehr die Missionare. „Äthiopianismus umfasste Rassenbewusstsein, religiösen Protest und die Vision einer Erlösung.“[7] Während diese Kirchen in Liturgie und Lehre jedoch weitgehend weiterhin den Denominationen folgten, von denen sie sich getrennt hatten, existierten andererseits daneben indigene Gemeinden und Kirchen, die unmittelbar, also ohne einen ernsthaften Einfluss der Missionen, entstanden. Hier ging es in besonderer Weise um ein afrikanisches Christentum, das den eigenen Denkweisen, Traditionen und Lebensgewohnheiten entsprach. Die Hervorhebung spiritueller Kräfte und Mächte, Ahnenverehrungen und allerlei Symbole, Heilungen sowie charismatische Aufbrüche mit Musik und Tanz und nicht zuletzt dem Auftreten prophetischer Gestalten waren dafür charakteristisch. Wir wissen insgesamt nur wenig über die Aktivitäten und Wirkungen dieses indigenen Christentums um 1900. Doch fraglos haben jene afrikanischen Männer und Frauen entscheidend zur Missionierung des Kontinents beigetragen.

Auf der Kongo-Konferenz 1894/95 in Berlin hatten die Großmächte beschlossen, Afrika aus einem künftigen Krieg herauszuhalten, um den Schwarzen nicht das Schauspiel gegeneinander kämpfender Weißer zu bieten. Ein britischer Offizier notierte kurz vor dem Ausbruch des Weltkriegs: „Es herrschte die Auffassung, dass in Afrika kein wirklicher Kampf stattfinden sollte, wenn ein Krieg zwischen England und Deutschland ausbrechen würde. Jeder, der etwas mit der Verwaltung oder Kolonisation zu tun hatte, war der Überzeugung, dass die Tradition der Unverletzlichkeit des weißen Mannes aufrecht erhalten werden musste, wenn einige hundert Weiße weiterhin mit ihrer Autorität viele tausend Schwarze regieren sollten. Es wurde als höchst gefährlich angesehen, schwarze Truppen zum Kampf gegen weiße Männer einzusetzen, [...] Man befürchtete, dass das Ansehen des weißen Mannes herabgesetzt würde und der Fortschritt der Zivilisation in Afrika um hundert Jahre zurückgeworfen.“[8]

Großbritannien kündigte diese Übereinkunft jedoch 1914 sofort auf. Mit dem Einmarsch in Belgien habe Deutschland sich über geltendes Recht hinweggesetzt und könne deshalb nicht erwarten, dass andere Staaten Verträge mit dem Kaiserreich hielten. Entscheidend war allerdings, dass Briten, Franzosen und Südafrikaner sich die deutschen Kolonien einverleiben wollten. Togo kapitulierte bereits am 26. August 1914, Deutsch-Südwestafrika, die zweitgrößte Kolonie des Reiches, in der etwa 15 000 Europäer verschiedener Nationen lebten, ein Jahr später, am 9. Juli 1915. Die Hoffnung auf Unterstützung durch die Buren erfüllte sich nicht. Nach einigen innerpolitischen Unruhen trat Südafrika an die Seite Großbritanniens. Längere Zeit zögerte die Niederländische Reformierte Kirche, ob sie sich nicht doch der Rebellion gegen die Briten anschließen sollte.[9] In Kamerun schwiegen die Waffen im Januar 1916. In Deutsch-Ostafrika lieferte Lettow-Vorbeck englischen und indischen, französischen, südafrikanischen, belgischen sowie portugiesischen Truppen bis Ende 1918 einen andauernden Guerillakrieg. In Deutschland wurden Lettow-Vorbeck und seine Askaris deshalb begeistert gefeiert. Doch seine Gegner bekämpften ihn vor allem mit Soldaten aus den Kolonien und aus Afrika, so dass die deutschen Aktionen kaum militärische Einheiten binden konnten, die sonst in Frankreich zum Einsatz gekommen wären.

Die Kolonialtruppen wurden von den Briten meistens verachtet. So erklärte z. B. ein englischer Offizier nach einem gescheiterten Angriff auf die Deutschen über seine indischen Soldaten: „Manche waren sabbernde Idioten. Sie stammelten Gebete zu ihren heidnischen Göttern, versteckten sich hinter Büschen und Palmen, drückten ihre Gesichter in den dreckigen Boden, ihre Gewehre lagen nutzlos daneben. Ich hätte niemals geglaubt, dass erwachsene Männer irgendeiner Rasse sich zu solcher Schamlosigkeit hätten erniedrigen lassen."[10] Dieser Krieg kostete Zehntausende Soldaten und Träger das Leben. Ein Arzt in Lettow-Vorbecks Einheit notierte am 15. September 1918 in sein Tagebuch: „Wir hinterlassen zerstörte Felder, geplünderte und evakuierte Dörfer, gerade so wie beim Vorrücken unserer eigenen Armee und derjenigen des Feindes im Dreißigjährigen Krieg."[11] Krankheiten und Tod unter der afrikanischen Bevölkerung waren die Folge.

Die Träger, allgemein „tenga-tenga" genannt, bildeten einen unverzichtbaren Teil dieser Kriegführung: Aufgrund der katastrophalen Transportwege in Ost- und **Zentral-Afrika** mussten sie Munition und Verpflegung für die kämpfende Truppe schleppen. Auf einen Soldaten kamen rund zwei bis drei solcher Träger. Bisweilen meldeten sich Freiwillige für diesen Dienst. Doch in aller Regel bestimmten Häuptlinge oder Verwaltungsbeamte willkürlich, wer mitzugehen hatte, um die von den Regierungen festgelegte Quote zu erfüllen. Die Todesrate war hoch. Sie betrug etwa 20%.[12] Seuchen, miserable Ernährung und Erschöpfung rafften diese Menschen dahin. In den Dörfern fehlten sie dann in der Landwirtschaft, woraus schwere wirtschaftliche Schäden und Hungersnöte erwuchsen.

Der Krieg, mit dem die Afrikaner nichts zu tun hatten, griff nichtsdestoweniger nach ihnen. Er verdichtete und steigerte jedoch auch in Afrika länger angestaute Probleme. Man kann ihn insofern als den Höhepunkt der krisenhaften Entwicklung auf dem Kontinent bezeichnen.[13] Proteste, Unruhen, Aufstände brachen in vielen Regionen aus. Der Krieg bildete durchgängig nicht den Anlass, wohl aber die Gelegenheit zu solchem Aufbegehren. Die Präsenz der Kolonialmächte war reduziert, ihre Unsicherheit unverkennbar. Die schwarze Bevölkerung wollte in aller Regel nicht die Kolonialherrschaft beseitigen. Aber sie empörte sich über neue Ordnungen, wehrte sich gegen die Auflösung ihrer traditionellen wirtschaftlichen, rechtlichen, sozialen und kulturellen Normen und Werte. Wie in **Nigeria** konnten auch andernorts Übergriffe und die Misswirtschaft der Kolonialverwaltung Aufstände auslösen, ebenso Impfungen oder die Erleichterung der Ehescheidung für Frauen, aber durchaus auch die Zwangsrekrutierung von Soldaten und Trägern sowie insgesamt die Auflösung des traditionellen Herrschaftsgefüges. Die Kolonialoffiziere reagierten rücksichtslos. In Nigeria etwa äußerte sich im August 1914 ein alter Mann sehr kritisch über die britische Herrschaft.[14] Er wurde von Angehörigen der Verwaltung misshandelt und starb im Gefängnis. Die empörte Bevölkerung demonstrierte – woraufhin Militär in die unbewaffnete Menge schoss. 46 Tote blieben auf dem Platz. Nicht genug damit: Anstelle einer Untersuchung des Vorfalls wurden Häuser des Dorfes zerstört, wilde Verhaftungen vorgenommen, begleitet von Misshandlungen. Die Behörden fürchteten in jedem Protest den Beginn einer Revolte gegen die Kolonialherrschaft. Sie meinten, besonders rücksichtslos zuschlagen zu müssen, um die Schwarzen einzuschüchtern. „Ich bedaure die Verluste an Leben unter den Aggressoren nicht“, erklärte ein hoher britischer Beamter 1915, „denn für diese Menschen bedeutet ein Leben so wenig, dass der einzige Weg, eine Wiederholung des Aufruhrs zu verhindern, darin besteht, ihnen klar zu machen, dass dagegen aufs härteste vorgegangen wird.“ Die Christen unter den etwa 50 000 Schwarzen jedoch, die aus **Madagaskar** vor allem nach Frankreich geschickt wurden, machten dort Eindruck durch das Bekenntnis ihres Glaubens. Nach ihrer Rückkehr inspirierten sie die Kirchen in ihrer Heimat. Die dort von einer Gruppe Intellektueller gegründete Gesellschaft mit nationaler Zielsetzung, zu denen auch protestantische Pfarrer und katholische Priester gehörten, wurde jedoch von der französischen Kolonialverwaltung ebenso rücksichtslos wie brutal verfolgt. 34 führende Persönlichkeiten verurteilten sie zu langjähriger Zwangsarbeit oder lebenslänglichem Gefängnis. Dazu gehörte auch der evangelische Pfarrer Ravelojaona, „der allgemein als Vater des Nationalismus von Madagaskar gilt".[15]

Der Krieg im fernen Europa erschien großen Teilen der afrikanischen Bevölkerung völlig unverständlich. Wieso konnten christlichen Nationen gegeneinander kämpfen, anstatt Übergriffe zu verzeihen? Waren die Deutschen denn keine Christen? Hatten die bösen Geister die Herzen ihrer Könige behext? Immerhin waren viele Schwarze zumindest in Umrissen über die Vorgänge in Europa informiert. Dazu gehörten vor allem Tausende Arbeiter in Rhodesien und **Südafrika** in den Minen. Andernorts konnten Menschen ausländische Zeitungen lesen. Hinzu kam die gewachsene Mobilität aufgrund der industriellen Veränderungen in vielen Kolonien und nun die Truppenaushebungen. Ein großes allgemeines Durcheinander war die Folge. Aufregung, Verwirrung und wilde Gerüchte breiteten sich aus.

Die nervöse, aufgewühlte Stimmung in der Bevölkerung äußerte sich oft in religiösen Aufbrüchen, in die politische Zielsetzungen eingebunden waren. Da diese sich in der Regel am Rande oder außerhalb der Missionsstationen vollzogen, wurden solche indigenen Bewegungen von den Kolonialmächten stets argwöhnisch beobachtet und immer wieder ausgesprochen repressiv behandelt. Auch die Missionare zeigten sich irritiert durch das selbstbewusste Verhalten schwarzer Propheten, jener spirituellen Führer und Charismatiker, die sich ihrer Leitung und Kontrolle entzogen. Gleichzeitig unterstützten die Missionare im Krieg sehr selbstverständlich ihre jeweiligen europäischen Vaterländer. Nicht wenige Schwarze reagierten betroffen, wenn sie erlebten, „dass die freundlichen Missionare, die sie von daheim kannten, nun ermüdete, hungrige und kranke Männer verprügelten".[16] Diejenigen, die in den Busch flohen, um der Rekrutierung zu entgehen, fanden bei den Missionaren keine Hilfe.[17] Sie wiesen häufig auch diejenigen zurück, die vorgaben, sich zum Christentum bekehren zu wollen, um so dem Militärdienst zu entgehen. Mehr noch: Oft führten Missionare den Kolonialbeamten mit Druck und Täuschungen Tausende Schwarze für den Kriegsdienst zu. Auch dieses Vorgehen trug zur Festigung und zum Anwachsen des Islam in Afrika bei, z. B. im Norden Nigerias, wo sich die britischen Behörden stark auf die islamische Hierarchie stützten. Die christliche Mission wurde in dieser Region zunächst erschwert, dann sogar verboten. Große Empörung löste auch hier die rücksichtslose Aushebung von Rekruten durch die Franzosen in ihren nahe gelegenen Kolonien aus. „Zwanzig Jahre lang haben die Christen gegen die Sklaverei gepredigt und Gesetze erlassen", hieß es, „und nun betreiben sie selbst Sklavenjagd in unseren Dörfern und nehmen uns unsere Kinder weg, um für sie zu kämpfen."[18] Solche Vorgänge förderten die panislamische Bewegung, die – letztlich allerdings vergeblich – eine umfassende Erhebung anstrebte.[19] Gleichzeitig gelang es den Briten aufgrund ihrer guten Beziehungen zu muslimischen Würdenträgern und Politikern, die Auswirkungen des „Heiligen Krieges" auf die Bevölkerung abzublocken.

Auf dem Hintergrund solcher Erlebnisse, die stets verbunden waren mit zahlreichen leiblichen und seelischen Nöten und Entbehrungen, entfaltete sich die Wirkung afrikanischer Prophetinnen und Propheten. Mit einem enormen Selbstbewusstsein, das aus der Gewissheit ihrer göttlichen Berufung erwuchs, boten sie aufgeregten und irritierten Menschen Sinndeutung und Orientierung. Diese konzentrierten sich prinzipiell auf den religiösen Bereich. Doch dabei wurden rein rationale Informationen bewusst überschritten und metaphysisch überhöht. In der Regel predigten die Propheten die auch von den protestantischen Missionaren vertretenen erwecklich-evangelikalen Lehren mit Einschluss der apokalyptischen Zuspitzung auf die unmittelbar bevorstehende Wiederkehr Christi. Doch die Schwarzen redeten direkt und einfach, dazu im Eingehen auf spezifisch afrikanische Denkweisen. Der Prophet besaß Anteil an der göttlichen Macht. Er war deshalb nicht nur Prediger und Missionar, sondern eine charismatische Gestalt, die Heilungen und allerlei sonstige Wunder vollbrachte, über von Gott eingegebene Träume und Visionen verfügte sowie Geister und gefährliche Zauberer besiegen konnte. Deshalb war es folgerichtig, dass diese Menschen begeisterte Anhänger besaßen und Massen anzogen. Exakt dieses Faktum beunruhigte jedoch die Missionsgesellschaften und mehr noch die Kolonialverwaltungen Sie bemühten sich deshalb, solche religiösen Aufbrüche nach Kräften zu unterdrücken.

1907, nach einem Meteoreinschlag, trat im portugiesischen **Ost-Afrika** die Prophetin Chanjiri auf. Sie verkündete das unmittelbar bevorstehende Ende der Herrschaft der Weißen im Nyassaland, dem heutigen Malawi. Ob sie Christin war, ist ungewiss.[20] Der wenig später in derselben Region auftretende Eliot Kamwana war ihr jedenfalls insofern überlegen, als er autoritativ mit der Apokalypse argumentierte und somit sowohl die Wiederkehr Christi und den Anbruch des Tausendjährigen Reichs proklamieren konnte und ausserdem eine Erklärung für die gegenwärtigen Leiden zu bieten vermochte. Die Parusie werde im Oktober 1914 stattfinden, verkündete Kamwana. Bevor ihn die Portugiesen im Sommer 1909 deportierten, soll er mehr als 10 000 Menschen getauft haben. Ein Katechumenat spielte hier keine Rolle, entscheidend war der Ritus der Taufe. Bemerkenswert ist, dass solche Endzeitstimmungen nicht nur bei Heiden und indigenen Christen begegneten, sondern auch im Islam: Die Araber würden kommen und zusammen mit ihnen werde man die Europäer vernichten.

Der bekannteste dieser Propheten war William Wade Harris.[21] Er stammte aus **Liberia**, also einem Staat, der nicht von Europäern regiert wurde, sondern als Zufluchtsort für Schwarze aus den USA konzipiert war. Diese Afro-Amerikaner vermochten Teilen der indigenen Bevölkerung einen weiter gespannten geistigen Horizont zu eröffnen. Neben kulturellen Spannungen und wirtschaftlichen Auseinandersetzungen im Land begegneten jedoch auch gravierende politische Probleme: Die benachbarten französischen und britischen Kolonien versuchten permanent, Einfluss auf die innere Entwicklung Liberias zu nehmen. Religiös überwogen von Indigenen geleitete katholische und protestantische Kirchen verschiedener Denominationen. Sie missionierten selbst und lehnten die Tätigkeit der westlichen Missionare ab, weil diese allzu sehr an die Kolonialmächte gebunden seien. In diesem geistigen Umfeld wuchs Harris auf.

Seine Eltern waren Analphabeten, er selbst kam durch Indigene zum Christentum, wurde aber gleichzeitig von Elementen westlichen Denkens beeinflusst. Harris arbeitete als Matrose, sprach fließend englisch, hatte Kontakte zu indigenen christlichen Gemeinden und wirkte dann im Geist der evangelikalen Frömmigkeit als anglikanischer Laienprediger und Hilfslehrer, schließlich als Dolmetscher bei der Regierung. Hier kam es zum Eklat. Harris schloss sich einer Bewegung an, die das schlecht verwaltete und von inneren Auseinandersetzungen zerrissene Liberia der fortschrittlicheren Verwaltung Großbritanniens unterstellen wollte. Der Aufstand scheiterte 1910, nicht zuletzt deshalb, weil die Briten kein Interesse an der Annexion Liberias zeigten. Harris kam ins Gefängnis, wo er mindestens ein Jahr lang blieb.

In dieser Zeit erlebte Harris eine tief greifende Veränderung seiner Persönlichkeit. Er hatte Visionen, in denen ihm der (schwarze!) Erzengel Gabriel befahl, Gehorsam gegenüber den Weisungen Gottes zu predigen und als Prophet zu wirken. Dazu gehörte zunächst seine Ablehnung der europäischen Kleidung. Die Schuhe, die sich Harris aus Amerika besorgt hatte, gab er weg und ging fortan barfuss. Mit seiner ungewöhnlichen Garderobe sorgte er 1914 in der Hafenstadt Axim an der Westküste Afrikas für Aufsehen: Der groß gewachsene Mann mit einem langen weißen Bart trug einen weißen Turban sowie ein langes Gewand in derselben Farbe. Über der Brust lag gekreuzt ein schwarzer Streifen Tuch. In der einen Hand hielt er die Bibel, in der anderen einen langen Stab mit einem Kreuz an der Spitze. Am Gürtel trug Harris ein Wassergefäß für die Taufen. In seiner Begleitung befanden sich zwei ebenfalls weiß gekleidete Frauen. Sie rasselten mit Kalebassen, in denen sich wohl Schlangenknochen befanden.

Erregte bereits dieses Aussehen Aufsehen, so galt das erst recht für seine Predigten. Unermüdlich proklamierte er die Einzigartigkeit Gottes und forderte deshalb die Vernichtung der Fetische, also jener Kultobjekte, in denen sich nach der Überzeugung der Schwarzen göttliche Kräfte konzentrierten und wodurch die Sicherung der individuellen wie auch der sozialen Existenz gegeben war. Fraglos hatten die Missionare und mehr noch die durch die Kolonialmächte bewirkten technischen und medizinischen Modernisierungen den Glauben an die Wirksamkeit dieser Fetische bereits erschüttert. Aber es zeugte doch von großem Mut und einem starken Sendungsbewusstsein, allein gegen dieses afrikanische Welt- und Selbstverständnis anzugehen. Eine Vielzahl von Legenden feierte dementsprechend seine spirituelle Überlegenheit, seine Fähigkeit, Wunder zu tun, und die Übermacht des Heiligen Geistes, der ihn über alle Feinde triumphieren ließ. Die Vorstellung ist sicherlich nicht übertrieben, dass viele seiner Hörer Harris als den neuen, stärkeren und allen anderen überlegenen Fetisch begriffen.

Dazu gehörten seine Massentaufen. Mit heiligem Wasser gab Harris den Menschen, die zu ihm strömten, den sinnlich erlebbaren Anteil an dem Neuen, das sich aus der Zuwendung zu dem einen Gott ergab. Inhaltlich handelte es sich um das Gebot der Nächstenliebe, die Befolgung der Zehn Gebote sowie die Sonntagsheiligung. Wesentlich aber war, dass die Taufe den Menschen jene Sicherheit gab, die bis dahin auf ihren Fetischen beruht hatte. Die europäischen Missionare verdammten die Fetische, setzten an deren Stelle jedoch zunächst ein lange andauerndes Katechumenat vor der Taufe. Die Schwarzen fühlten sich in dieser Zeit hilf- und schutzlos gegenüber den bösen Geistern. Nun kam Harris, berichtete sein Nachfolger John Ahui.[22] Harris predigte ebenfalls gegen die Fetische, erklärte dann jedoch: „Ich will euch statt ihrer etwas geben, das euch schützen wird – die Taufe.“ Die Getauften forderte Harris auf, in die Kirche ihrer Ortschaft zurückzukehren, durchaus auch in die römisch-katholische: Dort würden sie die erforderliche christliche Unterweisung erhalten.

Bei seinen Wanderungen von Liberia über die **Elfenbeinküste** bis nach Ghana löste Harris eine multiethnische Bewegung aus. Er zog Zehntausende aus verschiedenen Stämmen an und taufte Tausende. Rund ein Zehntel der Bevölkerung der Elfenbeinküste führte Harris zum Christentum. Von überall her strömten Menschen zusammen, um ihn zu hören. Zahlreiche Orte im Innern des Landes drängten ihn, zu ihnen zu kommen. Dadurch erreichte Harris Gegenden und Menschen, wohin das Christentum noch nicht vorgedrungen war. So sehr er auf die Entscheidung hier und jetzt für seine Botschaft drängte und diejenigen bedrohte, die ihn nicht hören wollten, so schnell verließ er auch wieder unwirtliche Orte. In der Regel gelang es ihm aber, sämtliche Schichten der schwarzen Gesellschaft anzusprechen.

Die französischen Behörden zeigten sich zunehmend beunruhigt durch die Massenbewegung, die Harris auslöste. Sie verhafteten ihn, ließen ihn jedoch wieder frei und wiesen ihn schließlich im Dezember 1914 aus ihrer Kolonie aus. Die Kirchen, die ein Teil seiner Anhänger errichtet hatte, um die Gläubigen von der Rückkehr in ihre früheren Konfessionen abzuhalten, wurden von den Franzosen seit dem Beginn des Weltkriegs zerstört. Ebenso bemühten sie sich, die Bewegung zu unterdrücken. Zugleich machte man Harris und seine Anhänger für sämtliche Unruhen in der Region verantwortlich. Dabei hatte der Prophet nicht nur Gehorsam gegenüber den Machthabern gepredigt, sondern immer wieder den unpolitischen Charakter seiner Botschaft betont. Auf den Verdacht, dass seine Anhänger Sympathisanten Deutschlands seien und er ein deutscher Agent, erklärte Harris zornig: „Was kann ich denn schon von den Deutschen wissen? Was bedeuten sie mir? Ich bin ein Prophet der neuen Rechtsordnung Christi. [...] Können Schwarze mit Deutschen zusammensitzen und so freundlich miteinander reden, wie wir es tun?“[23] Unverkennbar bewegte sich Harris in einer anderen Welt und Wirklichkeit als derjenigen der Politik.

Die französische Kolonialverwaltung betrachtete ihn trotzdem als Gegner, ebenso die römisch-katholischen Missionen. Im Februar 1915 distanzierten sich auch die Methodisten von ihm. Sie gaben die Ungültigkeit seiner Taufen bekannt und warfen ihm darüber hinaus vor, dass er die Polygamie nicht bekämpfe.

Obwohl Harris weiter predigte und missionierte, schwand jetzt seine Breitenwirkung. Seine religiös-theologische Eigenart lässt sich als die Vermittlung von Neuem im alten Gewand charakterisieren. Er verkündigte die geläufige christliche Botschaft – und agierte doch im Bewusstsein, der neue, zweite Elia zu sein. In seinem Auftreten erinnerte nichts an die christlichen Missionare, wohl aber an heidnische Priester: Auch er verkündete den großen Gott und einen mächtigen Geist. Wie jene trug er ein weißes Gewand, nutzte das Wasser der Taufe zur Reinigung, legte den zumeist illiteraten Menschen die Bibel auf den Kopf und segnete sie mit dem Kreuz an seinem langen Stab. Das alles war den Zeitgenossen, die zu ihm strömten, vertraut. Dazu gehörte auch das Rasseln mit den Kalebassen, wodurch man böse Geister vertrieb und diese Austreibung mit Gesängen begleitete. Mit alledem war Harris höchstens in einem abgeleiteten, sekundären Sinn eine am Alten Testament orientierte Prophetengestalt. Unverkennbar vermittelte er seinen afrikanischen Zuhörern die christliche Botschaft im Kontext ihrer eigenen Erfahrungen. „Harris bot den Prototyp eines Christentums, das dem afrikanischen Lebensstil angepasst war und zugleich einen Weg anzeigte, auf dem ein afrikanisches religiöses System so modifiziert werden konnte, dass es sich dem christlichen Rahmen mit geringem Unrecht nach der einen wie der anderen Seite hin anpassen ließ.“[24] Sein Auftreten trug einen ausgesprochen afrikanischen Charakter mit spirituellen Zügen, Tänzen und Träumen, Wundergeschichten und Heilungen. Doch darum stand er dem durch die Kolonialisierung eingeleiteten Prozess der Modernisierung keineswegs feindlich gegenüber.

Hatte Harris den Getauften zunächst befohlen, in die Kirchen ihrer Heimat zurückzukehren, grenzte er sich später vom römischen Katholizismus ab, schließlich auch von den Methodisten, da beide seine Bewegung entschieden bekämpften. Aktiven Anhängern hatte er bereits während seiner Wanderschaft eigene Stäbe übergeben, woraufhin diese Menschen selbständig predigten und tauften, häufig unter Berufung auf Harris. Zu seinem Nachfolger in der bald entstehenden „Harris-Kirche“ ernannte er John Ahui. Der Spontaneität und weitreichenden Unorganisiertheit dieses Wirkens von Harris sowie seiner Mitarbeiter und Anhänger entsprach die Gründung vielfältiger indigener Kirchen – wie z. B. derjenigen von John Swatson oder Grace Thannie (Tani). Breitere Erfolge erzielte kurzfristig Ibrahim Osodo, dessen Tätigkeit die Kolonialmacht durch seine Einberufung zum Militär unterband. Verschieden starke Anziehungskraft als Prediger, Visionäre und Heiler besaßen in der Kriegszeit u. a. Elias Mahlungu oder Isaiah Shembe. In Nigeria organisierte Mojoha Agbebi (David Brown Vinzent) eine indigene Kirche, in der er das „Christentum der Bibel“ gegen das „europäische Christentum“ verkündete. In Namibia gründeten die Herero, deren Aufstand von den Deutschen 1904 brutal niedergeschlagen worden war, im Weltkrieg ebenfalls eine eigene, unabhängige Kirche.[25] Alfayo Odongo Mango oder Josua Kate Mugema. zeigten sich stark von der Pfingstbewegung beeinflusst. Teilweise gründeten auch sie eigene Kirchen. Durchgängig vertraten sie ein apokalyptisches Weltbild. Daraus ergaben sich immer wieder auch politische Deutungen des Zeitgeschehens. So erlangte etwa Engenas Lekganyane dadurch hohes Ansehen, dass er 1917 die Niederlage Deutschlands ankündigte. Prophezeiungen, die nicht in Erfüllung gingen, bewegten die Anhänger jener Propheten nicht sonderlich. Es ging eben nicht um Politik, sondern um die lebendige und leibhafte Bezeugung einer anderen Wirklichkeit.[26]

In diesen Zusammenhang gehört auch die sich seit 1915 ausbreitende Aladura-Bewegung, u. a. in **Westafrika**. Als ihr Initiator gilt Moses Orimolade Tunolashe, der nicht nur predigte und heilte, sondern als Begründer leidenschaftlicher Gebetsgemeinschaften wirkte. Das trug ihm den Namen „Baba Aladura" ein (Betender Vater), eine Bezeichnung, die seine Nachfolger in der von ihm gegründeten indigenen Kirche übernahmen.

Bei den genannten Persönlichkeiten handelt es sich gleichsam um die Spitze eines Eisbergs, d. h. um besonders bekannt gewordene Vertreter einer breiten, nur in Andeutungen erkennbaren Erweckungsbewegung unter der schwarzen Bevölkerung in weiten Teilen Afrikas. George Khambule aus Südafrika wäre hier noch zu nennen, daneben Eliyasi Vilakathi[27] und Mangena M. Mokone, ferner Peter Anim und Sampson Oppong an der Goldküste.[28] Was die Menschen in den Wirren und Unruhen des Weltkriegs, die sie ausschließlich erdulden mussten, an der Botschaft jener Propheten bewegte und begeisterte – und was die Missionare ebenso wie die Kolonialmächte beunruhigte – lässt sich schließlich am Auftreten von Garrick Sokari Braide veranschaulichen. Er war ein einfacher Mann, Fischer und kleiner Händler, bis er 1912 seine Berufung zum Propheten erfuhr. Seine christliche Prägung hatte er durch die anglikanische Mission erlebt, pfingstlerische Elemente kamen hinzu. Die Botschaft Braides lautete wie die von Harris: Jetzt brach die letzte Zeit an. Buße und Umkehr waren daher geboten. Den Krieg deutete er als „Gottes Züchtigung, Gottes Strafe" für die Europäer. Die Tage der Weißen in Afrika seien gezählt. Gottes Segen würden jetzt die Schwarzen erfahren.[29] Braide verkündete diese Gedanken ebenfalls in dem vollmächtigen Bewusstsein, der zweite Elia zu sein. Gleichzeitig verdammte er mit großem Nachdruck den Alkohol: Zum wahren Christen gehöre der unbedingte Verzicht darauf. Großen Zulauf erhielt Braide vor allem aufgrund seines Wirkens als Heiler.

Um die britische Kolonialmacht zu beruhigen, wandten sich Braides Anhänger an den schwarzen anglikanischen Hilfsbischof James Johnson und baten ihn um eine Stellungnahme. Diese lautete: Braide ist gefährlich wegen seines aufrührerischen Verhaltens, seiner Anstiftung zu Gewalttaten und bewusster Beschädigung von Eigentum. Letzteres bezog sich auf die von ihm gebilligte Zerstörung heidnischer Schreine, ersteres auf seine Weissagung, dass die Schwarzen die Macht übernehmen würden, nachdem sich die Briten und Deutsche zerfleischt hätten.

Die von Johnson vorgelegte und von der anglikanischen Mission gebilligte Beurteilung Braides entsprach voll und ganz den Befürchtungen der Kolonialverwaltung. Dort urteilte man: „Der Geist der Eingeborenen ist der Art, dass nur wenig nötig ist, um den eher unwissenden Teil der Gemeinde auf Bahnen zu treiben, die für eine gute Regierung schädlich sind. [...] Ein Typ wie dieser neue Elia kann so gut auf die emotionale Seite des Geistes der Eingeborenen einwirken, dass daraus eine reale Gefahr entsteht. [...] Es können politische Motive dahinter stehen, und bevor daraus eine wirkliche Quelle von Schwierigkeiten aufkommt, sollte sie wirksam vernichtet werden."[30] So geschah es. Braide kam 1916 ins Gefängnis. Die Mehrheit seiner Anhänger trennte sich von den Anglikanern und gründete die „Armee-Kirche Christi".[31] Braide starb 1918, kurz nach seiner Freilassung.

Das Ende des Weltkriegs bedeutete keineswegs die Beendigung der afrikanischen Nöte und Probleme und somit auch nicht den Abschluss des Auftretens schwarzer Propheten. Insbesondere die brutale belgische Kolonialpolitik im **Kongo** dauerte an. In dieser Situation, in der sich die katholischen Missionare mit der Kolonialmacht identifizierten und die Protestanten schwiegen, um nicht attackiert oder sogar ausgewiesen zu werden, trat Simon Kimbangu auf.[32] Seit 1918 hörte er wiederholt eine Stimme, die ihm sagte: „Ich bin Jesus Christus. Meine Diener sind untreu. Ich habe Dich erwählt, Zeugnis vor Deinen Brüdern abzulegen und sie zu bekehren. Weide meine Herde!" Kimbangu wollte nicht darauf hören. Doch am Morgen des 6. April 1921 heilte er eine Frau durch Handauflegung und Gebet. Sofort strömten die Massen zu ihm.

Augenzeugen bestätigten die Heilungen: Sie ereigneten sich genau so, wie es in der Bibel von Jesus und den Aposteln berichtet wurde. Der Inhalt der Predigt Kimbangus entsprach derjenigen von Harris und Braide: Allein auf Gott sollten die Menschen vertrauen. Die Fetische wären abzuschaffen und die Nächsten zu lieben, ausdrücklich auch die Weißen. Geistausgießungen, Zungenreden und Ekstasen begleiteten fortan Kimbangus Auftreten.

Obwohl er mehrfach betonte, dass es um Gehorsam gegenüber dem Wehen des Heiligen Geistes jetzt, in der Endzeitgehe und nicht um Politik, sahen die Behörden nur diese Bedrohung. Während die protestantischen Missionare versuchten, Kimbangu als geisteskrank abzustempeln, griffen die Katholiken ihn als Aufrührer an und Begründer einer eigenen, von heidnischen Elementen überwucherten Kirche. Die belgische Kolonialverwaltung versuchte, ihn zu verhaften, und verfolgte seine Anhänger. Im September stellte sich Kimbangu freiwillig. Er wurde schwer misshandelt und zum Tode verurteilt. Man begnadigte ihn dann zu lebenslänglichem Gefängnis, das er 30 Jahre lang, bis zu seinem Tod am 12. Oktober 1951, nicht mehr verlassen durfte.

Die Erinnerung an Kimbangu zog weite Kreise, über die aus seiner Tätigkeit erwachsene indigene Kirche hinaus. Obwohl die Behörden alles taten, um seine Anhänger zu unterdrücken und die Bewegung auszulöschen, gelang das nicht. Kimbangu galt in weiten Teilen Afrikas nicht nur als nationaler Heros, sondern als Märtyrer mit „der Zurschaustellung des Lebens und Leidens Christi".[33]

In den Jahren um den Ersten Weltkrieg konkretisierte und stabilisierte sich in Afrika also ein buntes, vielgestaltiges indigenes Christentum. Die Tätigkeit der europäischen Missionen war darum allerdings nicht wirkungslos. Insbesondere ihre Schulen vermittelten weiterhin wichtige Kenntnisse, das naturwissenschaftliche und technische Wissen des Westens, europäische Sprachen, Zivilisation und Bildung. Die Medizin veränderte den Kontinent, ebenso die Position der Frauen und Mütter. Doch gleichzeitig stießen die Absolventen der Missionsschulen immer wieder an klare Grenzen: Chefs der Missionsstationen waren und blieben Weiße. Sie vertraten straffe und strenge Ordnungen im Blick auf die schwarze Kultur und Sittlichkeit. Gefordert waren europäische Kleidung und die konsequente Ablehnung der Polygamie. So entstand im Umfeld der Missionsstationen eine fraglos gut gemeinte, heilsam abgehobene, aber eben doch von der afrikanischen Wirklichkeit abgeschottete Welt. Die indigenen afrikanischen Christen versuchten, darüber hinauszukommen. Und die prophetischen Gestalten mit ihren Mitarbeitern und Anhängern wiesen dazu einen Weg. Aus dem Blickwinkel nicht nur der Politiker, sondern auch der weißen Missionare muteten diese Kirchen jedoch nicht nur theologisch problematisch an, sondern als ausgesprochen gefährlich. Ein hochkirchlicher anglikanischer Erzdiakon urteilte 1915: Anstelle des vollen katholischen Glaubens mitsamt der darauf gegründeten Gemeinschaft und Ordnung werde dort ein anderer Typ des Christentums durch Wort und Schrift verkündet. Dessen zentrale Doktrin laute: „Die Bibel ist die einzige Quelle der Wahrheit und der christlichen Lehre." Das bedeute dann: „Jeder halbgebildete Eingeborene, der gerade einmal die Bibel in seiner Sprache lesen kann, geht dazu über, alles und jedes, was er mag, mit Hesekiel und Daniel zu beweisen. Die logische Folge davon ist, dass jeder Lehrer sich von einem andern unter irgendeinem kleinen Vorwand trennt und aufgrund einer privaten Auseinandersetzung eine neue sogenannte Kirche bildet. Dass er Recht hat, beweist er mit Jesaja und der Apokalypse. Der Rebell belegt zu seiner eigenen Genugtuung – und das ist alles, was erforderlich ist –, dass die Mächte zerstört werden sollen, dass ein neues Reich, in dem Christus aus Erden regieren wird, unmittelbar bevorsteht, und dass es dann keine Regierung, keine Steuern und keine Kontrolle des weißen Mannes mehr geben wird.[34]

Treffend sind hier die theologischen und politischen Gründe für die weitreichende offizielle Ablehnung der indigenen Kirchen zusammengefasst. Dabei kommt freilich nicht in den Blick, was deren inhaltliche Stärke und Anziehungskraft ausmachte: Von großer Bedeutung war durchgängig die Übernahme und Integration afrikanischer Bräuche und Rituale. Dazu gehörten neben der Nutzung geweihten Wassers die Verwendung von Kerzen, Ölen, Parfüms und Palmzweigen, keineswegs nur anlässlich besonderer Feiertage. Wichtig waren schließlich Demonstrationen mit Stäben und Schwertern zur Abwehr der bösen Geister. Die indigenen Gemeinden schufen sodann eigene Liturgien voller Spontaneität, mit Hymnen, Tänzen, allerlei Musik – wozu auch Exorzismen und Trancezustände gehörten. Die in der westlichen Kultur, Theologie und Kirche dominierende Rationalität wurde nicht nur ergänzt, sondern überboten durch Träume, Visionen und Auditionen, Erscheinungen von Engeln und allerlei Wundertaten, Heilungen durch Handauflegung und Gebet. Hier gab es keine Trennung des Diesseits vom Jenseits. Beide Bereiche gingen ineinander über, die himmlische Welt und Wirklichkeit durchdrang ganz selbstverständlich den Alltag. Dazu gehörte nicht zuletzt ein spezifisches Verständnis der Bibel: Sie rückte einerseits in die Nähe eines Fetisch, ließ sich andererseits aber auch als Autorität gegen die weißen Missionare nutzen. Die Bevorzugung des Alten Testaments und das wörtliche Verständnis einzelner Verse dienten dann zur Verteidigung indigener Sitten und Gebräuche, insbesondere der Polygamie. Während die Missionare sie als unsittlich bekämpften, verteidigten viele Schwarze die Polygamie im Blick auf deren soziale Funktion, vor allem jedoch als eine von Gott gesetzte und gewollte gute Ordnung.

Eine besondere Position vertrat in diesem Kontext John Chilembwe.[35] Er stand zunächst ganz unter dem Einfluss des australischen Missionars Joseph Booth, der für die Gleichberechtigung von Schwarzen und Weißen eintrat, ebenso für unbedingte Gewaltlosigkeit und schließlich die Unabhängigkeit der schwarzen Kirchen von den etablierten Missionsgesellschaften. Für dieses Ziel wollte Booth die Schwarzen nicht nur missionieren, sondern sie in der Landwirtschaft und in handwerklichen Berufen ausbilden. Er gründete deshalb die „Industriemission von Zambesi", die afro-amerikanische Baptisten, später Adventisten und schließlich apokalyptisch gestimmte Gruppen unterstützten. Hieraus erwuchs dann die Organisation der „Zeugen Jehovas". Booth hatte durchaus Erfolge, fand Anerkennung, musste jedoch immer wieder auch schwere Niederlangen aufgrund seines Prinzips der Gewaltlosigkeit erleben – und wegen des stets fehlenden Geldes. 1896 gründete Booth die „Afrikanische Christliche Union", eine der ersten indigenen Kirchen in Zentralafrika.

John Chilembwe kam als Junge 1892 zu Booth, der ihn umfassend förderte. 1893 wurde Chilembwe getauft und dann als Lehrer, Übersetzer und zunehmend als enger Mitarbeiter von Booth eingesetzt. Von besonderer Bedeutung war der durch ihn ermöglichte Studienaufenthalt in den USA von 1897 bis 1900. Chilembwe erwarb hier den Grad eines Bachelors in Erziehungswissenschaften und erhielt eine Ausbildung als Pastor. Doch gewichtiger waren seine Begegnung mit progressiven Afro-Amerikanern, das Erlebnis der Unterdrückung und Rechtlosigkeit der Schwarzen in den Südstaaten der USA sowie deren Aufbegehren in Gestalt der panafrikanischen Bewegung und nicht zuletzt in der Organisation großer unabhängiger schwarzer Kirchen, die sich vom „Äthiopianismus" beeinflusst zeigten. Hier begegneten auch Propheten, die verschiedentlich als „Messiasse" gefeiert wurden. Und Chilembwe beeindruckten unverkennbar solche Erfahrungen und das damit verbundene Gedankengut. Er wusste seitdem, dass er mit seinen Überlegungen nicht allein stand, sondern Teil einer wichtigen Bewegung war.

1900 trennte er sich von Booth und baute eine eigene Industriemission auf, die „Vorsehungs-Industriemission". Er besaß Ansehen und Autorität, nicht zuletzt aufgrund seiner amerikanischen Ausbildung. Verschiedene Vertreter eines praxisbezogenen indigenen Christentums suchten den Kontakt mit ihm. Chilembwe selbst legte besonderen Wert auf eigene Schulen und die bessere Ausbildung der Afrikaner. Ihm schwebte dabei ein höheres Niveau vor als das der Afro-Amerikaner, nämlich das britische. Als unbedingt erforderlich bezeichnete er die Schaffung eines „eingeborenen Pastorats". Nicht weniger engagiert mühte sich Chilembwe um die Förderung von Frauen. An das nationale Gremium der Baptisten für Äußere Mission schrieb er 1912: „Bitte erlauben Sie mir dafür zu plädieren, dass mehr für die Frauen getan wird. [...] Die gewöhnliche afrikanische Ehefrau ist in ihrem heidnischen Zustand unwissend, uninteressiert und nicht liebenswert. Ich verzweifle fast, wenn ich an ihre Unwissenheit denke, ihren völligen Mangel an Zielstrebigkeit. [...] Die Welt wird nicht vorankommen, wie sie sollte, bis die Frauen belehrt sind und gelernt haben, den Platz einzunehmen, den Gott für sie bestimmt hat: als Helfer des Mannes, als seinesgleichen – und nicht als sein Sklave."[36]

Chilembwe reiste durch das Land in Gebiete **Zentral- und Ostafrikas**, redete, informierte und warb für seine pädagogischen Ziele. Gleichzeitig wuchsen die Reibereien mit den weißen Landbesitzern. Die Schwarzen arbeiteten für sie, sahen sich jedoch rücksichtslos ausgebeutet, insbesondere seit 1912, als eine Hungersnot sie nötigte, jeden Lohn zu akzeptieren. Chilembwe und seine Freunde mühten sich, auf dem von ihnen gekauften Gelände bessere Lebensbedingungen für die Arbeiter zu schaffen. Erbitterte Auseinandersetzungen mit den weißen Siedlern waren die Folge. Die britische Kolonialverwaltung nahm im Wesentlichen für sie Partei. Zusammen bemühten sie sich, Chilembwe mitsamt seiner Mission zu verdrängen. Umgekehrt wuchsen hier Empörung und Wut über die Weißen. Der Kriegsausbruch verschärfte die Situation. Die Kolonialverwaltung zeigte sich verunsichert. Gerüchte über angeblich bevorstehende religiös motivierte Erhebungen breiteten sich aus. Zeugen Jehovas spielten dabei, hieß es, eine wichtige Rolle. Ein ihnen nahestehender Amerikaner berichtete im Oktober 1914, dass ein großer Stamm der Schwarzen am Nyassa-See angesichts des Krieges zwischen England und Deutschland „irgendwelche Ideen von Freiheit von der weißen Herrschaft hegt, vermischt mit einigen Ideen der christlichen Religion und zwar in einem solchen Ausmaß, dass die Regierung in hohem Maß über einen Aufstand von ihnen besorgt ist. [...] Die Wachtturm-Leute haben ihnen eingeborene Lehrer gesandt sowie Literatur, die besagt, dass die Welt oder mindestens die gegenwärtige Ordnung der Verhältnisse im Oktober 1914 enden wird. Sie erwarten, dass alle Europäer zu diesem Zeitpunkt das Land verlassen werden und eine schwarze Regierung errichtet wird."[37] Auch hier standen nun Prophetinnen und Propheten auf. Inwiefern Chilembwe von diesem apokalyptischen Denken beeinflusst war, ist unbekannt. Aber der Ausbruch des Weltkriegs mitsamt der dadurch ausgelösten Unruhe und Erregung förderten offensichtlich seinen Plan, einen

Aufstand gegen die britische Kolonialherrschaft zu wagen. Er sammelte einen Kreis gebildeter und unzufriedener Schwarzer um sich, nahm Verbindungen zu indigenen Kirchen auf und suchte Kontakte zu den Häuptlingen verschiedener Stämme.

Chilembwe war kein Prophet im geschilderten Sinn. Was ihn bewegte, war sein Widerspruch gegen die Heranziehung und Ausnutzung der Schwarzen für den Krieg. Im November 1914 veröffentlichte er einen Offenen Brief „Die Stimme afrikanischer Eingeborener im gegenwärtigen Krieg". Der Text wurde sogar gedruckt.[38] Dort hieß es: „Wir verstehen, dass wir eingeladen wurden, unser unschuldiges Blut in diesem Weltkrieg zu vergießen, der sich nun durch die weite Welt ausbreitet. Zu Beginn des Krieges gingen wir davon aus, dass es hieß, Afrika habe nichts mit dem Krieg der Zivilisierten zu tun. Aber nun erfahren wir, dass der arme Afrikaner bereits in den großen Krieg hineingestoßen wurde. Eine Anzahl unserer Leute hat schon ihr Blut vergossen und andere sind lebenslang verkrüppelt. Dann wurde eine öffentliche Erklärung bekannt gegeben, und zahlreiche Polizisten marschierten durch verschiedene Dörfer und überredeten Eingeborene mit gutem Körperbau, am Krieg teilzunehmen. Die Massen unseres Volkes sind bereit, Uniformen anzuziehen – unwissend über das, was auf sie zukommt, und warum es auf sie zukommt." Wenn man die Schwarzen, die man bislang nur erniedrigte und verachtete, jetzt auf einmal brauche: Würde daraus nach dem Krieg die Gleichstellung von Schwarzen und Weißen folgen? Mit bitterer Ironie übernahm Chilembwe die offizielle Version der Briten für den Krieg: „Es ist ein Krieg freier Nationen gegen ein teuflisches System imperialistischer Herrschaft und nationalistischer Ausbeutung." Jedem Leser dürfte klar gewesen sein, dass damit keineswegs in erster Linie Deutschland gemeint war!

Chilembwe wollte jedoch mehr als nur kritisieren. Im Vertrauen auf die von ihm seit längerem organisierte Verschwörung wagte er am 23. Januar 1915 einen Aufstand. Am 4. Februar war Chilembwe tot, ebenso seine engsten Mitarbeiter. Weitere Anhänger wurden gehängt, sämtliche indigenen Kirchen in der Umgebung zerstört. Ihre Organisation brach für längere Zeit zusammen. Die Weißen hatten lediglich zwei Tote und einen Schwerverletzten zu beklagen. Kein Schwarzer kam Chilembwe und dessen kleinem Kreis Gleichgesinnter zu Hilfe. Die Gruppen, zu denen er Kontakte aufgebaut hatte, warteten ab. Kein indigener Soldat in britischen Diensten meuterte. Das Dorf, in dem Chilembwe wohnte und wirkte, wurde ohne Widerstand eingenommen. Ihn selbst begrub man heimlich. Daraus entstand der Mythos, dass er noch lebte.

Was wollte Chilembwe erreichen? Zielte er auf eine umfassende Erhebung gegen die Briten? In welcher Weise war er doch von dem in seinem Umfeld lebendigen apokalyptischen Denken geprägt, wonach es jetzt gelte, an der Heranführung des Tausendjährigen Reiches mitzuwirken? Steuerte er einen großen afrikanischen Staat an und eine indigene „Nationale Afrikanische Kirche“? Oder ging es ihm darum, ein erstes Zeichen zu setzen, worauf Weiteres folgen müsste: „Lasst uns einen Schlag tun und sterben“?[39] Chilembwe war auf jeden Fall eine Persönlichkeit, die sich nicht nur nach rückwärts orientierte. Erstmals sammelte er Menschen verschiedener Herkunft und aus unterschiedlichen Stämmen für ein Aufbegehren gegen die Weißen. Insofern gewannen sein Leben und Handeln sogleich symbolische Bedeutung, weit über sein Heimatland hinaus. „Chilembwe erwies sich erheblich mächtiger im Tod als im Leben: Der merkwürdige minimalistische Aufstand ohne bedeutende Unterstützung in einem nicht sonderlich schlecht regierten Land wurde im Rückblick einer mythologischen Geschichte zum berühmten Ausdruck eines Protonationalismus und christlichen Widerstands.“[40]

Die Erfahrungen der Afrikaner im Weltkrieg förderten durchgängig ihr Selbstbewusstsein gegenüber den Weißen und insbesondere gegenüber den europäischen Kolonialmächten. Diese waren gewiss mächtig, aber kaum noch ein kulturelles oder gar moralisches Vorbild. Die mentale Abkehr von Europa überwog. Das galt in besonderem Maß für beträchtliche Teile der afrikanischen Christen. Konnte man die europäischen Staaten noch als christlich bezeichnen? Waren die Missionare vor allem Prediger des Evangeliums oder eher politische Handlanger ihrer Länder? Auch die Ausschaltung der deutschen Missionare führte im und nach dem Weltkrieg dazu, dass nun Schwarze die Organisation und Leitung jener Kirchen übernahmen.[41] Bisweilen weckte dieses Faktum bei afrikanischen Christen ein „berauschendes Empfinden der Autonomie“.[42] Dieser Prozess der Verselbständigung wurde überboten von der umfassenden Etablierung unabhängiger schwarzer Kirchen, die aus den indigenen Frömmigkeitsbewegungen erwuchsen. Hier entzog man sich bewusst den Weisungen und der Kontrolle der Missionare. Auch die durch sie repräsentierten konfessionellen Unterschiede verloren an Bedeutung. Mit dem eigen gestalteten und gelebten schwarzen Christentum bildeten diese Kirchen eine deutliche Herausforderung für die Missionen – und zumindest indirekt auch für die Kolonialmächte. Charakteristisch für dieses Christentum ist sodann, dass es als breite religiöse Bewegung gewiss auch politische Gesichtspunkte umfasste, diese jedoch ein- und untergeordnet blieben. Not und Elend und Bedrückungen aller Art förderten in Afrika eine tiefe, leidenschaftliche Frömmigkeit, die nach den ewigen Verheißungen der Religion fragen ließ und diese dann in ihrer eigenen afrikanisch-christlichen Ausprägung als Hilfe, Schutz, aber durchaus auch als Herausforderung begriff. Unbestreitbar gilt: „Das afrikanische Christentum ist fraglos eine afrikanische Religion, entwickelt von Afrikanern und geformt von Afrikanern aufgrund der Sorgen und Pläne Afrikas. Es ist keine blasse Kopie einer andernorts existierenden Institution."[43]

Der Erste Weltkrieg stellte die umfassende Katastrophe des europäischen Christentums in allen seinen Konfessionen dar. Davon waren in unterschiedlichem Ausmaß auch die neutralen Staaten betroffen. Als ausgesprochen problematisch erwies sich das Sendungsbewusstsein der USA. Es führte nicht nur zu tiefen Enttäuschungen vor allem in Asien und Afrika, sondern beförderte die Abkehr von den geistigen und kulturellen Wertvorstellungen des Westens sowie die Hinwendung zu unterschiedlichen Ausprägungen des Sozialismus. In Asien und Afrika bröckelte durch den Krieg die Vorherrschaft der Europäer und im Zusammenhang damit die europäische Form des Christentums. Erheblich gefördert wurde dadurch jedoch die Entwicklung vielfältiger Gestalten eines eigenen, indigenen Christentums. Dieser Prozess bewirkte auch im Protestantismus die Verschiebung des Christentums weg von Europa hin zu anderen Kontinenten. Obwohl der Erste Weltkrieg lediglich Ansätze dieser Entwicklung bewirkte, trieb er sie nichtsdestoweniger eindeutig voran. Ob sich darum langfristig „eine Ausprägung des Christentums durchsetzen wird mit der vollen Akzeptanz von Wundern und dem Übernationalen, mit der Ehrerbietung gegenüber der Heiligen Schrift als dem klaren Muster für jeden Aspekt des Lebens, wo das evangelikale Selbstbewusstsein regiert, das Europa während des vergangenen Jahrhunderts weitgehend verlassen hat – und wo es bei dieser Gestalt des Christentums nicht um dessen Privatisierung geht und die Beschränkung auf Randfragen des Lebens?"[44] Das sind offene Fragen. Und zweifellos handelt es sich dabei um eine umfassend andere, eine neue Geschichte.

---

1 R. Bosworth, Italy, 1983, 125f.

2 M. Abdelmoula, Tunesie, 2007. Zitat ebd., 9f.

3 Die Zahlen ebd., 54–60.

4 Zit. ebd., 61.

5 A. Hastings, Church, 1994, 454f.
6 Hierzu und zum Folgenden: A. Anderson, African, 2001.
7 J. Hanciles, Back, 2007, 179. Vgl. auch O. U. Kalu, Ethiopianism, 2007; A. Hastings, Church, 1994; Th. Spear / I. N. Kimambo (Hg.), East, 1999; A. Anderson, African, 2001; L. Sanneh / J. A. Carpenter (Hg.), Changing, 2005; A. Anderson, Spreading, 2007.
8 Zit. bei B. Farwell, Great, 1986, 114f.
9 H. Strachan, First, 2004, 74f.
10 Zit. bei B. Farwell, Great, 1986, 173.
11 Zit. bei H. Strachan, First, 2004, 95.
12 Ebd., 5–7.
13 So A. Hastings, Church, 1994, 402.
14 Vgl. dazu A. Osuntokun, Nigeria, 1979, bes. 100–138. Zitat 116.
15 B. Sundkler / Ch. S. Steed (Hg.), History, 2000, 505.
16 M. E. Page, Chiwaya, 2000, 113.
17 Vgl. dazu O. U. Kalu, African, 2006, 197–203.
18 A. Osuntokun, Nigeria, 1979, 152f.
19 Ebd., 77.
20 I. Linden, Catholics, 1974, 75ff.; M. E. Page, Chiwaya, 2000, 7ff. Dort finden sich auch Informationen über Kamwana.
21 G. M. Haliburton, Prophet, 1971; Sh. S. Walker, Religious, 1983. Vgl. auch A. Hastings, Church, 1994, 443–446; A. Anderson, Spreading Fires, 2007, 162–166.
22 Sh. S. Walker, Religious, 1983, 40.
23 Zit. bei G. M. Haliburton, Prophet, 1971, 190. Das folgende Zitat ebd., 213.
24 Sh. S. Walker, Religious, 1983, 162.
25 Informationen dazu bei B. Sundkler / C. Steed (Hg.), History, 2000, 232f.441.
26 Hierzu und zum Folgenden: B. Sundkler / C. Steed, History, 2000, 245f.; A. Osuntokun, Nigeria, 1979, bes. 116–118; A. Adogame / L. Jafta, Zionists, 2007, 271–287; A. Anderson, Spreading Fires, 2007, 165–168.
27 B. Sundkler / C. Steed (Hg.), History, 2000, 405. 424f.
28 G. Duncan / O. U. Kalu, Bakuzufu, 2007,245–269.
29 Vgl. F. Ludwig, Erste, 2003, 14f.
30 Zit. bei A. Osuntokun, Nigeria, 1979, 117.
31 Ebd., 253f.
32 M.-L. Martin, Kimbangu, 1975. Das folgende Zitat: 44.
33 Zit. bei A. Anderson, Reformation, 2001, 129.
34 Zit. bei G. Shepperson / Th. Price, Independent, 1969, 340.
35 G. Sheperson / Th. Price, Independent, 1969.
36 Zit. bei G. Shepperson / Th. Price, Independent, 1969, 174f.
37 Zit. ebd., 216f.
38 Zit. ebd., 234f.
39 Zit. bei B. Sundkler / Ch. Steed (Hg.), History, 2000, 481.
40 A. Hastings, Church, 1994, 489.
41 Vgl. dazu Ch. W. Weber, International, 1993, 20–23.
42 M. Snape, Great War, 2000, 150.
43 A. Walls, Cross-Cultural, 2002, 119.
44 K. Ward, North, 2011, 300.

8 Quellen und Darstellungen

Abbenhuis, Maartje: The Art of Staying Neutral. The Netherlands in the First World War, 1914–1918. Amsterdam 2006.

Abdelmoula, Mahmoud: La Tunesie, le Maghreb et le panislamisme pendant la Grande Guerre. L'impôt du sang. Tunis 2007.

Achleitner, Wilhelm: Gott im Krieg. Die Theologie der österreichischen Bischöfe in den Hirtenbriefen zum Ersten Weltkrieg. Wien 1997.

Adogame, Afe / Jafta, Lazio: Zionists, Aladura and Roho: African Instituted Churches. In: O. U. Kalu (Hg.), African Christianity, 2007, 271–287.

Ahuja, Ravi: The Corrosiveness of Comparison. Reverberations of Indian Wartime Experiences in German Prison Camps, 1915–1919. In: H. Liebau u. a. (Hg.), The World in World Wars, 2010, 131–166.

Akinde, Akintunde E.; Islamic Challenges in African Christianity. In: O. U. Kalu (Hg.), African Christianity, 2007, 103–121.

Albert, Bill: South America and the First World War. The Impact of the War on Brazil, Argentina, Peru and Chile. Cambridge 1988.

Alzheimer, Heidrun (Hg.): Glaubenssache Krieg. Religiöse Motive auf Bildpostkarten des Ersten Weltkriegs. Bad Windesheim 2009.

Anderson, Allan: African Reformation. African Initiated Christianity in the 20th Century. Asmera/Eritrea 2001.

Anderson, Allan: Spreading Fires. The Missionary Nature of Early Pentecostalism. London 2007.

Anderson, Margaret L.: Who still talked about the Extermination of the Armenians? German Talk and German Silences. In: R. G. Suny, Question, 2011, 199–217.

Angelow, Jürgen (Hg.): Der Erste Weltkrieg auf dem Balkan. Perspektiven der Forschung. Berlin 2011.

Astourian, Stephan H.: The Silence of the Land. Agrarian Relations, Ethnicity, and Power. Oxford 2011.

Audoin-Rouzeau, Stéphane: Men at War 1914–1918. National Sentiment and Trench Journalism in France during the First World War. Oxford 1992.

Audoin-Rouzeau, Stéphane: Die mobilisierten Kinder. Die Erziehung zum Krieg an französischen Schulen. In: G. Hirschfeld u. a. (Hg.), „Keiner fühlt sich hier mehr als Mensch", 1996, 178–204.

Baago, Kaj: The First Independence Movement among Indian Christians. In: Indian Church History Review 1. 1967, 65–78.

Bailey, Charles E.: The Verdict of French Protestantism against Germany in the First World War. In: Church History 58. 1989, 66–82.

Bauerkämper, Arnd / Julien, Elise (Hg.): Durchhalten! Krieg und Gesellschaft im Vergleich 1914–1918. Göttingen 2010.

Baum, Wilhelm: Die Türkei und die christlichen Minderheiten. Geschichte – Völkermord – Gegenwart. Klagenfurt 2005.
Baumgarten, Otto: Christentum und Weltkrieg. Tübingen 1918.
Bayly, Christopher A.: The Birth of the Modern World, 1780–1914. Oxford 2004.
Bays, Daniel H.: Indigenous Protestant Churches in China 1900–1937. A Pentecostal Case Study. In: Steven Kaplan (Hg.), Indigenous Responses to Western Christianity. New York 1995, 124–143.
Becker, Annette: Religion. In: G. Hirschfeld u. a. (Hg.), Enzyklopädie Erster Weltkrieg. 2. Aufl. Paderborn 2004, 192–197.
Becker, Annette: War and Faith. The Religious Imagination in France 1914–1930. Oxford 1998
Becker, Jean-Jacques: 1914. Comment des Français sont entrés dans la guerre. Paris 1977.
Becker, Jean-Jacques: Frankreich. In: G. Hirschfeld u. a. (Hg.), Enzyklopädie, 2004, 31–43.
Becker, Jean-Jacques u. a. (Hg.), Guerre et Cultures 1914–1918. Paris 1994.
Becker. Jean Jacques / Krumeich, Gerd: Der große Krieg. Deutschland und Frankreich 1914–1918. Essen 2010.
Bender, C. J.: Der Weltkrieg und die christlichen Missionen in Kamerun. Cassel 1921.
Benvindo, Bruno / Majerus, Benoît: Belgien zwischen 1914 und 1918 – ein Labor für den totalen Krieg. In: A. Bauerkämper / E. Julien (Hg.), Durchhalten, 2010, 127–148.
Berg, Anne J. van den: De Nederlandse Christen-Studenten Vereniging, 1896–1985. 's Gravenhage 1991.
Beyrau, Dietrich / Shcherbinin, Pavel P.: Alles für die Front – Russland im Krieg. In: A. Bauerkämper / E. Julien (Hg.), Durchhalten, 2010, 151–177.
Blanke, Gustav H.: Das amerikanische Sendungsbewusstsein. Zur Kontinuität rhetorischer Grundmuster im öffentlichen Leben der USA. In: Klaus-M. Kodalle (Hg.), Gott und Politik in den USA. Frankfurt a. M. 1988, 186–215.
Bloxham, Donald: The Final Solution. A Genocide. Oxford 2009.
Bloxham, Donald: The First World War and the Development of the Armenian Genocide. In: R. G. Suny (Hg.), Question, 2011, 260–275.
Bloxham, Donald: The Great Game of Genocide. Imperialism, Nationalism, and the Destruction of the Ottoman Armenians. 2. Aufl. Oxford 2009.
Boll, Friedhelm (Hg.): Volksreligiosität und Kriegserleben. Münster 1997.
Bosworth, Richard: Italy and the Approach of the First World War. London 1983.
Brakelmann, Günter: Krieg und Gewissen. Otto Baumgarten als Politiker und Theologe im Ersten Weltkrieg. Göttingen 1991.
Brinkman, M. E.: De gevolgen van de Eerste Wereldoorlog en het sociale vraagstuk voor de theologie. In: J. de Bruijn (Hg.), En Land nog niet, 1987, 259–275.
Brocke, Bernhard von: „Wissenschaft und Militarismus". Der Aufruf der 93 ‚An die Kulturwelt' und der Zusammenbruch der internationalen Gelehrtenrepublik im Ersten Weltkrieg. In: W.-M. Calder III / H. Flashar / Th. Lindken (Hg.), Wilamowitz nach 50 Jahren. Darmstadt 1985, 649–719.
Bruijn, J. de (Hg.): Een Land nog niet in Kaart gebracht. Amsterdam 1987.
Burgdorff, Stephan / Wiegrebe, Klaus (Hg.): Der Erste Weltkrieg. Die Ur-Katastrophe des 20. Jahrhunderts. 2. Aufl. München 2010.

Busch, Eberhard: Karl Barths Lebenslauf. Nach seinen Briefen und autobiographischen Texten. München 1975.
Buschmann, Nikolaus: Der verschwiegene Krieg. Kommunikation zwischen Front und Heimatfront. In: Gerhard Hirschfeld u. a. (Hg.), Kriegserfahrungen. Studien zur Sozial- und Mentalitätsgeschichte im Ersten Weltkrieg. Essen 1997, 208–224.

Cederlöf, Gunnel: Anticipating Independent India. The Idea of the Lutheran Christian Nation and India. In: Richard F. Young (Hg.), India and the Indianess of Christianity. Grand Rapids 2009, 196–216.
Cepreganov, Todor / Shashko, Philipp: The Macedonian Orthodox Church. In: L. N. Leustean (Hg.), Eastern Christianity and the Cold War. London 2010, 173–188.
Chakravorty, Upendra Navayan: Indian Nationalism and the First World War 1914–1918. Calcutta 1997.
Chaline, Nadine-Josette (Hg.): Chrétiens dans la Première Guerre Mondiale. Paris 1993.
Chickering, Roger: Das Deutsche Reich und der Erste Weltkrieg. München 2002.
Clewing, Konrad: Staatensystem und innerstaatliches Agieren im multiethnischen Raum. Südosteuropa im langen 19. Jahrhundert. In: Ders. / O. J. Schmitt (Hg.), Geschichte Südosteuropas, 2011, 432–553.
Clewing, Konrad / Schmitt, Oliver Jens: Geschichte Südosteuropas. Vom frühen Mittelalter bis zur Gegenwart. Regensburg 2011.
Cornelissen, Christoph: Indien. In: G. Hirschfeld u. a. (Hg.), Enzyklopädie, 2004, 571–573.

Daniel, Uta: Kompendium Kulturgeschichte. Frankfurt a. M. 2001.
Das, Santanu (Hg.): Empire and the First World War Writing. Cambridge 2011.
Deats, Richard L.: Nationalism and Christianity in the Philippines. Dallas 1967.
De Vos, Luc / Lierneux, Pierre: Der Fall Belgien 1914 bis 1918 und 1940 bis 1944. In: B. Thoß / H. E. Volkmann(Hg.), Erster Weltkrieg, 2002, 527–553.
Dickinson. Frederick R.: War and National Reinvention. Japan in the Great War, 1914–1918. Cambridge/Mass. 1999.
Dijk, Kees van: The Netherlands Indies and the Great War, 1914 – 1918. Leiden 2007.
Dohi, Akio: Christianity in Japan. In: T. K. Thomas (Hg.), Christianity in Asia. Bd. 1: North-East Asia. Singapore 1979, 35–66.
Du Boulay, Juliet: Cosmos, Life, and Liturgy in a Greek Orthodox Village. Limni 2009.
Duncan, Graham / Kalu, Ogbu U.: Bakuzufu – Revival Movements and Indigenous Appropriation in African Christianity. In: O. U. Kalu (Hg.), African Christianity, 2007, 245–269.
Durand, Jean-Dominique: Italien. In: J.-M. Mayeur (Hg.), Erster und Zweiter Weltkrieg, 1992, 440–498.
Dussel, Enrique (Hg.): The Church of Latin America 1492–1992. Rochester 1992.

Ellingwood, D. C. / Pradhan, C. (Hg.): India and World War I. New Delhi 1978.
Endedijk, Hendrikus Ch.: De Gereformeerde Kerken in Nederland. Teil 1: 1892–1936. Kampen 1990.

Englund, Peter: Schönheit und Schrecken. Eine Geschichte des Ersten Weltkriegs, erzählt in neunzehn Schicksalen. Berlin 2011.

Epting, Karl-Christoph: Die erste internationale Konferenz der Kirchen für Frieden und Freundschaft in Konstanz 1914. Konstanz 1988.

Fairbank, John K. (Hg.): The Missionary Enterprise in China and America. Cambridge/Mass. 1974.

Farwell, Byron: The Great War in Africa, 1914–1918. New York 1986.

Ferrell, Robert H.: Woodrow Wilson and World War I, 1917–1921. New York 1985.

Flood, Patrick, J.: France 1914–1918. Public Opinion and the War Effort. London 1990.

Follett, Ken: Sturz der Titanen. Die Jahrhundert-Saga. Köln 2010.

Fontana, Jacques: Attitude et sentiments du Clergé et des Catholiques Français devant et durant la Guerre de 1914–1918. Lille 1973.

Fouilloux, Etienne: Das verfolgte Moskau. In: J.-M. Mayeur (Hg.), Erster und Zweiter Weltkrieg, 1992, 927–939.

Frykenberg, Robert E.: Christianity in India. Oxford 2008.

Fuller, John G.: Troop Morale and Popular Culture in the British and Dominion Armies 1914–1918. Oxford 1990.

Fussell, Paul: The Great War and Modern Memory. 2. Aufl. Oxford 2000.

Gambarotto, Laurent: Foi et Patrie. La prédication du protestantisme français pendant la Première Guerre mondiale. Genf 1996.

Gamble, Richard M.: The War for Righteousness. Progressive Christianity, the Great War, and the Rise of the Messianic Nation. Washington/Del. 2003.

Gaunt, David: Massacres, Resistance, Protectors. Muslim-Christian Relations in Eastern Anatolia during World War I. Piscataway 2006.

Gause, Ute: „In Arbeit und Gebet ein Heer hinter der Front!“ Krieg, Kirche und protestantische Christinnen zwischen 1914 und 1918. In: F. Boll (Hg.), Volksreligiosität, 1997, 90–115.

Geyer, Michael: Gewalt und Gewalterfahrung im 20. Jahrhundert. Der Erste Weltkrieg. In: R. Spilker / B. Ulrich (Hg.), Tod als Maschinist, 1998, 241–257.

Goossaert, Vincent / Palmer, David A.: The Religious Question in Modern China. Chicago 2011.

Graß, Martin: Friedensaktivität und Neutralität. Die skandinavische Sozialdemokratie und die neutrale Zusammenarbeit im Krieg, August 1914 bis Februar 1917. Bonn 1975.

Greschat, Martin: Die zwei Weltkriege und die Kirchen. In: Katharina Kunter / H. J. Schjørring (Hg.), Europäisches und Globales Christentum. Göttingen 2011, 105–130.

Greschat, Martin / Krumwiede, Hans-Walter (Hg): Das Zeitalter der Weltkriege und Revolutionen. Neukirchen-Vluyn 1999.

Hage, Wolfgang: Das orientalische Christentum. Stuttgart 2007.

Haliburton, Gordon M.: The Prophet Harris. A study of an African Prophet and his mass-movement in the Ivory Coast and the Gold Coast 1913–1915. London 1971.

Hanciles, Jehu: Back to Africa. White Abolitionists and Black Missionaries. In: O. U. Kalu (Hg.), African Christianity, 2007, 167–189.
Hardacre, Helen: Shinto and the State, 1868 – 1988. Princeton 1989.
Hardtwig, Wolfgang / Wehler, Hans-Ulrich (Hg.): Kulturgeschichte Heute. Göttingen 1996.
Harinck, George / Winkeler, Lodewijk: De Twintigste Eeuw. In: H. J. Selderhuis (Hg.), Handboek Nederlandse Kerkgeschiedenis. 2. Aufl. Kampen 2010, 739–794.
Harper, Susan B.: In the Shadow of the Mahatma. Bishop V. S. Azariah and the Travails of Christianity in British India. Grand Rapids 2000.
Hastings, Adrian: The Church in Africa, 1450–1950. Oxford 1994.
Haupt, Hans-Gerhard / Tacke, Charlotte: Die Kultur des Nationalen. Sozial- und kulturgeschichtliche Ansätze bei der Erforschung des europäischen Nationalismus im 19. und 20. Jahrhundert. In: W. Hardtwig / H.-U. Wehler (Hg.), Kulturgeschichte, 1996, 255–283.
Hirschfeld, Gerhard / Krumeich, Gerd / Renz, Irina (Hg.): Enzyklopädie Erster Weltkrieg. 2. Aufl. Paderborn 2004.
Hirschfeld, Gerhard / Krumeich, Gerd: Wozu eine Kulturgeschichte des Ersten Weltkriegs. In: A. Bauerkämper / E. Julien (Hg.), Durchhalten, 2010, 31–53.
Hirschfeld, Gerhard u. a. (Hg.): „Keiner fühlt sich hier mehr als Mensch …“ Erlebnis und Wirkung des Ersten Weltkriegs. 2. Aufl. Frankfurt a. M. 1996.
Hirschfeld, Gerhard u. a. (Hg.): Kriegserfahrungen. Studien zur Sozial- und Mentalitätsgeschichte des Ersten Weltkriegs. Essen 1997.
Hirschon, Renée; Heirs of the Great Catastrophe. The Social Life of Asia Minor Refugees in Piraeus. Oxford 1989.
Hobsbawm, Eric: Das Zeitalter der Extreme. Weltgeschichte des 20. Jahrhunderts. 4. Aufl. München 2000.
Hockerts, Hans Günter: Brennpunkte, Perspektiven, Desiderata zeitgeschichtlicher Katholizismusforschung. In: Karl-Joseph Hummel (Hg.), Zeitgeschichtliche Katholizismusforschung. Paderborn 2004, 233–245.
Hofman, Tessa (Hg.): Verfolgung, Vertreibung und Vernichtung der Christen im Osmanischen Reich 1912–1922. Münster 2004.
Holzem, Andreas (Hg.): Krieg und Christentum. Religiöse Gewalttheorien in der Kriegserfahrung des Westens. Paderborn 2009.
Holzer, Anton: Das Lächeln der Henker. Der unbekannte Krieg gegen die Zivilbevölkerung 1914–1918. Darmstadt 2008.
Hoover, Arlie, J.: God, Germany, and Britain in the Great War. A Study in Clerical Nationalism. New York 1989.
Hopkins, C. Howard: John R. Mott, 1865–1955. A Biography. Grand Rapids 1979.
Horne, John / Kramer, Alan: Deutsche Kriegsgreuel 1914. Die umstrittene Wahrheit. Hamburg 2004.
Huber, Friedrich: Das Christentum in Ost-, Süd- und Südostasien sowie Australien. Leipzig 2005.
Hutauruk, Jubil Raplan: Die Batakkirche vor ihrer Unabhängigkeit (1899–1942). Probleme der Unabhängigkeit angesichts der Problematik von Mission, Kolonialismus und Nationalismus. Hamburg 1980.

Jahn, Hubertus J.: Patriotic Culture in Russia during World War I. Ithaca 1995.

Jantzen, Annette: Priester im Krieg. Elsässische und französisch-lothringische Geistliche im Ersten Weltkrieg. Paderborn 2010.

Janz, Oliver: Das symbolische Kapital der Trauer. Nation, Religion und Familie im italienischen Gefallenenkult des Ersten Weltkriegs. Tübingen 2009.

Janz, Oliver: Zwischen Konsens und Dissens. Zur Historiographie des Ersten Weltkriegs in Italien. In: A. Bauerkämper / E. Julien, Durchhalten, 2010, 195–213.

Jehle-Wildberger, Marianne: Adolf Keller, Pionier der ökumenischen Bewegung. Zürich 2008.

Jeismann, Michael: Das Vaterland der Feinde. Studien zum nationalen Feindbegriff und Selbstverständnis in Deutschland und Frankreich, 1792–1918. Stuttgart 1992.

Johann, Ernst (Hg.): Reden des Kaisers. Ansprachen, Predigten und Trinksprüche Wilhelms II. München 1966.

Kalu, Ogbu U.: African Christianity: From the world wars to decolonization. In: H. McLeod (Hg.), World Christianities, ca. 1914 – ca. 2000. Cambridge 2006, 197–218.

Kalu, Ogbu U. (Hg.): African Christianity. An African Story. Grand Rapids 2007.

Kalu, Ogbu U.: Ethiopianism in African Christianity. In: O. A. Kalu (Hg.), African Christianity, 2007, 227–243.

Kang, Wi Jo: Religion and Politics in Korea under the Japanese Rule. Lexington 1987.

Keegan, John: Der Erste Weltkrieg. Eine europäische Tragödie. 5. Aufl. Reinbek 2010.

Kennan, George F.: Bismarcks europäisches System in der Auflösung. Die französisch-russische Annäherung 1875–1890. Frankfurt a. M. 1981.

Kennedy, Ross A.: The Will to Believe. Woodrow Wilson, World War I, and America's Strategy for Peace and Security. Kent 2009.

Kent, Eliza F.: Converting Women. Gender and Protestant Christianity in Colonial South India. Oxford 2004.

Kieser, Hans-Lukas: From ‚Patriotism' to Mass Murder. Dr. Mehmed Reşid (1873–1919). In: R. G. Suny, Question, 2011, 127–145.

Kieser, Hans-Lukas / Plazza, Elmar (Hg.): Der Völkermord an den Armeniern, die Türkei und Europa. Zürich 2006.

Kieser, Hans-Lukas / Schaller, Dominik J. (Hg.): Der Völkermord an den Armeniern und die Shoah. Zürich 2003.

Király, Béla K. u. a. (Hg.): East Central European Society in World War I. New York 1985.

Klier, Johann: Von der Kriegspredigt zum Friedensappell. Erzbischof Michael von Faulhaber und der Erste Weltkrieg. Ein Beitrag zur Geschichte der deutschen katholischen Militärseelsorge. München 1991.

Knoblauch, Hubert: Der Mythos der Entzauberung, die populäre Religion und das Ende der Privatisierung. In: G. Korff (Hg.), Alliierte im Himmel. Tübingen 2006, 371–390.

Korff, Gottfried (Hg.): Alliierte im Himmel. Populäre Religiosität und Kriegserfahrung. Tübingen 2006.

Koschorke, Klaus: Changing maps of the history of global Christianity. In: K. Kunter / J. H. Schjørring (Hg.), Europäisches und Globales Christentum. Göttingen 2011, 273–293.

Koschorke, Klaus u. a. (Hg.): History of Christianity in Asia, Africa and Latin America, 1450–1990. Grand Rapids 2007.
Kramer, Alan: Dynamic of Destruction. Culture and Mass Killing in the First World War. Oxford 2007.
Kuprian, Hermann J. W. / Überegger, Oswald (Hg): Der Erste Weltkrieg im Alpenraume. Erfolg, Deutung, Erinnerung. Innsbruck 2006.

Lademacher, Horst: Geschichte der Niederlande. Politik, Verfassung, Wirtschaft. Darmstadt 1983.
Laible, Wilhelm (Hg.): Deutsche Theologen über den Krieg. Stimmen aus schwerer Zeit. Leipzig 1915.
Lange, Dietz (Hg.): Nathan Söderblom. Letters. A Selection from his Correspondence. Göttingen 2006.
Latzel, Klaus: Die Soldaten des industrialisierten Krieges – „Fabrikarbeiter der Zerstörung"? In: Rolf Spilker / Bernd Ulrich (Hg.): Der Tod als Maschinist. Der industrialisierte Krieg 1914–1918. Bramsche o. J. [1998], 125–141.
Lee, Timothy S.: A Political Factor in the Rise of Protestantism in Korea: Protestantism and the 1919 March First Movement. In: Church History 69. 2000, 116–142.
Lempelius, Alfred: Erster Weltkrieg. Tagebuchaufzeichnungen eines jungen Soldaten. Münster 2006.
Liebau, Heike: Kaiser Kī Jay (Long Live the Kaiser). Perceptions of World War I and the Socio-Religious Movement among the Oraons in Chota Nagpur 1914–1916. In: Dies. u. a. (Hg.), The World in World Wars, 2010, 251–275.
Liebau, Heike u. a. (Hg.): The World in World Wars. Experiences, Perceptions and Perspectives from Africa and Asia. Leiden 2010.
Linden, Ian: Catholics, Peasants, and Chewa Resistance in Nyasaland 1889–1939. London 1974.
Lipp, Anne: Meinungslenkung im Krieg. Kriegserfahrungen deutscher Soldaten und ihre Deutung 1914–1918. Göttingen 2003.
Liulivicius, Vejas Gabriel: Kriegsland im Osten. Eroberung, Kolonisierung und Militärherrschaft im Ersten Weltkrieg. Hamburg 2002.
Loth, Wilfried: Katholiken im Kaiserreich. Der politische Katholizismus in der Krise des wilhelminischen Deutschlands. Düsseldorf 1984.
Ludwig, Frieder: Der Erste Weltkrieg als Einschnitt in der Kirchen- und Missionsgeschichte. In: Berliner Beiträge zur Missionsgeschichte 4. 2003, 3–33.

Malia, Martin: Vollstreckter Wahn. Russland 1917–1991. Stuttgart 1994.
Mallampalli, Chandra: Christians and Public Life in Colonial South India, 1863–1937. Contending with marginality. London 2004.
Manela, Erez: The Wilsonian Moment. Self-Determination and the International Origins of Anticolonial Nationalism. Oxford 2007.
Manen, Kosterus G. van (Hg.): Lutheranen in de Lage Landen. Geschiedenis van een godsdienstige minderheid (ca. 1520–2004). Zoetermeer 2011.
Markovits, Claude: Indian Soldiers' Experiences in France during World War I. In: H. Liebau u. a. (Hg.), The World in World Wars, 2010, 29–53.
Marrin, Albert: The Last Crusade. The Church of England in the First World War. Durham/NC 1974.

Martin, Marie-Louise: Kimbangu. A African Prophet and His Church. Oxford 1975.
Mathew, A.: Christian Missions, Education, and Nationalism. From Dominance to Compromise, 1870–1930. Delhi 1988.
Mayeur, Jean-Marie: Les Catholiques français et Benoît XV en 1917. In: N.-J. Chaline (Hg.), Chrétiens, 1993, 153–165.
Mayeur, Jean-Marie (Hg.): Erster und Zweiter Weltkrieg. Demokratie und Totalitäre Systeme (1914–1958). Freiburg i. Br. 1992.
Michalka, Wolfgang (Hg.): Der Erste Weltkrieg. München 1994.
Michels, Stefanie: Totale Mobilmachung in Afrika – Der Erste Weltkrieg in Kamerun und Deutsch-Ostafrika. In: A. Bauerkämper / E Julien (Hg.), Durchhalten, 2010, 238–259.
Min, Kyoung Bae: Christianity in Korea. In: T. K.Thomas (Hg.), Christianity in Asia. Bd. 1: North-East Asia. Singapore 1979, 67–87.
Ming, Ng Lee: Christianity in China. In: T. K. Thomas (Hg.), Christianity in Asia. Bd.1: North-East Asia. Singapore 1979, 7–33.
Missalla, Heinrich: „Gott mit uns“. Die deutsche katholische Kriegspredigt 1914–1918. München 1968.
Moffett, Samuel H.: A History of Christianity in Asia. Bd. 2: 1500–1900. New York 2005.
Müller, Sven Oliver: Die Nation als Waffe und Vorstellung. Nationalismus in Deutschland und Großbritannien im Ersten Weltkrieg. Göttingen 2002.
Müller-Krüger, Theodor: Der Protestantismus in Indonesien. Geschichte und Gestalt. Stuttgart 1968.

Nassua, Martin: „Gemeinsame Kriegführung – Gemeinsamer Friedensschluss“. Das Zimmermann-Telegramm vom 13. Januar 1917 und der Eintritt der USA in den 1.Weltkrieg. Frankfurt a. M. 1992.
Neiberg, Michael S.: Dance of the Furies. Europe and the Outbreak of Wold War I. Cambridge/Mass. 2011.
Neitzel, Sönke: Blut und Eisen. Deutschland im Ersten Weltkrieg. München 2003.

O'Mahony, Anthony (Hg.): Christianity in the Middle East. Studies in Modern History, Theology, and Politics. London 2008.
O'Mahony, Anthony / Losley, Emma (Hg.): Eastern Christianity in the Modern Middle East. London 2010.
Omissi, David: Indian Voices of the Great War. Soldiers' Letters, 1914–1018. Hampshire 1999.
Osuntokun, Akinjide: Nigeria in the First World War. London 1979.
Otto, Rudolf: Das Heilige. München 1917.

Page, Melvin E.: The Chiwaya War. Malawians and the First World War. Oxford 2000.
Paice, Edward: World War I. The African Front. New York 2008.
Pennell, Catriona: A Kingdom United. Popular Responses to the Outbreak of the First World War in Britain and Ireland. Oxford 2012.
Piper, John F. jr.: The American Churches in World War I. Athens/Ohio 1985.

Pressel, Wilhelm: Die Kriegspredigt 1914–1918 in der evangelischen Kirche Deutschlands. Göttingen 1967.

Pschichholz, Christian: Zwischen Diaspora, Diakonie und deutscher Orientpolitik. Deutsche evangelische Gemeinden in Istanbul und Kleinasien in Osmanischer Zeit. Stuttgart 2011.

Rade, Martin: Luthers Rechtfertigungslehre, seine Bedeutung für die 95 Thesen und für uns. Tübingen 1917.

Raphael, Lutz: Imperiale Gewalt und mobilisierte Nation. Europa 1914–1945. München 2011.

Rauchensteiner, Manfred: Der Tod des Doppeladlers. Österreich-Ungarn und der Erste Weltkrieg. Graz 1993.

Reichmann, Bettina: „Die Seele des Krieges": Zur religiösen Kriegsdeutung des Ersten Weltkriegs: Bischof Ottokár Prohászka (Ungarn). In: A. Holzem, Krieg und Christentum, 2009, 719–735.

Reimann, Aribert: Die heile Welt im Stahlgewitter. Deutsche und englische Feldpost aus dem I. Weltkrieg. In: G. Hirschfeld u. a.(Hg.), Kriegserfahrungen. Studien zur Sozial- und Mentalitätsgeschichte des Ersten Weltkriegs. Essen 1997, 129–145.

Reinders, Johannes S.: Macht in dienst van recht. Gereformeerden over oorlog en vrede in de periode 1918–1940. In: J. de Bruijn (Hg.), Een Land, 1987, 241–257.

Robert, Daniel: Les Protestants Français et la Guerre de 1914–1918. In: Francia 2. 1974, 415–430.

Rouse, Ruth / Neill, Stephen Charles (Hg.): Geschichte der ökumenischen Bewegung. Teil 2, Göttingen 1958.

Ruchti, Jacob: Geschichte der Schweiz während des Weltkrieges 1914–1919. 2 Bde., Bern 1928–1930.

Salewski, Michael: Der Erste Weltkrieg. 2. Aufl. Paderborn 2004.

Salvadó, Francisco J. Romero: Spain 1914–1918. Between War and Revolution. London 1999.

Sandgren, David: Kamba Christianity. From Africa Inland Mission to African Brotherhood Church. In: Th. Spear / I. N. Kimambo (Hg.), East African Experiences, 1999, 169–195.

Sanneh, Lamin / Carpenter, Joel A. (Hg.): The Changing Face of Christianity. Africa, the West and the World. Oxford 2005.

Schaffer, Ronald: USA. In: G. Hirschfeld u. a. (Hg.), Enzyklopädie, 2004, 105–115.

Schievelbusch, Wolfgang: Die Kultur der Niederlage. Berlin 2001.

Schlager, Claudia: Waffenbrüderschaft im heiligsten Herzen Jesu. In: H. J. W. Kuprian / O. Überegger (Hg.), Der Erste Weltkrieg, 2006, 165–179.

Scholl-Latour, Peter: Die Angst des Weißen Mannes. Ein Abgesang. Berlin 2009.

Scholz, Ludwig: Seelenleben des Soldaten an der Front. Hinterlassene Aufzeichnungen des im Kriege gefallenen Nervenarztes. Mit einem Vorwort von Martin Rade. Tübingen 1920.

Schulz, Oliver: „Ungeordnete Verhältnisse und entgrenzter Krieg". Das Osmanische Reich im Ersten Weltkrieg. In: A. Bauerkämper / E. Julien (Hg.), Durchhalten, 2010, 260–280.

Schulze Wessel, Martin: Religion im Russländischen Reich und in der Habsburger

Monarchie im Ersten Weltkrieg. In: A. Holzem (Hg.), Krieg und Christentum, 2009, 736–751.

Schwaiger, Georg: Benedikt XV. In: M. Greschat (Hg.), Gestalten der Kirchengeschichte, Bd. 12: Das Papsttum II. Stuttgart 1985, 241–256.

Schweitzer, Richard: The Cross and the Trenches. Religious Faith and Doubt among British and American Great War Soldiers. Westport/Conn. 2003.

Segesser, Daniel Marc: Empire und Totaler Krieg: Australien 1905–1918. Paderborn 2002.

Segesser, Daniel Marc: Der Erste Weltkrieg in globaler Perspektive. Wiesbaden 2010.

Segesser, Daniel Marc: Kriegsverbrechen auf dem Balkan und in Anatolien in der internationalen juristischen Debatte während der Balkankriege und des Ersten Weltkriegs. In: J. Angelow, Erster Weltkrieg, 2011, 193–209.

Shepperson, George / Price, Thomas: Independent African. John Chilembwe and the Origins, Setting and Significance of the Nyasaland Native Rising of 1915. Edinburgh 1969.

Shevzov, Vera: Russian Orthodoxy on the Eve of Revolution. Oxford 2004.

Sieg, Ulrich: Judentum. In: G. Hirschfeld u. a. (Hg.), Enzyklopädie, 2004, 599f.

Smith, Leonard V. u. a.: France and the Great War, 1914–1918. Cambridge 2003.

Snape, Michael: The Great War. In: Hugh McLeod (Hg.), World Christianities, ca. 1914–ca. 2000. Cambridge 2000, 131–150.

Snape, Michael: God and the British Soldier. Religion and the British Army in the First and the Second World Wars. London 2005.

Spear, Thomas / Kimambo, Isaria N.(Hg.): East African Expressions of Christianity. London 1999.

Spear, Thomas: Towards the History of African Christianity. In: Ders. / I. N. Kimambo (Hg.), East African Experiences, 1999, 3–24.

Spilker, Rolf / Ulrich, Bernd (Hg.): Der Tod als Maschinist. Der industrialisierte Krieg 1914–1918. Bramsche o. J. [1998].

Spillmann, Kurt R.: Amerikas Ideologie des Friedens. Ursprünge, Formwandlungen und geschichtliche Auswirkungen des amerikanischen Glaubens an den Mythus von einer friedlichen Weltordnung. Bern 1984.

Spitzer, Leo: Italienische Kriegsgefangenenbriefe. Materialien zu einer Charakteristik der volkstümlichen italienischen Korrespondenz. Bonn 1921.

Stache, Christa: Pazifismus und Ökumene. Der Weltbund für internationale Freundschaftsarbeit der Kirchen, 1914–1918, In: Bilanz und Perspektiven. 75 Jahre Versöhnungsbund. Uetersen 1990, 37–64.

Stanchina, Peer Christopher: Das Verhältnis von Staat und Kirche in Mexiko. Seit der Revolution von 1910/1917 bis Heute. München 1978.

Stevenson, David: 1914–1918. Der Erste Weltkrieg. Düsseldorf 2006.

Strachan, Hew: First World War. To Arms. Oxford 2003.

Strachan, Hew: The First World War in Africa. Oxford 2004.

Sundhausen, Holm: Südosteuropäische Gesellschaft und Kultur vom Beginn des 19.bis zur Mitte des 20. Jahrhunderts. In: K. Clewing / O. J. Schmitt (Hg.), Geschichte Südosteuropas, 2011, 345–425.

Sundkler, Bengt / Steed, Christopher (Hg.): A History of the Church in Africa. Cambridge 2000.

Suny, Ronald G. u. a. (Hg.): A Question of Genocide. Armenians and Turks at the End of the Ottoman Empire. Oxford 2011.

Thompson, Mark: The White War. Life and Death on the Italian Front 1915–1919. London 2008.

Thoss, B. / Volkmann, H.-E. (Hg.): Erster Weltkrieg – Zweiter Weltkrieg. Ein Vergleich. Paderborn 2002.

Tidrick, Kathryn: Gandhi. A Political und Spiritual Life. London 2006.

Tihon, André: Belgien. In: J.-M. Mayeur (Hg.), Erster, 1992, 649–666.

Transill, Charles C.: Amerika geht in den Krieg. Der Erste Weltkrieg als Türöffner nach Europa. Selent 2001.

Turner, Harold W.: History of an African Independent Church. Bd. 1: The Church of the Lord (Aladura). Oxford 1967.

Tyrrell, Ian: Reforming the World. The Creation of America's Moral Empire. Princeton 2010.

Ulrich, Bernd: Die Augenzeugen. Deutsche Feldpostbriefe in Kriegs- und Nachkriegszeit, 1914–1933. Essen 1997.

Vargas, Fred: Das Orakel von Port-Nicolas. 15. Aufl. Berlin 2011.

Vischer, Lukas u. a. (Hg.): Ökumenische Kirchengeschichte der Schweiz. Fribourg 1994.

Vogelsang, Kai: Geschichte Chinas. Stuttgart 2012.

Walker, Sheila S.: The Religious Revelation in the Ivory Coast. The Prophet Harris and the Harrist Church. Chapel Hill 1983.

Walls, Andrew: The Cross-Cultural Process in Christian History. Maryknoll 2002.

Ward, Kevin: North and South. Reflections on World Christian Relations 1910 to 2010, particularly between Africa and Europe. In: K. Kunter / J.-H. Schjørring (Hg.), Europäisches und Globales Christentum. Göttingen 2011, 294–310.

Weber, Charles W.: International Influences and Baptist Mission. German-American Missionary Endeavor under International Mandate and British Colonialism. Leiden 1993.

Wessels, Antonie: Arab and Christian? Christians in the Middle East. Kampen 1995.

Wielenga, Friso: Nederland in de twintigste Eeuw. Amsterdam 2009.

Wilkinson, Alan: The Church of England and the First World War. London 1978.

Williams, Keith: Faith on the Frontier. A Life of J. H. Oldham. Edinburgh 1999.

Wilmshurst, David: The Martyred Church. A History of the Church of the East. London 2011.

Winkle, Ralph: „Connaître à fond l'âme du soldat". Französische Aberglaubensforschung während des Ersten Weltkriegs. In: G. Korff (Hg.), Alliierte im Himmel. Tübingen 2006, 349–370.

Winter, Jay M.: The Experience of World War I. London 1988.

Winter, Jay / Prost, Antoine: The Great War in History. Debates and Controversies 1914 to the Present. Cambridge 2005.

Woditsch, Ernst: Der Erste Weltkrieg. Münster 2007.

Wohl, Robert: The Generation of 1914. Cambridge/Mass. 1979.

Wollasch, Hans-Josef (Hg.): Militärseelsorge im Ersten Weltkrieg. Das Kriegstagebuch des katholischen Feldgeistlichen Benedict Kreutz. Mainz 1987.

Wüstenbecker, Katja: Die Vereinigten Staaten von Amerika – widerwillige Teilnahme am Ersten Weltkrieg. In: A. Bauerkämper / E. Julien (Hg.), Durchhalten, 2010, 217–237.

Wyler, Julius: Die schweizerische Bevölkerung unter dem Einflusse des Weltkrieges. Zürich 1922.

Xi, Lian: Redeeemed by Fire. The Rise of Popular Christianity in Modern China. New Haven 2010.

Xu, Guoqi: China and the Great War. China's pursuit of a new national identity and internationalization. Cambridge 2005.

Ypserle, Laurence van: Belgien. In: G. Hirschfeld u. a. (Hg.), Enzyklopädie, 2004, 44–49.

Zieger, Robert H.: America's Great War. Lanham/Md. 2000.

Ziemann, Benjamin: Katholische Religiosität und die Bewältigung des Krieges. Soldaten und Militärseelsorger in der deutschen Armee 1914–1918. In: F. Boll (Hg.), Volksreligiosität, 1997, 116–136.